国家社会科学基金资助项目(18BJL089)

河北省教育厅人文社会科学重大项目(ZD201915)

河北省科技金融协同创新中心开放基金项目(STFCIC202106)

国家社科基金丛书
GUOJIA SHEKE JIJIN CONGSHU

京津冀城市群功能空间分布：
动态测评与相对平衡

Spatial Distribution on the Function of Beijing-Tianjin-Hebei City Cluster:
Dynamic Evaluation and Relative Balance

阎东彬　著

人民出版社

前　　言

随着城市化进程加速推进,区域城市化和城市区域化现象日益凸显,城市群逐渐成为我国新型城镇化的主体形态,也是拓展发展空间、释放发展潜力的重要载体,还是参与国际竞争合作的重要平台。京津冀城市群是中国重要的人口集聚区和经济增长极,将京津冀城市群打造成世界级城市群和世界级创新平台,高起点规划、高标准建设雄安新区,加快北京非首都功能的疏解,实现京津冀城市群及群内城市的功能优化,进而以相对稳定和协调的功能结构引领功能要素在空间分布上的优化,将为京津冀城市群的高质量发展提供一个新的路径设计与思路。

城市群功能空间是指城市群的产业功能、交通功能、城镇功能、生态功能等复合功能在区域空间内分布所形成的结构状态。如何实现功能空间分布的相对平衡是城市及城市群快速发展过程中面临的一个新命题。现阶段,如何在《京津冀协同发展规划纲要》的基础上明确京津冀城市群内各都市圈、中心城市、节点城市的产业功能、交通功能、生态功能、城镇功能以及由此耦合形成的复合功能,厘清各城市的核心功能、支撑功能及功能边界,测度城市群功能空间分布的不平衡状态及内部动因,是建设世界级城市群、提升城市群整体发展水平与国际竞争力的关键所在,也是本研究的价值缘起。

本书以京津冀城市群功能空间分布问题为研究对象,首先,从概念的厘清入手,对城市群功能空间、城市群功能空间结构的内涵进行界定,廓清城市群功能空间和空间结构的内在逻辑。然后,以区域分工理论、"规模—等级"结构理论、"中心—外围"理论、城市职能结构理论、区位论、新经济地理学、协同理论和系统动力学理论为学理基础,分别对城市群功能演化、城市群空间结构演化的内在逻辑进行分析,揭示城市群功能空间演化的形态和驱动机制,并以产业驱动力、政策驱动力、交通驱动力、社会驱动力为动力基础,设计出城市群功能空间演化的动力耦合模型,从过程和状态两个维度揭示耦合特征、演化趋势及内生动力。其次,通过横向比较美国东北部大西洋沿岸城市群、日本太平洋沿岸城市群和欧洲西北部城市群三个典型的世界级城市群功能空间演化的历史特征,总结出世界级城市群功能空间结构演化的共性:一是积极发挥政府、非政府和市场的力量,使城市群和内部城市的功能空间具有明确而严格的规划和制度保障;二是城市群内部形成了若干较为成熟的都市圈,都市圈是城市群功能承载的基本单元;三是发达的交通网络为城市群国际化高水平发展提供重要保障;四是城市群内部城镇功能完备、产业结构合理。再次,以京津冀城市群功能空间演化的历史脉络为基础,构建京津冀城市群功能空间状态测评指标体系和城市群功能空间状态指数,测度京津冀城市群功能空间分布的地区差异度和群内各个城市的功能集中度,判断出京津冀城市群功能空间分布不平衡的客观状态,同时,通过构建城市群空间整合模型对京津冀城市群复合功能的一体化程度进行量化测度,揭示不平衡的本质、影响因素和关键环节。最后,提出京津冀城市群功能空间分布实现相对平衡的路径和对策研究。包括科学划定各类功能空间,构建合理的功能结构体系,实现京津冀人口—城镇—产业—交通—生态的动态均衡;构建功能互补、多城联动的区域空间布局,形成一体两翼、多中心、网络化形态管控体系;建立"反磁力中心",促进京津冀城市群内部产业功能错位、协同发展,以产业功能的空间优化促进交通功能、城镇功能和生态功能的协同优化;创新区域政策理念,提高区域协调能力,形成市场主导、政府引导、社会组织积极参与的城市治理体系。

本书写作历时两年,中间因思路受阻曾多次中断,感谢孙久文教授、顾六宝教授、宋凤轩教授在很多关键问题上给予我启发和指导;感谢陈玉玲博士、马宇博博士、刘晓萌博士、丁利杰博士、张蕊老师、刘艳老师、赵苒琳老师帮我做了大量调研和数据整理工作。

由于能力和水平有限,不足之处在所难免,敬请各位专家、同人批评指正。

目　　录

第一章　城市群功能空间的基本内涵

随着城市化的加快推进,区域城市化与城市区域化趋势日趋明显。作为新型城镇化加速发展阶段的产物,城市群已经逐渐成为区域经济发展的动力源和未来城市发展格局的主体形态,也是释放发展潜力、拓展发展空间的重要载体,还是体现国际竞争力的重要平台。2006 年,"十一五"规划纲要第一次阐述了城市群的概念,并将其作为未来中国城镇化发展的一种主体形态。2014 年,中共中央、国务院印发《国家新型城镇化规划(2014—2020 年)》,进一步明确未来中国城镇化发展的主体形态是城市群,各大中小城市协同发展、错位发展,通过综合承载能力的提升,实现城市发展的可持续化。2016 年,"十三五"规划纲要进一步明确提出要加快城市群建设发展,增强中心城市辐射带动功能,加快发展中小城市和特色镇,城市群作为我国新型城镇化主体形态的战略作用持续显现,城市群逐渐成为我国区域经济发展的新增长极。2019 年,中共中央政治局会议部署下半年经济工作,提出加快重大战略实施步伐,以提升城市群功能为出发点,以高质量的城市群推动实现高质量发展为落脚点,明确区域经济发展的突破方向。

我国城市群的发展与特定的政治、经济、区域政策的转型密切相关,是我国新型城镇化加速发展阶段的必然产物,城市群内部表现为城市间高密度的经济空间联系以及丰富多样的联系方式,城市群承担了生产要素聚集区的功能。城市群区域相互联系、相互制约的不同等级的城市具有多层次的功能空间分布,各类城市的产城融合水平、功能空间分布是否相对均衡直接影响城市群功能的提升。冯奎(2019)认为,城市群是由各类城市、小城镇组成的一个有机整体,提升城市群产城融合发展水平有助于提升城市群功能。陆大道(2009)指出,区域核心城市的功能主要是国家或大区域的金融中心、交通通信枢纽、人才聚集区和进入国际市场最便捷的通道,而制造业和仓储等行业则聚集在核心区周围。安树伟(2010)认为,大都市区既要控制总部和研发、市场营销环节,又要注重加工制造业的地域布局安排,即把其转移到城市群远郊及周边地区;一般中等城市的产业布局以发展制造业为主,而中小城市的产业布局侧重于发展一般制造业和零部件生产。但是,城市群功能空间不是产业、交通、经济等单一功能的自然分布,而是产业、交通、城镇、生态等复合功能在区域空间内分布所形成的结构状态。因此,系统梳理国内外文献,深刻认识和阐述研究所涉及的城市群功能空间的内涵及其构成体系、城市群空间结构的内涵以及功能空间和空间结构两者的内在逻辑关系,明确城市群功能空间的概念和本质是本研究的逻辑起点。

第一节　城市群功能空间的内涵

一、城市群概念的演化

城市群是经济全球化、信息化与市场化背景下区域经济发展的必然产物,是区域城市化和城市区域化进程中的一种独特的地域空间现象。国外学者对城市群这种空间现象给予了高度的重视和极大的关注,英国学者格迪斯(1915)最早以概念化的形式将工业城镇和城市正在聚集成的广大城市地区的形态特征概括为"集合城市"。法国戈特曼(1957)研究了美国东北部沿海地区由一连串大都市区聚合形成连绵的城市密集区,并首次以 Megalopolis(希腊语,巨大的城邦)来命名。随着我国城镇化的发展步伐加快,国内学者进行了大量的研究。国内城市群问题的研究经历了20世纪80年代的开始阶段、90年代的扩展阶段和21世纪初的丰富研究成果阶段。姚士谋(1992)在《中国城市群》这本书中对城市群作出如下定义:"城市群是在特定的地域范围内具有相当数量的不同性质、类型和等级规模的城市,依托一定的自然环境条件,以一个或两个特大或大城市作为地区经济的核心,借助于现代化的交通工具和综合运输网的通达性以及高度发达的信息网络,发生与发展着城市个体之间的内在联系,共同构成一个相对完整的城市'集合体'。"从城市群的概念起源来看,城市群概念经历了"集合城市—大城市—城市共同体"的演进过程。

本研究认为,城市群的本质就是在一定空间范围内不同规格的城市所形成的空间布局形态。第一,城市群是基于地域联系的城市集合体,是由一个或多个城市辐射和带动一个区域的空间系统,中心城市处于主导地位,对其他城市的社会发展具有较强的辐射和向心作用;第二,城市群并不是一定地域范围内一定数量城市的简单叠加,而是以经济联系为基础,以发达的交通、运输和信息、通信网络基础设施为物质支撑,并按照特定发展规律聚集在一起、且内在联系密切的地域化组织;第三,城市群的内在密切联系具体体现在城市之间紧密的经济联系、密切的分工协作关系、合理的产业布局与合作、通达的交通网络与社会生活、重大城市基础设施的联通、公共服务共享机制、城镇乡村的协调发展、生态环境的联动共保机制等方面。

二、城市群功能空间的内涵

"功能"一般被解释为事物或方法所发挥的有利的作用、效能。城市功能是城市存在的本质,通常可以被解释为"城市在特定区域范围的社会经济生活中所发挥的政治、经济、文化的作用"。城市作为一定区域范围的多功能综合体,承载着该区域的社会、文化、经济以及政治的各项活动,发挥着重要的作用。1933年，国际现代建筑协会第四次会议的主题是"功能城市"，发表了《雅典宪章》，注重强调城市分区，将城市的四大功能定义为"居住、工作、游憩与交通"；1977年《马丘比丘宪章》强调城市旨在创建一个整体性、系统性和多功能的环境，明确提出"城市功能复合"的概念，注重城市功能空间的有机组合，创造综合的、多功能的城市生活环境。基于此，可以认为，城市群功能体现了特定区域各项功能的系统集成。城市群功能主要是由城市群的结构性因素决定的机能或能力，体现了城市在一定范围内承载政治、社会、经济，以及文化各方面活动的能力与作用。随着社会经济的发展，城市功能经历了"生产功能—生产、服务功能—生产、服务、集散和管理功能—文化创新功能"的演进历程。城市群是城市化发展的必然阶段，城市群对激发区域新动能、促进区域协调发展具有显著的促进作用；这种促进作用的形成主要是因为城市群的聚集与辐射能力较强，同时聚集与辐射效应还在不断提高，日益凸显出区域协调发展的带动作用。因此，城市群总体发展水平提高的一个重要着力点，就是提升并完善城市群功能，推动产城融合发展，促进大中小城市和小城镇的协调发展。

然而，城市群功能是不同于单个城市的加总的全新功能，是一种集内在性、综合性和系统性"三位一体"的复合功能。国内外学术界普遍认同戈特曼关于城市群两大基本功能的界定，也就是说，发达国家的城市群功能主要体现在城市群的枢纽功能和城市群的孵化器功能，戈特曼用主要街道和交叉路口作类比，街道和交叉路口的作用是区域网络连接的枢纽；两个或多个网络连接起来形成枢纽，然后城市群以该枢纽为中心，在此进行汇聚。城市群的孵化器功能，是基于各种要素和不同行为方式在空间上的高度集聚和高强度的相互作用，在孵化器中产生各种新产品、新技术、新方法，以及新思想，这也是城市群不断演化发展的动力所在。

城市群是城市化发展的高级形态，功能分工明确、合理是衡量城市群发展程度的重要标志之一。Masahisa Fujita（1997）研究第二次世界大战后日本东京都市圈产业分工的时空演进过程时得出,从 20 世纪 70 年代以后,东京产业结构发生了重大变化,重工业逐渐被服务业与高新技术产业所取代,传统制造业逐渐被总部管理、研发设计、金融商务等生产性服务性功能所取代,并且地域上实现了向太平洋产业带的规模化转移。Kolko(1999)和 Duranton、Puga(2003,2005)、Bade 等(2004)分别对美国和德国进行研究,结果显示,城市群内功能专业化特征最为明显;并且两国也实现了从部门专业化向功能专业化的转变。同时,在城市群区域范围内,产业间分工实现向产业链分工的演进发展,中心城市服务业产业集聚,外围周边城市制造业集聚,实现了从产业专业化向功能专业化的转变。城市群在本质上反映了城市之间借助于城市"集合体"的规模效应、集聚辐射效应所形成的功能分工及协同关系。城市群各城市依据人力、物质、资本、技术、信息等因素形成各自的比较优势,以此为依据确定所主要承担的综合性功能。其中,核心城市的功能主要体现在管理、研发、设计等管理与服务性功能,中小城市的功能主要是加工、制造等生产制造功能,进而形成集优势互补、功能互补、良性互动为一体的功能空间发展格局。

20 世纪 80 年代,国内学者开始关注城市群的功能空间分工、功能专业化以及城市功能空间的相互关系等问题。

第一,关注单一城市在产业、交通、居住、商业服务等单一类型的功能空间的形成机理和演化动力。李小建、樊新生(2006)研究河南省的经济功能空间结构的演变过程,得出其经济功能空间结构呈现出明显的"中心—外围"发展模式,但县域间经济增长的空间相关性不显著,明显的经济溢出效应出现在高水平县域聚集区。完善的交通基础设施、现代化的交通工具和通达的综合运输网络使城市群逐渐融合,对生产要素的吸引力以及对外部的辐射能力也随之显著增强。官卫华、姚士谋(2006)发现沿着城市多方向的综合交通走廊正逐渐成为城市空间布局的主要聚集区。胡鞍钢(2009)从理论层面证明交通运输功能存在正外部性,实证结果表明交通运输功能对经济发展存有外部溢出效应。吴殿廷等(2010)、赵航(2011)、徐维祥(2015)发现产业布局与经济发展之间密切相关,从城市的产业功能角度分析集聚效应对城市功能空间形成和演化的作用机理,强调产业功能对城市空间结构重构的重大影响。郭付友(2015)实证分析长春市服务空间与城市功能空间的关系的时空特征。申庆喜(2016)研究城市功能空间的服务职能,认为商业服务空间直接反映城市空间的扩展水平,但城市服务功能与空间不协调的问题较为突出。

第二,关注城市群功能空间分工与区域协调发展。我国城市群的发展过程已经体现出较为显著的功能空间分工特征。江静、刘志彪(2006)比较制造业和生产服务业的商务成本内在构成的差异,发现这种差异呈现出区域内协同定位发展、产业集聚的地域性分布等特征,即生产服务业在中心城市集聚,制造业在外围区域集聚。根据"中心—外围"理论,张若雪(2009)发现中心城市产品分工的专业化程度不断下降,取而代之的是功能化分工强化,中心城市的主要功能是管理、研发和服务,其他城市主要承担生产功能。安树伟(2010)强调要优化不同规模城市的产业分工格局,大都市区注重总部、研发、营销环节,实现加工制造业向区域周边地区转移;城市群区域内制造业分布在一般中等城市,一般制造业和零部件生产则聚集在中小城市。赵勇等(2015)通过实证分析发现,城市群功能分工与地区差距之间存在钟状曲线式倒"U"形关系,随着城市群空间功能分工的深化,地区差距会扩大,当空间功能分工超过转折点后,地区差距会缩小;同时,政府干预会抑制地区差距的扩大,实现经济增长与地区差距的平衡。马燕坤(2018)提出生产服务业呈现出显著的单核心集聚特征,城市功能专业化明显深化。尚永珍(2019)认为城市群功能空间分工有助于中心城市和周边城市的良性互动:一是中心城市的制造业向周边城市转移,一方面,为生产性服务业的发展创造条件,另一方面,对周边城市制造业产业升级起到有效的带动作用;二是周边城市为中心城市的产业发展提供良好的产业支撑,更好地促进区域的协同发展;三是城市群周围区域生态服务功能的支撑作用凸显。郭荣朝(2007)、赵文运(2010)从生态学的角度,基于城市群区域生态绿地的生态价值,聚焦生态功能的提升,阐明"生态环境"可以有效支撑城市群的可持续发展。

第三,高度重视测算城市群功能空间分布的方法。城市群区域内各城市的功能如何实现优势互补,要素流如何实现合理的产业空间分布形态,是提升城市群整体竞争力的关键。赵勇、白永秀(2012)基于空间功能分工指数对中心城市、外围城市、不同规模等级城市的功能分工进行测算和比较。齐讴歌、赵勇(2014)对我国城市群空间功能分工总体水平进行测评,结果表明:功能分工水平整体较低且呈"金字塔式",波动中持续下降。同时,区域差异、城市等级差异是影响城市群功能分工水平差异的重要因素,并且呈现出逐渐拉大的变动趋势;中心城市与外围城市的差距也在不断扩大。马燕坤(2016)深入研究城市群功能空间分工问题,准确测评了城市群功能空间的分工程度,界定了各城市的功能化专业程度。

城市群在我国发育的时间并不长,但已有文献对城市群单一功能空间的作用、演化机制等问题进行了大量的理论探索和实证检验,但对城市群功能空间的内涵的界定、城市群内部多功能空间的相互作用关注不够,而我国正处于城市化高速发展的阶段,城市功能空间呈现出多样性和复杂性,城市之间、产业之间的空间流动加强,产城融合过程交织形成空间网络状态,整体的结合关系形成一种多层面、多维度的关系复合体。城市群作为具有多重功能空间的集合体,随着各城市主体空间集聚、利益互动和分工协作的日益密切,城市功能空间分布不平衡问题凸显,城市群功能空间整体性、系统性研究就显得日益重要。

因此,需要拓展城市群功能空间的内涵,依托城市功能的含义,丰富城市群功能空间的内涵。本研究认为,从本质和内涵上看,城市群功能空间主要包括:城市群中不同结构性因素是城市群能力与机能的决定性因素,对城市群范围内的社会、政治、经济,以及文化各方面活动的复合能力具有关键作用。应该说,城市群功能空间体现了城市群范围内产业功能、交通功能、城镇功能、生态功能等在空间上呈现的某种相对稳定的状态。

三、城市群功能空间的构成体系

城市群功能空间不是单一功能的累加，而是系统化的复合功能在区域空间内所形成的相对稳定的结构状态，这种结构状态包括：产业功能空间、交通功能空间、城镇功能空间和生态功能空间以及上述四种功能空间耦合形成的复合功能空间。城市群功能空间是城市群在资源条件、区位条件、交通和信息技术、历史文化条件、产业发展等要素以及各要素有机结合的基础上，形成的城市群整体功能系统。一方面，城市群功能空间要进一步深化复合性功能，构成一个系统化的功能体系，将城市群的整体竞争力不断提高。另一方面，城市群功能空间还是一个有机的整体，各城市基于不同的区位条件、资源禀赋体现不同的功能，区域内部功能空间的有效整合和功能提升，是提高城市群整体功能的核心。城市群的功能空间因其不同的发展阶段呈现出差异性，城市群功能空间具体表现为：初期阶段，随着不断加强城市群中心城市的辐射功能，不断扩大城市群的辐射范围，一些功能开始慢慢转移到周边区域；成熟阶段，城市群内城市与城市之间的功能不断实现有效整合。

(一)城市群产业功能

城市群功能空间的"复合性"实质是城市群区域密切的空间经济联系。从城市群的形成机制和发展演变机制来看，随着城市间分工的深化和关联的密切，经济功能是城市群最基本、最核心的功能，而经济功能的核心就是产业功能，城市群区域内的分工合作是城市群产业功能优化的基础、前提和关键。随着城市化进程的加速，城市群内部城市之间以及产业之间的联系也在逐步加强和完善。城市群产业功能是指城市群在特定区域范围内所承担的满足人类(既着眼于现实需要又前瞻于可持续发展)自身生存和发展需要而在产业发展等方面所承担的任务和所起的作用，是其他一切功能的前提和基础。城市群内部各类城市、小城镇是有机整体，所有城市要充分利用各自的比较优势,各美其美,补齐短板,进行合理的产业分工。在宏观上要求组成一个规模适当、结构合理、联系密切的聚集体,促进各类城市实现高水平的产城融合;在微观上,表现为区域内要求产业(尤其是第二、三产业)聚集在最优的区位点。城市群产业功能表现为各类城市积极参与产品价值链上不同环节的生产,并成为产品价值链上的独特功能环节。城市合理的产业结构及其布局有利于城市群空间结构的合理演进,从某种意义上来说,产业功能是整个城市群功能空间演化的动力系统,是引导交通布局、城镇人口布局的指挥棒,是生态功能得以不断优化的发动机。

（二）城市群交通功能

城市群是大规模、持久性的人口集中和产业集聚区域,在特定的社会经济环境中,支撑条件之一是发达的交通、运输和信息网络。随着城市交通运输方式的不断丰富和网络运输体系的不断完善,即多层次、多功能、系统化的交通网络的构建,能够有效提高区域之间的通达性,交通运输的便利大大缩短了区域之间的距离,加快区域资源要素流动,节约交易费用,促进了部门间、城市间的横向联系,提高了城市功能及其影响范围。城市群交通功能是指城市群在特定区域范围内中所承担的满足人类(既着眼于现实需要又前瞻于可持续发展)自身生存和发展需要而在区域交通发展等方面所承担的任务和所起的作用,是其他一切功能的物质基础。交通功能有助于全面提升城市群的综合实力,同时加快城市一体化向纵深发展,交通功能的完善和强化,是城市群产业功能和城镇人口功能优化的强大引力。

（三）城市群城镇功能

城镇化有"单体式"和"城市群"两种形态,前者会造成区域内资源要素的浪费和配置的低效率;后者体现了新型城镇化的基本目标,即以城乡互补和城乡一体化发展为基本目标,着力提高其内在承载力,推进城市、城镇、农村的协调均衡发展。城市群凭借便捷的交通设施网络、畅通的信息系统、布局合理、分工明确的城市功能和优势互补的产业支撑能够快速提升城镇化质量。城市群城镇功能是指城市群为实现可持续发展和履行相应的产业功能、交通功能等复合功能,而必须具备的一定规模和结构的人口,以及满足这部分人口发展所需要的较高质量的教育、医疗、公共卫生、文化、艺术、科技等公共服务要素。以往研究往往关注的是城市群的经济功能或者说是产业功能及其发动机作用,而忽视了一定规模、结构和质量的人口以及满足这部分人口发展所需的公共要素的数量和质量,在城市群功能空间演化中所发挥的最基本的物理支撑作用,离开了这种有效的支撑,产业的发动机作用将成为无源之水,交通功能的优化和生态功能的提升也将失去存在的基本前提。城市群城镇功能的存在和强大,也从一定程度上解释了为什么北京、上海、广州的产业、交通、生态功能的结构并非最优,但其发展状态和未来预期却是最强的,其根本原因就在于这些城市所具有的强大的城镇功能体系。

(四)城市群生态功能

提升城市群功能既要兼顾眼前,又要着眼长远、优化布局。城市群的长远发展离不开良好的生态环境系统的支撑,生态环境水平直接影响城市化的健康发展,也是京津冀能否成长为世界级城市群的关键指标;同时,城市化进程也影响和改变着区域生态环境,不可避免地对城市生态环境造成压力,伴随城市化进程加快发展,人口密度、住房紧张、资源短缺、环境污染、交通拥堵等"大城市病"问题日益严重。如何实现生态环境与城市化的良性互动对提升城市群的功能意义重大。城市群的生态功能是指城市群在其区域内所承担的满足人类(既着眼于现实需要又前瞻于可持续发展)自身生存和发展需要而在资源利用、生物多样性、环境保护和治理等方面所承担的任务和所起的作用,包括环境承载功能和生态环境的自我修复能力。生态功能是城市群实现区域经济社会可持续发展的基础和保障,是产业功能不断强化、交通功能不断优化、城镇功能不断丰富的物理基础和空间基础。

综上,城市群是存在相当数量兼具地域接近性和关系接近性双重属性特征的城市集合体,依赖相对发达的产业,凭借综合交通运输网络的通达,表现为城市和产业间的物质流、人流、资金流、信息流、技术流、公共服务流的集中和分散,城市间和产业间形成和发展密切的经济联系,城市群功能空间本质上是不同功能在空间上呈现出的状态,即产业功能、交通功能、城镇功能、生态功能等复合功能在区域空间上所形成的状态。

第二节　城市群空间结构的内涵

城市空间结构研究源于 20 世纪 20 至 40 年代的西方国家。地理学科主要侧重于研究城市的物质空间(Smailes,1966;Clark,1973)和社会空间(Burgess,1925;Harris,1949)。经济学科主要研究经济活动的空间集聚效应,回答"在哪儿生产"的问题(Krugman,1998)。同时,注重研究空间结构与形态的形成和演进(Allen,1988),注重探讨城市群空间结构的构成部分,比如城市职能结构的研究,不同区域的跨国公司促进城市职能结构的演化(弗里德曼,1986)。随着经济全球化的推进和社会经济的发展,国外城市群空间经济结构研究也从关注经济实体的地域结构转向对微观因素的探讨。国外学者对城市空间结构研究主体从单个城市向城市群发展,研究内容不断深化,从最初的城市功能空间,到空间演进的过程、演进机制和演变趋势。

国内学者关于城市群空间结构的关注始于 20 世纪 80 年代。于洪俊等(1983)首次引入戈特曼的"大都市带"概念,随后,关于城市群空间结构的研究主要聚焦于四个方面:一是城市群空间结构的含义、特征,二是城市群形态特征及空间结构,三是城市群模式即空间演化,四是城市群功能与结构。90年代之后,我国城市群的空间结构研究进入快速发展时期,学者围绕长三角、珠三角、京津冀、辽中南、长株潭等城市群区域进行了多方面、多角度的实证研究,成果丰富。

一、城市群空间结构的内涵

(一)空间、空间结构的内涵

"空间"是一个有丰富内涵的、复杂的、多学科概念,从城市规划学的角度来看,空间是指城市的实体空间;从地理学的角度来看,空间涉及城市功能与地域结构状态。陆大道(1988)认为,空间不仅是事物的容器,而且能够体现事物的属性,即体现事物之间的相互关系。从本质上看,空间是人类社会经济活动的场所,反映与映射出各种经济活动的特征。"结构"一词,原意是建筑物的内部构造、整体布局;后用来说明事物的内部联系和作用,解释组成某一系统的各种要素之间的排列与组织的方式,除了要素之间相互组合的比例之外,更重要的是要素之间相互关联的方式。

"空间结构"有广义和狭义之分,广义的空间结构主要是指在一定区域范围内经济社会诸多要素的空间组合状况;狭义的空间结构特指经济空间结构。一般而言,空间结构的基本含义就是在一定地域范围内人类经济活动作用下构成的相应组织形式,该空间组织形式主要是由三方面的内容构成:一是经济地域单元的组合关系与空间分异,其载体为人类经济活动与资源开发;二是构成空间实体对应的分布配置体系与相应等级规模;三是不同空间实体间某种要素流呈现的状态与形式。空间结构对区域经济体系中不同要素、主体,以及系统之间的状态进行了反映,同时也体现出各个主体在区域内所体现的空间联系。

空间结构就是某一区域范围内各种空间要素的组合状态,一方面与区域内空间要素自身有关,另一方面还与空间要素之间的关系有关。换句话说,空间结构所呈现出的形态和关系通常通过空间要素的不同组合方式以及要素间的相互关系来表现。而空间要素的空间组织关系和分布格局表现为如下三个方面的内容:一是要素的空间组合,二是要素的关联关系,三是空间要素的演变规律。学者从不同角度对空间要素进行了界定。

第一种界定方法,基于空间要素组合的显性特征,把空间结构要素抽象为点、线、面。点,即人类社会的经济活动具有"确定位置"的点状分布形态,如商业点、城镇居民点、工业点等。线,即社会经济活动具有"确定位置线段"的线状分布形态,如交通通信干线、水源供应线等。面,即社会经济活动的面状分布形态,是点和线存在和发展的地域基础,如农业区域、经济腹地等。点、线、面是构成区域经济活动相互作用空间系统的重要载体,即空间结构的基本要素。但是,上述关于空间要素的划分主要依据有形的、静态的物质性特点,空间要素组合也会呈现出隐性特征。

第二种界定方法,基于空间要素组合的隐性特征,即空间结构要素的流、网络、体系,考虑区域内空间结构要素的动态内容。根据要素流的性质与内容的不同,可将其划分为各种复合流动与单向流动,包括信息流、人流、技术流、物流,以及资金流等;区域内的要素流的空间位置表现形成空间网络,反映并体现着区域内经济主体的相互关系。随着社会的发展,城市群空间结构的网络化特征凸显。综上,要素流的密度反映节点的网络权力大小,当节点具有越大的网络权力时,其对应的等级也会越高,这是按照区域功能空间进行分工的一个关键依据。可以说,上述隐性的空间结构因素是城市群空间结构形成、运行和演化的基础。

(二)城市群空间结构的内涵

关于城市群形态、空间结构内涵的研究,往往关注城市群的集聚状态,包括城市群内规模城市的分布和等级结构、中心城市、城市间的相互关联。城市群空间结构就是各空间要素关系在地域上的空间表现形式。周一星(1988)提出城市经济统计区、都市连绵区概念。姚士谋、朱英明(1992)最早对城市群空间结构进行了开拓性的研究,侧重于空间分布形态,指出:城市群空间结

构是一个集合概念,是整个区域范围内的经济、规模、职能结构等一系列构成
要素基于相互作用而在地域表面所生成的投影。社会生产力不断发展驱动城
市群空间结构不断演化,当处于知识经济的新环境中,城市群空间结构的网络
化特征尤为明显。按照城市分布的地域范围、城市的规模等级将城市群划分
成组团式、带状式和分散式三种类型,后来又对城市群的形成机制、空间结构
及协调机制进行研究;他们提出城市群空间结构是一个集合概念,城市规模等
级是划分城市群类型的重要因素。因此,根据城市群影响范围、规模等级等指
标,将城市群划分为三种类型:大型或超大型城市群、中等规模城市群、地区小
型城市群。

　　城市群的物质要素在空间范围内的相互作用、相互联系以及相对分布等
形成不同的功能空间,不同的功能空间所形成的结构形态就是城市群空间结
构。城市群空间结构是城市群区域内各种结构的统一体,包括空间结构、生态
结构、经济结构,以及社会结构等;空间结构是城市群结构的最基本形式。朱
英明等(2002)研究城市群的地域结构,对我国城市群区域的空间等级结构进
行分析,发现国家级城市群、地区级城市群和地方级城市群具有镶嵌结构特
点,各城市在空间等级方面存在复杂的相互联系,不同等级层次的城市群呈现
的形式和发挥的作用差异性明显。城市群结构是经济结构、社会结构、职能结
构、规模结构等的统一体,城市群的地域结构是城市群结构的基础。

　　城市群空间结构是各空间要素关系在地域上的空间表现形式。城市群区
域内城市之间、产业之间存在相互关系,这种关系通过"要素流"实现,即通过
要素流的空间流动及相互作用实现产城融合水平的提高,进而有效推动城市
群空间结构的演进及优化。张祥建等(2003)依据长三角城市群是大中小不
同规模等级城市在区域内集聚而成的现实出发,从轴线特征体系、圈层特征、
网络特征三个维度进行分析,明确长三角城市群协调发展的障碍和制约因素。
郭荣朝、苗长虹(2007)从生态学的学科角度出发,探讨城市群生态空间结构
与经济社会发展之间的互利共生和协同进化机制,并且基于不同层次上的城

市群进行比较分析,提出提升城市群空间生态环境质量的必要性。

综上,城市群本质上是一个内在联系多样而又密切的地域性组织,即通过不同功能空间构成的一种结构形态。对于城市群空间结构,它指的是在空间内各种物质要素进行配置与聚集,也是在区域空间中各种物质要素的相互位置、相互关联及相互作用等所形成的空间组织关系和分布格局。城市群空间结构是特定区域社会经济活动长期相互作用的结果,反映出城市群发展的程度、阶段与过程,反映着城市之间的互动关系,承载着城市群发展水平。因此,城市群空间结构优化与否是城市群整体竞争力和高质量发展的重要决定因素。

二、城市群空间结构的特征

(一)动态稳定性

从国内学者对城市群空间结构的内涵界定中可以发现,城市群空间结构"动态中的稳定性""系统中的差异性"特征凸显。城市群空间结构的形成是区域内要素的复合性、动态性流动及其相互关系的结果;同时,在不同的经济发展阶段,城市群的空间结构会随着多种因素的制约和影响处于不断变化的过程中,实现从一个均衡点向另一个均衡点的过渡。陈黎等(2010)、张兰婷(2016)分别从城市群空间分布的同心性、相关性和均衡性三个角度对长江三角洲城市群、长江中游城市群的空间结构进行实证分析,得出空间相关性较强、联系紧密、总体比较均衡的结论。同时,城市群空间结构均衡点的变动体现着城市群空间结构的动态稳定性,也就是说城市群空间结构具有动态的稳定性。宋吉涛、方创琳等(2006)根据中心地理论,利用 GIS 格网技术,从中心性指数(用来表现一个城市对其他城市的辐射影响)和分形网络维数两个角度,定量分析 28 个不同规模层次的城市群及其空间结构的稳定性,结果显示城市群的中心性指数差异较大,并且中心性指数越大的城市群,其空间结构稳定性越强;同时,网络维数越大,城市群空间结构稳定性越强;根据半升梯度模糊隶属度模型对上述两个指数进行归一化处理,得出城市群空间结构的综合稳定性指数,并划分成五个等级,具体为强稳定型、较强稳定型、中等稳定型、弱稳定型和不稳定型,前两种等级占比为 21.4%,总体上我国城市群空间结构的稳定性相对较差。

城市群空间结构本质上是一个非平衡结构,城市等级规模结构处于不断变化的过程中,城市群一体化发展要求必然伴随着城市群要素流的协调与协作,具体体现在空间结构的调整和优化。城市群发展的实践表明,空间结构优化有助于促进城市群功能完善和城市群的高质量发展。郭荣朝(2010)从城市群经济、社会、环境可持续发展出发,构建城市群生态空间结构的优化组合模式;郑伯红(2011)、杨天荣(2017)、赵婷婷(2012)都对城市群生态空间结构优化进行了研究。王元亮(2018)分析中原城市群空间结构演化过程及主要特征,提出推进城市群空间结构的优化路径。杨海华(2018)指出城市群的演进机制实现了三个方面的转变,即城市群由数量扩张向结构优化转变、发展动力由集聚增长向协调发展转变、发展模式转向一体化经济模式。米鹏举(2019)以城市群空间结构与区域治理模式的关系为研究对象,探讨两者的协同演化机制。康江峰(2014)从资源配置首位度、空间结构失衡的角度出发,分析关天城市群空间结构失衡的突出问题;高素英(2017)基于京津冀城市群空间结构发展失衡的问题,采用熵值法、引力模型测评城市群的空间结构规模和空间联系。

(二)区域差异性

城市群中的要素分布及流动都是有序的,要素流经过长期的相互作用,体现并承载着城市群空间结构的系统性特征;同时,城市群结构包括经济结构、产业结构、城镇等级规模结构等,不同要素的流速、流向和流量不同,对城市群空间布局的作用机理、影响大小存在差异。第一,城市群基于地理位置、资源禀赋、经济发展水平等差异,表现为城市群发展模式的差异。城市群在一定区域范围内,空间要素的关系特征在地域上有不同的外在表现形式,即城市群空间结构模式的外在表现形式有"之"字形结构、倒"T"形结构、多中心模式、点轴模式等。第二,城市群内部各个主体基于空间结构要素的差异,表现为城市群内部功能空间的差异。第三,随着区域经济的发展,城市群的城市结构具有一定的"层次性",各个层级城市之间的功能互补存在差异,即城市群的等级规模结构存在差异。城市群等级结构是城市群体系内的层次分布,多采用城市首位度、城市金字塔、分形理论进行分析。中心城市的引领和辐射带动作用是城市群高质量发展的重要推动力。朱英明(2002)认为中心城市集聚效应、辐射扩散是城市群地域结构演化的有效推动机制。第四,城市群区域内城市在区域经济发展中所发挥的作用和所承担的分工存在差异,即城市群的职能结构存在差异。城市群的职能分工结构主要是指各个城市在社会经济发展中所承担的角色和职责,包括经济功能、产业功能、交通功能、城镇功能、生态功能等,决定着城市群规模等级结构和空间分布结构的总体特征,体现了城市群区域的专业化分工水平。综上,城市群空间结构是指一定区域内城市在地域空间上的组合形式、分布位置和经济联系,也是城市的规模等级结构和职能分工结构在地域内空间上的映射,空间结构是否合理影响城市群的整体发展。

(三)系统耦合性

城市群区域的社会经济发展是一个综合、复杂、动态的系统,区域经济系统构成要素之间相互联系、相互作用、相互影响,共同促进整个系统的形成、发展和演进,也就是城市群系统的耦合关系。城市群空间结构体现了空间系统中相关主体的分布格局与组织关系,具体包括经济系统中所有要素的相互联系、相互作用,以及相对平衡关系。城市群空间结构是否合理,直接影响城市群的整体竞争力和发展的可持续性;同时,城市群功能系统结构主要也是由城市群的空间结构决定的,所以,城市群空间结构对应的是城市群功能空间,科学合理的城市群空间结构对提高城市群的整体功能至关重要。城市群功能空间指的是在空间分布各功能形成的结构形态,包括城镇功能、生态功能、产业功能,以及交通功能等;城市群功能空间分布的平衡,体现的是各城市功能结构的重置,同时,必须与城市规模、城市职能相匹配。而随着区域经济的不断发展,城市群区域产业功能、交通功能、城镇功能和生态功能在空间结构分布上的不平衡问题日益突出,存在城镇功能与产业功能不匹配、功能空间紊乱,以及生态功能与经济功能的矛盾冲突等问题,影响了城市群的可持续发展和高质量发展。城市群的功能空间系统并非传统的居住、工作、游憩与交通功能的简单综合,而是复合功能系统。城市群的产业功能系统、交通功能系统、城镇功能系统、生态功能系统等在整个城市群的演化实践过程中,也是在不断地进行深度的耦合—协同—发展,最终形成城市群的复合功能,这种复合功能是城市群区域—要素—协同力耦合作用的结果。因此,城市群空间结构的优化和功能空间的平衡成为实现城市群高质量发展的必然选择。

三、城市群空间结构研究的理论基础

随着深入推进城市群发展步伐的加快,与城市群区域大中小城市协调发展相伴随的就是空间结构也处在不断调整和变化中。城市群空间结构的形成、演变趋势及驱动机制都有一定的规律。

(一)圈层结构理论

最早提出圈层结构理论的是德国农业经济学家冯·杜能。他认为城市周围农业土地利用方式围绕市场呈现同心圆圈层结构,对于同心圆圈层,从内到外,分别是自由式农业、林业、轮作式农业、谷草式农业、三圃式农业,以及畜牧业等,这是一种农业圈层结构。该理论充分肯定了城市在区域经济发展中的作用,也肯定了地理空间位置对农业经营方式的决定性作用;城市对区域经济的促进作用与空间距离成反比。"圈"实际上意味着向心性,城市的社会经济

从内到外表现出来的是一种有规则、有空间层次化的结构。圈层结构理论的主要观点是以城市为中心，逐步向外进行圈层状扩张。

（二）中心地理论

中心地理论是空间结构理论的重要内容，是由德国地理学家克里斯泰勒于 1933 年首次提出的，它是城市化和城市群的基础理论之一。克里斯泰勒对德国南部城市和中心聚落调查后发现：在一定区域范围内，中心地在职能分工、规模结构和空间形态分布上呈现出一定的规律性；中心地空间形态分布受到市场因素、交通因素和行政因素的影响，进而形成的不同的系统。中心地理论对城市等级的理论进行分析，该理论系统地介绍了中心地（向周围区域的消费者提供各种商品和服务的地点，可以是城市、城镇或居民聚居点）、中心地等级（根据提供的商品和服务的种类的高低等级进行划分）、服务范围（商品和服务的界定的服务范围，包括上限和下限）等概念，系统分析了城市群内部大中小城市等级因素、各城市的发展规模形态、各城市的数量、城市职能定位以及空间结构形态等方面的规律性，采用六边形图示对城镇等级与规模关系进行概括。中心地服务范围在空间上呈六边形，中心地位于正中。中心地理论通过建立系统的城市区位理论，把区位理论的应用范围从农业、工业扩大到城市，运用抽象演绎法解释空间经济网络化形成的机理，被认为是进行城市群研究的基础理论。

（三）增长极理论

1950 年，法国经济学家佩鲁首次提出增长极理论，该理论用来解释和预测区域经济的结构和布局；后被法国经济学家布德维尔引入区域经济理论。在佩鲁看来，没有同时在所有地方的增长，其增长的不同强度第一次出现是在部分增长极或者增长点上；增长极是围绕推进型的主导工业部门而组织的有活力的高度联合的一组产业，这除了可以实现快速增长以外，还可以利用乘数效用来促进其他部门的增长。在区域经济发展过程中,主导性部门和创新力强的行业处于支配地位,并且它们常常聚集于经济空间某些点上;另一些部门或企业则处于被支配地位,如果把存在支配与被支配作用的经济空间看作力场,那么增长极就被描述为力场中的"推进型单位",它可以是部门的,也可以是区域的。增长极具有创新能力强、经济增长快、与其他部门经济联系密切、广泛等特征。布德维尔把最初抽象的增长极概念推导到区域范畴,提出了"增长中心"这一空间概念。根据增长极理论,区域经济发展出现在创新能力较强的某些点上,这些点在区域内因集聚效应而形成经济中心,并通过自身的发展和与周围的密切联系,通过极化效应和扩散效应的相互作用、相互转化,推动其他部门的发展。

(四)点—轴理论

点—轴理论是增长极理论的延伸,是我国经济地理学家陆大道院士提出的。"点"的含义比较丰富,即:各级居民点、大型企业工矿区、生产地、运输枢纽、各级中心城市和聚集区。在实际应用中,点一般指发展条件较好的城市、中心城镇。"轴"是指实现点与点之间的要素流动,由交通、通信干线和能源、水源通道相互连接起来的"基础设施束"。"轴"被分成线状基础设施、主体部分和轴线的直接吸引范围。"轴"对附近区域的产业与人口来说,其经济凝聚力与吸引力都很强,可以吸引产业与人口等因素聚集在轴线两侧,即区域社会经济活动通过要素流在轴线上集聚,对附近区域形成扩散作用。点—轴空间结构理论基本思路包括三个方面的内容:一是在一定区域范围内,区位条件优越的重要干线被选定为"轴",对其进行重点开发;二是在轴上确定重点发展的中心城市后,还要对其发展方向与功能进行确定;三是对发展与增长极的等级体系进行确定,即中心城镇和发展轴的等级体系及网络结构。

综上,基于城市群空间结构的基础理论,紧密结合我国城市群的发展实践,国内学者关于城市群空间结构的研究成果十分丰硕。城市群的空间结构优化与否是城市群功能的重要决定因素和有效载体。城市群的空间结构反映了城市群的发展阶段、过程和程度,是区域社会结构、经济结构、等级规模结构、职能结构和生态结构在地域上的投影,代表了一定地域范围内城市之间的相互作用和关系,可以衡量和评价城市群的竞争力和发展水平,为城市群规划和发展提供了重要的理论基础。

第三节　功能空间与空间结构的内在逻辑

城市群在区域经济发展中的作用越来越重要,中心城市和城市群正在成为承载发展要素的主要空间形式;城市群功能空间的布局和空间结构的优化升级已经成为影响城市群高质量、一体化发展的重要因素。因此,城市群如何形成合理的功能空间分布,以相对稳定和均衡的功能空间结构提升城市群的综合竞争力,成为未来城市群发展的突破方向。郭荣朝(2009)认为城市群功能是由城市群区域内各种结构性因素决定的城市群的机能或能力,是城市群在一定尺度范围内(世界、国家、省级、地区)政治、经济、文化、社会活动中所具有的能力和所起的作用。城市群功能空间结构是区域空间的各种复合功能形成的一种结构状态,包括了生态功能、城镇功能、交通功能,以及产业功能等,即不同功能在空间上呈现出的状态。城市群区域内部各城市之间的社会发展基础、区位和自然地理条件、科技创新优势、基础设施支撑、生态环境的联动共保等方面存在差异,城市群的发展应该注重体现和提升功能空间差异化发展水平,发挥其应有的功能空间作用,进而依托现有的功能空间提升城市群的整体发展水平;同时,还应重视复合功能空间分布与复合功能空间发展之间的平衡,进而优化与整合城市群复合功能空间结构。总之,城市群功能空间是城市群对区域的作用和秩序,其分布平衡与否是影响城市群综合发展水平的重要因素。

从现有的研究成果来看,学者们的研究侧重于城市群的空间结构与单一功能空间等问题,在研究城市群内部的经济功能、交通功能、产业功能、城镇功能、生态功能等复合功能整体系统方面还比较欠缺;同时,已有研究更多注重城市群单一功能的优化和不同功能在空间上的分布状态,很少考虑城市群特定功能空间的分布保持相对稳定状态下的动态调整。因为,城市群功能空间不是一成不变的,而是随社会经济环境的改变而永续变动,是相对稳定与绝对运动的辩证统一。一方面,城市群功能空间的发展要充分注重城市群发展的阶段性;另一方面,还要注重城市群复合功能空间作用的实现,推动城市群形成合理的功能空间结构,即实现"1+1>2"的作用,这种作用能够有效地保障城市群的高质量协调发展。

城市群结构以产业结构为核心,包括经济结构、空间结构、生态结构,以及社会结构。城市群空间结构是城市群结构的重要组成部分,体现城市群人流、物流、资金流、信息流和技术流的空间流动以及空间布局形态。区域协调发展的基础是城市群空间结构。所以,城市群空间结构合理与否,也直接影响到城市群的整体竞争力和高质量发展水平。城市群空间结构本质上是不同功能空间形成的结构形态,优化城市群空间结构对各要素流动效率的提高是很有利的,同时也是生态结构、社会结构,以及经济结构不断优化的基础与前提。经济社会的协调发展又会进一步促进城市群空间结构优化,两者互利共生、协同演化。

城市群空间结构的优化需要不断调整城市群的功能空间;同样,城市群功能空间分布的相对均衡反过来又会促进城市群空间结构的优化,两者是相辅相成的关系。城市群的高质量发展主要通过城市群功能空间分布与空间结构的同向优化和均衡来实现。一方面,城市群空间结构优化要以功能空间结构协调联动为基本原则,空间结构的优化有助于提高要素流的运行效率,促进城市群功能空间的合理布局,这样更加有利于城市群经济功能的实现,充分发挥其辐射和带动作用,提高整体的经济效率。另一方面,城市群功能空间分布的优化是产业功能、交通功能、城镇功能、生态功能的结构重置,必须与城市规模、城市职能相匹配,因此,城市群要科学划定各类功能空间,协调生态功能与经济功能的矛盾,让城镇功能能够更好地匹配产业功能,建立相对合理与科学的功能结构体系,这有助于优化城市群空间布局,促进区域内大中小城市协调发展。

从本质上说,城市群空间结构与功能空间关系紧密,属于一个有机的整体。城市群功能空间是城市群发展的物质保障,而城市群空间结构是功能演化、优化形成的一种规则和范式,实质就是一定区域范围内功能空间所形成的内在联系及其演化逻辑。同时,城市群功能空间和空间结构要实现相互配合、相互促进、协同共生。一方面,城市群功能空间的变化是空间结构变化的前提条件,对空间结构的变化产生重要的影响;另一方面,城市群空间结构一旦发生调整,就要求城市群功能空间体现并被赋予新的内涵,实现与变化了的空间结构的有效匹配。总之,城市群空间总体布局一方面要注重强化城市群产业功能、交通功能、城镇功能、生态功能等复合型功能的均衡;切实构建合理的功能空间体系,实现城市群功能空间分布的合理化和优化,着力提升、优化、平衡复合型功能;另一方面,也要注重优化城市群的空间结构,通过平衡城市群复合功能空间,利用功能结构的优化来促进优化空间结构,不断对城市群功能进行提升,促进其空间结构与功能空间的协调发展,深入推进城市群的发展,更好地发挥城市群对激发新动能、促进区域高质量、协调发展的作用。

第二章 城市群功能空间演化的
理论依据及动力机制

　　城市群功能空间的演化,包含两层含义:一方面,城市群功能的演化,包括产业功能、交通功能、城镇功能和生态功能以及上述四种功能在内外力驱动下耦合形成的复合功能的演化,是一个绝对而渐进的过程;另一方面,城市群单一功能及复合功能在城市群内部不同城市之间、城市群之间的空间尺度上形成了一种相对稳定的结构,这种功能结构系统的演化,同样是一个渐进而绝对的过程。以往研究,多集中于城市单一功能在空间尺度上的分布结构,而忽视了复合功能在空间尺度上的分布,从而形成一种相对稳定的结构,即产业功能、交通功能、城镇功能、生态功能以及由此耦合而成的复合功能,在空间结构上应该呈现一种相对稳定的结构体系。城市群自身以及城市群内部不同城市之间,理想状态下有效运行的上述四类单一功能及其复合功能,以及不同功能在功能结构体系中发挥的不同作用,在空间尺度上是如何演化的? 演化的理论依据和动力机制是什么? 这种动力演化系统是如何作用于城市群功能空间的变化的? 这些问题是本章要探讨的核心内容。

第一节　城市群功能空间演化的理论依据

一、区域分工理论

(一)分工的内涵与区域分工

分工是指把原先某个经济活动或该经济活动内的一系列操作逐级分解成两个或两个以上的活动,分别交由不同经济行为主体承担。古典经济学家认为分工并非简单的经济因素,它还是生产领域内一定社会经济制度的集中反映,亚当·斯密在进行分工的论述时指出,通过分工能够促进生产率的提高,而且也能够增强发明创造、改善社会福利、扩大市场范围等。分工一方面有助于创新生产制度,另一方面有助于改进交易制度,从而带来经济效益,并助力经济增长。马克思把分工划分为社会分工与企业内分工两种,其中前者指的是同一社会中在微观经济单位间出现的专业化和分工。在马克思看来,分工制度的内涵主要体现在以下三个层面:一是分工不仅仅是企业生产组织制度,更是整个经济活动的生产组织制度;二是分工并非凭空出现的生产要素组织,而是人类社会发展到一定阶段的产物,是以人类基本生产资料所有制为前提;三是企业内部分工和社会分工既相互统一,又相互冲突,这种矛盾关系主要体现在市场经济下的社会分工所具备的无规则无组织性和企业内部分工所具备的有规则有组织性上。

图 2.1 即为分工及其演化图,总体而言,人类社会的分工先后由自给自足发展为部分分工,再发展为专业化分工。

区域分工应依托区际交换来实现其专业化部门生产的产品价值,同时满足对本区域无法生产或难以生产的产品需求,促使区域生产能力的提升,有助于区域提高区域竞争力。区域专业化生产发展的必备条件有三个:一是某类专业化产品生产能力,且该产品能够满足当地需求,有参加区际交换的意愿;二是通

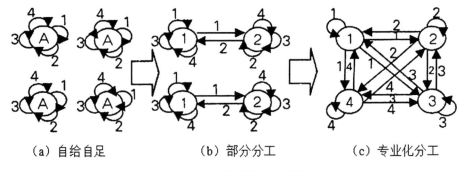

（a）自给自足　　　　　（b）部分分工　　　　　（c）专业化分工

图2.1　分工及其演化示意图

过区域分工节约出的劳动量比实际生产成本和运费成本之和大,且比在消费地区生产同类产品成本小;三是消费地和生产地间的商品价值存在某一梯度,若在运费稳定时每单位产品差价越大,则越有利于区域分工实现。只有同时满足上述三个条件,才能从经济上实现专业化生产,这可以 $C1 + \sum T < C2$ 的货币形式表示,该式中 C1、C2 分别代表专业化地区和消费地区的生产成本,$\sum T$ 则代表产品从生产地运往消费地的运费总成本。

　　生产趋于专业化将促进区域内其他生产部门的发展,同时逐步形成一个包括基础产业、辅助产业与主导产业共同发展的状况。专业化生产的主要目的是实现区域之间的商品交换,从而更好地满足彼此区域的需求,这也就意味着在不同区域之间必然存在着一系列的生产要素的流通,进而产生基于区域分工的区际经济关系。随着贸易规模与区际交换的持续深入,区域分工规模也会随着一并提升,逐步从最初的国内局部性分工扩大至全国统一分工,最终扩大至国际分工。区域分工依据内容和性质来看,具备四种特征:一是地区专业化生产。生产方式是区域分工的首要前提和动力,同时也是其主要表现形式。二是不同地区之间相互合作,联系紧密。该关系对区域分工起到了巩固的作用。三是层次性,主要表现在国内分工及国外分工的多样化。四是分布广泛,普遍存在于社会形态中。

　　区域分工具备典型的外部性与经济性特征,其中经济性的具体体现如下:

分工有助于劳动生产率的提升,它把原本复杂的劳动逐级分解成简单劳动,而且分工还会促进生产工具变革,进而提升生产效率。对于区域分工而言,其经济性强调通过地区的专业化生产来形成一系列直接利益,区域分工能够让各个地区充分发挥出自身的优势资源条件,这有助于区域经济发展水平的进一步提升,同时也能带来一定的区域经济福利,而且还有助于集聚经济效益和规模经济效益的形成,产生范围经济。区域分工的外部性特征具体体现在:区域分工能够促进区域整体功能的增强,拥有优势资源的区域能够利用区位要素实现分工发展的乘数效应,进而带动周边地区的经济发展,利用合理有效的区域分工促进区域之间的生产要素流动。

(二)新古典分工理论及其发展

新古典分工理论主张交易产生分工,该理论强调交易是所有经济活动的前提,并且以交易动机作为新古典理论的核心研究问题。根据亚当·斯密的"绝对优势理论",某个国家或地区在进行某商品生产时所消耗的劳动成本比贸易伙伴生产该商品的劳动成本低时,该国家或地区就在劳动生产率上比合作伙伴更具优势。若各个国家都能生产绝对优势商品,并相互之间实现商品的自由交换,则对于各方都有好处。根据大卫·李嘉图的"比较优势理论",若国际分工中出现了两个生产力完全不同的国家,其中一国生产某商品的成本要明显高出,则另一国在生产该商品上具有绝对优势,不过两国仍有开展贸易的可能性,原因在于即便是两国的这一类商品劳动生产率存在差价,但并非所有商品均是如此,处于绝对劣势国家仍有生产商品的必要,而处于绝对优势的国家并没有必要生产所有商品,只用生产其优势最大的商品即可,通过两国之间的贸易可以让双方都获利。赫克歇尔—俄林要素禀赋理论的核心思想认为,某地区的要素供给能力取决于该地区的要素自然禀赋,即便拥有完全相同的劳动生产率,仍会因资源禀赋导致资本劳动比出现差异,同时也会因生产成本差异让两地间形成贸易往来关系。新赫克歇尔—俄林模型则旨在基于产品特性和劳动资本等要素的组合形式来阐述产业内部的贸易关系。

（三）内生化分工理论

与新古典分工理论不同,扬格认为,技术的进步是随劳动分工发展而发展的过程,它并非外生,而是经济组织的结构演进的产物。一方面,市场规模决定分工,只有在市场对某产品需求量大到一定程度后,该产品的专门化生产模式才会形成;另一方面,分工又决定市场规模,分工能够促使间接生产方式的形成,有助于先进生产方法的应用,从而促使生产率提升,而间接生产方式带来的中间产品增多以及专业化部门增加,又促进市场规模的扩大。

扬格理论的主要内容有以下几点:一是报酬递增机制和产业整体以及社会化大生产具有整体联系性,不应从某个企业或产业视角来认知;二是报酬递增由现代劳动分工形式所决定,产业之间的分工是报酬递增的媒介,这种现代间接生产方式带来的经济效益与报酬递增经济效益相等;三是市场规模决定劳动分工,同时劳动分工又影响市场规模,两者之间存在一个循环积累且互为因果的演进关系,而该关系形成会导致报酬递增,最终实现经济进步。扬格是分工理论的重要研究者,他在这一领域的主要研究成果如下:第一,继承了亚当·斯密提出的经济增长机制科学理论,并在此基础上对斯密定理进行了进一步发展,提出分工累计循环机制;二是验证了市场的确会因为分工原因而有所扩大,这部分研究涉及非均衡框架理论和分工链概念、迂回生产方法、报酬递增概念,从经济学的角度探讨了报酬递增问题,丰富了内生经济发展理论;三是探究了分工对技术的影响,认为劳动分工水平达到一定程度就可以使技术有所发展,知识积累、分工与技术进步是同时进行的,它们都是经济系统的内生变量。新经济增长理论受扬格思想的影响比较明显,他的这种思想也引起了贝克尔、杨小凯、罗默、卢卡斯、舒尔茨、阿罗的重视。

1991年,杨小凯与博兰德开始采用动态一般均衡模型来揭示分工演进与经济增长之间的相关性。杨小凯与博兰德认为,经济系统中的规模收益递增和边干边学是导致动态演进的主要原因,市场范围的扩大、分工的深化必然会伴随边干边学现象的出现,此种现象又加速了专业化水平的提升和收益的提高。在该模型中经济是一直处于进步的状态,起初分工交易费用会因为生产力低下而远在分工经济之上,因此专业化程度不足;当积累了足够的知识之后,分工交易费用会不断增加,促使分工不断演进,这种现象具有加速人力资本积累、扩大市场容量、增加人均收入、增加贸易依存度的作用;经济增长率会因为分工潜能变弱而有所降低。

1992 年,墨菲与贝克尔构建了分工与专业化模型,与杨小凯—博兰德模型相比有所进步,它揭示了分工发展中知识的地位,而且这一模型还认为,市场范围不会对分工造成太大的限制,一般知识水平和"协调成本"才是真正的限制因素,这种观点与亚当·斯密存在很大的差异。他们还认为,经济是在知识积累与分工演进的共同作用下增长的,协调成本填补了交易成本的空白,随着社会知识存量的变多,协调成本会得到控制。墨菲与贝克尔认为,协调成本与专业化人工结合,那么便可对企业和产业组织的许多问题进行解释。他们还认为,分工与知识之间彼此影响,专业化收益的增加源于知识的累积,而且有利于分工水平的提高;知识的收益也会因为专业化水平的提升而有所增加,如此往复,知识的投资和人力资本都会随着专业化分工水平以及知识存量的提升和增加而得到积累,最终形成促进经济增长的内生力量。

二、"规模—等级结构"理论

城市系统内,大小城市有等级从属和职能联系的关系,它们按照规模和职能有规律地排列和组合。城市系统的大小层序及职能作用的规律配置,即为城市的等级结构。对城市群的城市等级进行定量分析,可归纳出城市群等级结构的基本特征,如大中小城市的分布是否合理、比例是否协调等。

王海江、苗长虹(2006)研究了城市群等级规模结构,以中国区域经济分布格局为研究对象,归纳了"多级联动""四大板块"分布的规律;赵璟等

(2009)分析了中国西部地区城市群空间结构发展的特点,发现我国城市群空间结构正在从单中心结构转变为多中心结构,认为城市群空间结构会因为政府支出规模、人口规模、人均 GDP、贸易成本等因素的影响而向多中心结构发展;赵志成(2014)通过研究中部城市群,认为政府支出是影响城市群空间结构向着多中心化演变的重要因素;孙斌栋(2017)以中国 13 个城市群为研究对象,从人口分布的单中心——多中心视角对其空间结构的变化进行了研究;赵伟等(2017)以我国 18 个城市群为研究对象,从城市流强度、城市群外向功能、首位度等角度研究了集聚辐射效应的变化情况,利用普通面板数据模型和面板门限回归模型对集聚辐射效应与经济效应之间的相关性进行了研究,发现随着时间的推移,集聚辐射效应越来越强。

三、"中心—外围"理论

美国区域经济与区域规划专家弗里德曼于 1996 年以罗斯托的经济发展阶段理论为依据,构建"中心—外围"模型来解释区域经济的发展历程,这是其著作《区域发展政策》的重要内容。他认为区域发展难免会出现不平衡的现象,中心与外围始终都是组成经济布局空间结构的两个要素,中心地区是主导,是经济发展的重中之重,其次才是外围地区。他认为任何区域的发展都应该以培养中心区域为首要目标,这个目标实现的过程中难免会出现一些边缘区域,这些边缘区域的发展程度是不如中心区域的,最后就导致区域的不均衡,弗里德曼之后对"中心—外围"理论模型展开了深入的研究,他对区域间的非均衡发展进行了分析,认为任何经济区都可以被划分为两个区域,即边缘区域和中心区域,最后他对此理论进行了补充,先是分析了两个区域的发展情况,找出了造成二者发展分层的原因,然后又对均衡性发展进行了展望。

以克鲁格曼(Krugman,1988)为代表的新经济地理学学者于 20 世纪 80 年代阐述并验证了"中心—外围"模型。克鲁格曼等人基于 D-S 非对称垄断竞争模型构建了"中心—外围"(C-P)模型,其间使用了数学变形和再构造

Dixit-Stiglitz(垄断竞争)模型的方式,同时又在构建由两区域组成的模型时采用了柯布—道格拉斯函数,其构建模型的初衷是对中心区域和边缘区域中农业与制造业的地位进行探究,并揭示了造成区域发展不均衡的因素,最后研究了社会福利水平与国际贸易实现条件的相关性。克鲁格曼假设经济体系只由制造业和农业组成,其中农业只生产一种产品,制造业负责供应差异化的产品,且量比较大,处于垄断地位,收益不断上涨;两个部门都只使用劳动力这种资源,农业雇佣劳动力要素具有非流动性,制造业相反,农业产品零成本运输,制造业运输成本相对较高。"制造业"中心和农业"外围"就是经济演化到一定程度形成的现象。克鲁格曼表示,集聚和扩散是区域经济增长过程必然会出现的两种趋势,而市场拥挤效应、价格指数、本地市场效应导致了这两种现象的出现,其中企业和消费者在本地的生产和消费行为是本地市场效应与价格指数促成的。之后在《空间经济:城市、区域与国际贸易》一书中,Fujita、Krugman 和 Venable 围绕 C-P 模型展开了系统的探讨。

"中心—外围"理论主要解释区域"均衡—非均衡—均衡"发展的内在原因,同时基于空间理论对区域空间组织的演化规律进行阐述。第一,城市作为区域活动核心地带和区域发展增长极,吸引大量资源集聚,如生活资料、生产资料和劳动力等,完善的基础设施作为流通渠道从城市外围不断向城市输送优质经济要素。此外,一些生产要素也向城市周边扩散,所以城市逐渐发展成为区域经济活动中心和发展的增长极。第二,城市群的核心城市和非核心城市应协调发展。一般情况下,中心城市与要素的生产地有一定的距离,因此,核心城市的发展需要以充足的生产要素供给为保证,非核心城市在发展过程中以核心城市为依托,二者的协调发展是城市群发展的动力和能量。第三,规律性和阶段性是城市群发展特征,城市在发展过程中需要遵循规律性和阶段性特征。应对这两个特征有充分认识,尊重规律、利用规律,为城市群的健康发展提供理论和实践参考。表 2.1 为"中心—外围"理论关于城市群发展的阶段性特征的描述。

表 2.1 "中心—外围"理论关于城市群发展的阶段性特征

阶段 特征	前工业化阶段	工业化初期阶段	工业化成熟阶段	空间均衡阶段
资源要素 流动状态	资源要素流动较少	资源要素在边缘区流动	资源要素在核心区高度集中,并开始回到边缘区	在特定区域全方位流动
区域经济特征	彼此间缺乏联系	核心区开始极化,一些主导地区快速扩展	核心区域开始对外扩散,边缘区域开始出现粗具规模的新核心	形成多核心形式,一些大城市的主导地位下降,城市体系建立
城市群发育特征	区域内城市独立发展,缺乏联系	核心城市快速增长	城市数量增加,城市群快速发展	城市群形成

四、城市职能结构理论

(一)城市职能的概念

城市职能即某地区内社会、经济发展过程中城市所体现出来的作用和功能,即城市在政治、文化、经济领域内所扮演的除本职角色之外的角色。学者们也称之为城市功能,城市功能有基本活动和非基本活动,以及特殊功能和一般功能几种类型,这是根据职能的不同进行划分的。《雅典宪章》是城市功能分区思想的鼻祖,它认为城市的基本功能包括交通、游憩、工作、居住四项。

我国学者周一星(1995)表示:从城市体系的角度分析,区域分工中城市所扮演的角色就是城市职能。他揭示了城市与其所在地域系统的关联度,明确了城市的作用,后人对城市功能进行归纳总结时都会以此理论作为参考。周一星认为专业化部门、职能强度、职能规模是组成城市职能的三个主要要素,即"城市职能三要素",这三个要素相互联系组成了完整的城市职能概念。

城市职能涉及文化、政治、经济、社会、服务、创新等领域和方面,对应的职能自然也十分多元,正是因为这种多元性的客观存在引得学者们纷纷对城市职能的分类予以高度关注。英国地理学家奥隆索(M. Auronsseau)于 1921 年首次细分了城市职能的类型,他认为城市职能有防务、行政、休闲、文化、交通、生产六大类型,这种结果是采用描述方法得到的;美国学者哈里斯(C.D.Harris)于1943年也细分了城市职能,他采用的是统计描述方法,并对就业和职业两项统计标准进行了明确;美国学者纳尔逊(Nelson)于1995年在确定城市职能的过程中提出了以城市各部门职工百分比算数平均值与标准差为依据的方法,即综合定量化的统计分析方法。

城市职能的产生是区位优势、资源禀赋、历史沿革等多种因素共同作用下的产物,任何一项城市职能,如交通服务、教育创新、政治文化、经济社会都不可能是无原因地出现和存在的,各种不同的职能结合在一起形成一个完整的城市职能体系。在现实层面中,这些城市职能体系实际上就是若干功能区块组成的地域综合体,当中的城市职能结构就是每个功能区块所折射出来的组合关系,对城市职能结构的时空演变历程进行梳理有助于对特定空间范围和时间段内的城市职能结构变化趋势进行把握。通过对城市职能分类及空间布局情况进行分析,可以加深对城市职能的了解,如城市在文化、经济、行政的发展和进步中起到了怎样的作用,这样可以制定更为科学的城市发展规划,确保合理分配各项资源,妥善布局企业部门,从而缩小区域之间的差距,并对城市的未来发展趋势有全面的把握。城市职能结构的演变实际也是城市竞争趋势的反映,这也是总结城市发展规律的关键,是发挥城市优势的必由之路。

(二)城市职能的衡量

城市职能理论从提出到发展成熟经历了"定性研究—统计描述—统计分析—多变量分析"四个阶段。英国学者奥隆索(1921)定性分析了城市职能,他认为城市一共有六种职能,每种职能又可以进一步细化。美国学者哈里斯(1943)将城市职能划分为10种类型,其分类的依据是主导职能行业就业比重必须要达到的最低临界值、主导职能行业就业比重,以及主导行业优于其他行业的程度。加拿大学者麦克斯韦尔(J.W.Maxwell,1965)基于统计分析方法,结合前人研究成果,基于人口规模、专业化指数、突出职能、优势职能四个方面归纳了城市职能的特点,具有一定的创新性。随着计量方法在地理学中的应用和计算机技术的发展,多变量分析开始盛行,常用的分析技术是主成分分析和聚类分析,代表人物是 G.B.Pidot 和 J.W.Sommer(1974),该方法将城市中的各项职能综合起来进行分析,分类结果更综合、更详细。

第二节　城市群空间结构演化的理论依据

一、区位论

古典区位论的主要代表人物和研究理论包括杜能(Thunen,1826)的农业区位论、韦伯(Webber,1909)的工业区位论和克里斯塔勒(Christaller,1933)的中心地理论等。

1826 年,德国经济学家杜能提出农业区位论,标志着区位论的诞生。农业区位论认为,在农作物分布和土地利用过程中,区位地租发挥着重要作用。区位地租是指不同地区土地租金的差距。杜能依据区位地租概念提出了著名的"杜能圈",即以城市为中心,农业地区围绕该中心展开分布在六个同心圆区域。根据他的研究理论,农业土地利用存在一定的区位特征,农产品消费地的运输距离对农产品的生产活动产生了巨大影响,而交通成为影响区位优势的决定性因素。他在研究中率先对生产、市场和运输距离之间的关系进行了分析。农业区位论为区位论的发展奠定了基础,也最早分析了交通与区位之间的关系。杜能提出的农业区位论为空间区位论的发展奠定了基础。

工业区位论的主要内容为探讨企业布局的方法。该理论认为,当市场、资源以及劳动力确定时,怎样布局才能使企业发挥资源优势,从而提高经济效益,使它到各个区位要素点(资源供应点、市场点、劳动力点)的运费最小,也就是成本最小。韦伯认为运输成本、劳动力成本及集聚倾向是三个最基本的区位因子,共同决定了企业的区位选择,即三者运费之和最小的地点。在韦伯的基本模型中,运费在企业区位确定过程中发挥着重要作用。然而,在考虑运费和运输因素的同时,还应兼顾劳动力的费用,因此在区位选择时应结合两种因素综合进行考察。韦伯认为,在区位选择过程中,部分企业未能充分考虑到运费和劳动力费用两者之间的平衡,因此有可能出现选择劳动力费用较低的情况,最终导致产品运费增加的费用大于劳动力节省的费用,进而增加企业生产成本。除劳动力费用和运费因素外,集聚因素也会影响企业区位的选择,从而导致选址地点发生改变。对此,韦伯认为,集聚力强的地区能够在一定程度上实现企业之间的资源共享和合作共赢,进而降低企业生产成本,扩大生产规模。对企业而言,在集聚节省费用超过因此而带来的运费和劳动力增加的费用的情况下,表明企业选址较为合理。

中心地理论是德国地理学家克里斯塔勒(1933)在对德国城市进行充分调研的基础上提出的重要理论。他通过研究发现,不同区域的中心地带在空间形态、规模和职能方面呈现一定的规律性。例如,空间分布主要受三方面因素的影响,分别为行政、市场和交通。他探讨了一定区域内城镇等级、规模、数量、职能之间的关系及其空间结构的规律性,并采用六边形结构图式对城镇等级与规模关系加以概括。他提出的"城市区位论",系统地阐明了中心地的数量、规模和分布模式,建立起了中心地理论,成为研究城市群和城市化的基础理论之一。

德国经济学家奥古斯特·廖什(August Losch)整合了工业区位论与中心地理论,对工业及其市场区位最优分布问题进行了探究。他在研究时遵循了利润原则,并从宏观一般均衡角度对工业区位问题进行研究,基于此提出了经济景观论和以市场为中心的工业区位理论。他认为,工业区位的选择取决于该区位是否能获得最大利润,消费者、供给者以及其他相关经济个体都会影响一个经济体的区位选择,基于此,他认为当空间区位处于均衡状态时,就会得到一个六边形的最佳空间范围。

W.Isard 提出的区位科学理论认为要从"空间经济"对区位论进行进一步的研究,具体来讲,要在全面分析的基础之上来确定区位,例如成本比较以及投入产出分析等,认为工业区位论是区域科学的核心。他认为工业布局受多方面因素的调控,并且不同区域的工业布局表现出不同的规律和作用。区位科学理论将工业区位论作为区域规划与开发的基础理论,结合地区社会实践和地区特点发挥区域优势,建立最佳生产部门。

二、新经济地理学

新经济地理学主要包括区际贸易理论、城市体系理论以及"中心—外围"理论,主要研究的是区域增长集聚动力以及经济活动空间集聚。以上述三种理论为依托,新经济地理学能够有效揭示产业活动的区域空间分布问题(Fujita,1993;Krugman,1999)。在新经济地理学三大理论中,"中心—外围"理论能够用来解释经济空间结构演变模式。

在新经济地理学理论体系中,一般均衡分析框架被包含在内,该框架中含有各类空间要素,该模式与新古典经济学完全竞争以及规模收益递减存在显著差异,理由在于新经济地理学的理论基础主要以规模收益递增与垄断竞争为核心。A.K.Dixit、J.E.Stiglitz 等(1977)将由 E.H.Chamberlin 提出的垄断竞争思想引入一般均衡建模技术,提出了垄断竞争一般均衡分析框架,P.Krugman(1991)基于该框架并引入 P.A.Samuelson 的"冰山交易技术",为新经济地理学奠定了坚实的理论基础,而在他提出的新经济地理学理论中,"中心—外围"模型便是最重要的内容之一。

随着全球经济一体化进程的发展,一些经济现象难以用现有的经济学理论充分解释,因此以克鲁格曼为代表的西方经济学家开始着手从经济地理学角度深入剖析以不完全竞争与边际收益递增为路径发展的经济活动的空间集聚现象,新经济地理学应运而生。新经济地理学对非连续性以及非单调性相关问题进行了详细论述,其两大核心研究方向是区域增长的聚集动力和经济活动的空间聚集。作为新经济地理学的核心理论,"中心—外围"理论主要用于研究经济发展过程中的经济活动,它与块状经济以及平滑经济的研究存在明显差异。新经济地理学认为区域地理位置的适宜和自然资源的丰富是促进区域发展的关键,同时还指出新经济地理学领域内的对称区域同样也存在于基本经济模型内,其中生产要素仍是资本与劳动力。新经济地理学以不存在任何外生差异的初始完全对称领域为出发点,以此来剖析经济活动空间发展差异的内生原因,不同地区间存在不连续经济变量,因此各地区形成的经济变量和经济发展问题存在明显差异。新经济地理学在研究相关问题时将运输成本作为空间发展要素,同时其理论框架也是以该发展要素为基础建立起来的。

三、协同理论

协同理论(Synergetics)最早源自希腊文,又称"协同学",意为协调作用的科学之意,即研究同一系统内各子系统或要素间相互协同的学科,该学科创立于 20 世纪 70 年代,创始人为赫尔曼·哈肯。协同理论的核心研究对象为"在整个非生物界与生物界系统中是否存在一个支配其结构与功能的自组织以及该组织形成的某些普遍原理"。该理论对"协同"的定义如下:系统内各子系统共同并联而产生的协同作用会让系统由无序转变成有序,并形成序变量,各序变量间的竞争和合作会造成系统由少数序变量支配,从而形成一种更高程度的协同。具体而言,协同理论所研究的是当一个复杂开放且处于非平衡状态的系统与外界发生物质或能量交换时,如何促使内部要素间通过相互作用从功能与时空上自发形成一个从无序变为有序的更高层次的协同的问题。协同理论由协同原理、自组织原理、伺服原理等内容组成。

第一,协同原理。在系统内各子系统间存在相互作用与竞争关系,并会产生以下三种结果:若子系统独立运动成为主导,则整个系统会进入无序稳定状态;若独立运动和系统关联性持平,则系统会进入不稳定临界状态;若系统关联性成为主导,则系统会进入有序状态,该有序状态即协同效应,当系统处于有序状态时,系统内的各子系统整体上呈现出服从系统运动的趋势,进而促使各子系统间相互作用累加,产生协同效应。

第二,自组织原理。组织指的是在自然环境内的空间结构、时间结构或时空结构按某外来指令运行,或处于社会形态中按某特定指令并以特定形式开展的活动,自组织则是开放系统的演化过程。若系统的空间或时间结构演化过程并非由外来指令施加给系统后产生,那么由该方式产生某种模式的过程即为自组织。

第三,伺服原理。通过分析系统演化过程受各参量影响,可以把子系统微观变量或其集合产生的宏观变量划分成慢弛豫参量与快弛豫参量两类,演化的主导是慢弛豫参量作用,系统演化的序变量即依托快弛豫参量消去过程得到的少量慢弛豫参量。子系统行为受序变量支配,系统内各子系统功能也为特定有序,从而让快弛豫参量服从于序变量。

对于非平衡的开放系统而言,引入协同理论能够将各系统间的同一性、协调性以及矛盾性充分揭示出来,所以研究外界作用下各子系统协同作用的产生机制,让有序和无序得到充分统一,从而正确反映客观规律与事实。随着协同理论的不断发展,很多以前无法预言与解释的非物理系统的非平衡有序现象得到揭示,而且这一理论将自组织形成过程视为自然过程的研究思路也让很多学者备受启发,这也使得该理论逐渐得到广泛运用。

协同理论以开放系统的非平衡问题作为重点研究对象,具体而言,就是要通过涨落来提升结构的有序性,通常达到如下要求即可开展协同理论研究工作:系统必须要具备非均衡性,且足够开放庞大,系统的涨落具有非线性的特点。将协同理论运用在城市群职能空间结构发展上是完全可行的,有足够的实践经验作为支撑,所以社会科学中的协同理论具有极强的实践价值,对于公共管理领域的发展意义重大。

四、系统动力学理论

美国学者福瑞斯特(J. W. Forrester)于 1956 年首次提出系统动力学(system dynamics, SD),主要用于解决工业生产管理中的问题。20 世纪 50 年代后期,系统动力学逐步发展成为一门新的科学领域。1972 年,美国麻省理工学院系统动力学研究组开始研究美国全国经济,其成果解释了美国与西方发达国家经济长波形成的内在机制。福瑞斯特教授以系统动力学的世界模型为基础发表了《世界动力学》。之后以梅多斯为首的研究小组发表了《增长的极限》和《趋向全球的均衡》,他们研究了世界范围内人口、自然资源、工业、农业和污染等因素的相互联系、制约和作用以及产生各种后果的可能性。20 世纪 80 年代,系统动力学由王其藩等教授引入中国,许庆瑞、吴健中、胡玉奎等许多学者共同推动了该学科理论的发展。贾建国、王其藩(1995)基于新古典增长理论建立两产业的系统动力学模型,模拟对经济增长路径及其稳定性进行了研究。王其藩、李旭(2004)从系统动力学原理出发,探讨社会经济系统的政策作用机制与行为优化的原理和方法,提出 SD 政策优化问题的遗传算法解决方案。栗建华(2007)运用系统动力学的理论、方法构建模型,对教育投资、经济增长与就业问题进行了模拟,发现由于人口总量以及其他因素导致的巨大的就业压力问题,需要在教育投资与固定投资之间保持合理的比例关系,以促进经济的持续。

系统动力学着力于揭示和解决系统问题,其理念是面对问题时充分运用系统思维,揭示系统内部问题深层次的原因,该理论结合了控制论、系统论、协同论,具有极强的交叉性,很多领域的复杂问题都可以采用该理论解决。人们最初在环境领域,如世界动力学、国家动力学、城市动力学等相关问题中运用该理论,对系统变化趋势进行模拟,通过构建动力学模型来模拟城市、国家、世界系统的变化趋势。随着与计算机技术的深度结合,系统动力学建模方法得到充分应用,在军事、生态、社会等领域有了更加广泛的应用,在模拟系统问题方面,系统动力学通过运用计算机仿真技术,能够对系统动态变化进行模拟和预测,通过定性与定量方法的结合,适合分析和解决长期的周期性的复杂问题,成为经济领域、社会领域复杂系统的有效研究方法。

系统动力学在城市群空间演化研究中具有很强的适用性。城市群包含若干子系统,是一个庞大的系统,系统内的各个要素的关系具有非线性的特点,而且受时间因素的影响,且城市群是一个由各种因素构成的系统,这些因素之间相互联系,彼此之间的联系对系统变量的作用十分明显,而且会随着人类活动、城市发展和政策的变化而变化。具体到本研究,系统动力学从两个维度提供了理论支撑:一方面,城市群功能系统是一个复杂的巨系统,城市群功能系统包括产业功能、交通功能、城镇功能、生态功能以及上述四种功能耦合而成的复合功能,每个功能系统都是城市群功能系统的子系统,它们既各自独立,又对城市群功能系统产生不同程度的影响,这种影响的作用机理和程度需要系统动力学的解释;另一方面,城市群上述功能相对城市群以及城市群内部的不同城市,是相对独立的巨系统,无论是四种单一功能,还是复合功能,在城市群以及城市群内部不同城市之间发挥的作用同样是存在巨大差异的,这种差异产生的作用机制、关键因素的揭示和描述,需要系统动力学的学理支撑。城市群功能空间分布的相对平衡是一个漫长而艰巨的过程,不可能一蹴而就,系统动力学主要用于对系统内反馈关系进行调整,具有预测研究目标未来发展趋势的功能,这一功能是其他学科所不具备的。

第三节　城市群功能空间演化的动力机制

对于我国城市群发展动力的研究,最早是法国学者戈特曼(1957),他曾在研究中提出中国将会出现以上海为中心的大城市带,而后来实践证明了他论断的正确性。我国学者姚士谋和陈爽(1998)以长三角地区城市群发展为研究对象,认为城市群发展的动力中,生产力的快速发展是决定性因素,除此之外,还存在很多区域性因素,如国家政策调控、乡镇企业、全球经济一体化的影响以及地域分异中的城市空间扩展等。顾朝林和张敏(2001)认为城市群形成和发展的动力主要来源于政府权力的下放、行政区域规划、投资主体的多元化以及市场建设与乡镇企业、个体企业发展。刘静玉(2004)认为,政府宏观调控、产业的聚集与扩散、城市功能集聚和扩散、区域网络化组织发展等因素是城市群形成发展的主要动力;同时认为,由于不同区域城市化发展基础和环境不同,发展阶段不同,不同国家和区域的城市群发展存在一定的差异,并且具有各自的发展特色。叶玉瑶(2006)以珠三角城市群为例,对城市群空间演化的动力机制进行了研究,认为城市群空间的演化动力可归纳为自然生长力、市场驱动力和政府调控力三类,并深入研究了不同演化阶段主导动力与空间演化特征的关系。周伟林、周昌林和李江(2007)认为城市群演进的动力主要来源于人口与资源的矛盾、城市群内部各地政府间的合作与竞争、企业区位选择以及信息化。

综合已有研究,在协同理论和系统动力学理论的深刻启示下,笔者认为,城市群功能空间演化的动力系统是一个复合动力系统,它的动力源至少应该包括三个方面:一是城市系统向都市圈、城市群系统演化的动力;二是城市群自身和城市群内部不同城市所具备的四类单一功能(包括产业功能、交通功能、城镇功能、生态功能)向复合功能演化的动力;三是城市群上述功能在空间系统中分布,形成的相对平衡—失衡—相对平衡—失衡—相对平衡的结构状态,其自组织演化的动力。以上三种动力源,可以概括为四种驱动力,即产业驱动力、政策驱动力、交通驱动力和社会驱动力。城市群功能空间演化的动力模型如图2.2所示。

一、产业驱动力

产业的集聚与扩散是城市群空间演化最直接的动力,城市群内产业集聚和扩散过程体现为城市群空间格局的演化。

在集聚效应下,核心城市周边人口会流入核心城市,人口汇聚又产生新的

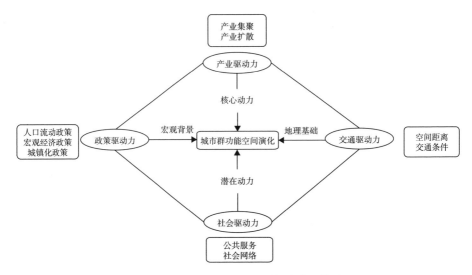

图 2.2　城市群功能空间演化的动力模型

需求,相关产业又会进入核心城市,随着产业的进入,对资金又产生更多的需求,导致大量资金向核心城市汇聚,由于核心城市的技术成本和资金成本相对较低,高素质人才充足,又会吸引更多的企业进入,这又进一步加剧区域内产业的集聚。人口要素的流动越来越受到地区间的经济差距、生活水平、就业机会和工资水平等方面差距的影响。地区产业的发展,例如薪资水平、高新技术产业的发展以及投资水平等因素将会对该区域的人才引进和流动产生重要影响。

　　以京津冀城市群为例,如表 2.2 所示,从北京、天津、河北三地 1997—2017 年的变化趋势可以发现,北京的国内生产总值、第三产业增加值和外商投资总额在京津冀城市群中的比例均上升,而河北这三个经济指标所占比例却在减少,尤其是吸引外商投资方面,北京由 1997 年的 45.6%增长到 2017 年的 58.1%,远超过河北;2017 年北京和天津两个城市的第三产业增加值比重达到 69%,河北所占比重只有 31.1%。这说明京津冀城市群中心城市和其他城市经济水平之间的差距十分明显。除此之外,如表 2.3 所示,历年河北失业人口总数占区域总量的 50%以上,在岗人员平均工资不到北京的一半,这种经济与就业水平差距会形成虹吸效应,导致京津冀城市群人口要素流向中心城市。当前影响京津冀城市群产业空间格局的驱动力以集聚效应为主,扩散效应明显,形成以北京为中心、天津为副中心、河北为腹地的京津冀城市群空间格局,并且集聚程度依然在加剧。

当城市群核心城市功能趋于完善,其对周边地区及非核心城市开始产生辐射作用,扩散效应开始逐步显现,主要体现为产业的扩散。核心城市中的各种资源和要素开始向周边地区和非核心城市转移,随之带动城市群其他区域的发展。另外,资金向核心城市大量汇集使得核心城市资金的边际收益下降,这驱动资本向周边资本收益率较高的地区扩张和转移。当周边地区和非核心城市基础设施逐步完善后,其竞争力和经济发展潜力也随之增强,为吸引技术和高素质人才提供了基础。

表 2.2 1997—2017 年京津冀城市群经济指标演化表

指标	国内生产总值(亿元)			第三产业增加值(亿元)			外商投资总额(万美元)		
年份	1997	2007	2017	1997	2007	2017	1997	2007	2017
北京	2077.09	9846.81	28014.94	1218.06	7236.15	22567.76	31966	87621	486409
天津	1264.63	5252.76	18549.19	519.10	2250.04	10786.64	22180	82888	254823
河北	3953.78	13607.32	34016.32	1257.64	4600.72	15040.13	16029	29113	95818
北京占比	28.5%	34.3%	34.8%	40.7%	51.4%	46.6%	45.6%	43.9%	58.1%
天津占比	17.3%	18.3%	23.0%	17.3%	16.0%	22.3%	31.6%	41.5%	30.4%
河北占比	54.2%	47.4%	42.2%	42.0%	32.7%	31.1%	22.8%	14.6%	11.4%

数据来源:http://www.stats.gov.cn.

表 2.3 1997(2000)—2017 年京津冀城市群人口及就业指标演化表

指标	常住人口(万人)			在岗职工平均工资(元)			城镇登记失业人数(万人)		
年份	1997	2007	2017	1997	2007	2017	2000	2007	2017
北京	1364	1676	2170.7	10616	46507	134994	3.32	10.63	8.10
天津	1676	1115	1556.87	8238	34938	96965	10.50	14.99	26.00

续表

指标	常住人口(万人)			在岗职工平均工资(元)			城镇登记失业人数(万人)		
年份	1997	2007	2017	1997	2007	2017	2000	2007	2017
河北	6674	6943	7520	5692	19911	65266	17.40	29.30	39.92
北京占比	14.0%	17.2%	19.3%	43.2%	45.9%	45.4%	10.6%	19.4%	10.9%
天津占比	17.3%	11.5%	13.8%	33.6%	34.5%	32.6%	33.6%	27.3%	35.1%
河北占比	68.7%	71.3%	66.9%	23.2%	19.6%	22.0%	55.7%	53.4%	53.9%

数据来源:http://www.stats.gov.cn.

二、政策驱动力

城市群空间演化的基本格局在很大程度上取决于国家政策。改革开放40多年来,国家户籍政策逐渐宽松,为人口流动创造了条件,而人口的流动和布局是城市群空间演化的重要基础。20世纪90年代开始的城镇化政策直接影响了城市规模分布的整体变化趋势,由"控制大城市规模、合理发展中等城市、积极发展小城市"转为"大中小城市协调发展"。我国宏观经济政策对城市群的建立及空间演化具有重要影响,其表现为国家在东部地区设立经济特区和国家级新区,建立了深圳经济特区、珠海经济特区、厦门经济特区、汕头经济特区和海南经济特区。一系列经济上的优惠政策吸引大量外资进入东部沿海地区,进而吸引更多人口在东南沿海聚集,为国家级城市群的建立和发展演化奠定了基础。进入21世纪后,在西部大开发战略下,西部地区的人口聚集加快。从纵向来看,我国的城市发展随着城市政策的调整经历了不同的历史发展阶段,如表2.4所示。从横向来看,以地理条件、自然禀赋、历史发展等为基础,我国提出了不同的城市群发展的区域政策,而这些政策在城市群功能空间的演化中扮演了极其重要的角色,如表2.5所示。

表 2.4　我国城市发展的不同阶段及政策梳理

时间	发展阶段	主要政策
新中国成立初期至 20 世纪 80 年代	中小城镇快速发展,蓬勃兴起	1963 年 2 月,中共中央国务院《关于调整设置市镇建制、缩小城市郊区的指示》明确强调,要减少城镇人口数量,提高城镇准入门槛。"三五""四五"和"五五"计划进一步明确提出控制城镇人口规模,推动小城镇的发展。
20 世纪 80 年代至 2012 年	注重中小城镇建设,同时重点转向大城市	1980 年,中央出台了《全国城市规划工作会议纪要》,发展的重点逐步从农村转向城市。"七五"计划提出中小城市和城镇重点发展的城市方针,1990 年正式颁布了《城市规划法》。"八五"计划提出要通过设立开发区,提高经济活力,带动城市发展。"十五"和"十一五"期间,国家提出要协调大、中、小城市的发展,逐步完善城镇体系,建立合理化的城镇体系。
2012 年至今	大、中、小城市可持续协调发展	"十二五"规划提出要大力发展国土空间开发格局,不断推进区域发展。"十三五"规划明确强调要建设新的城镇化形态。"十三五"期间,国家提倡要建立城市群,并将其作为我国新型城镇化的主要形态。2017 年,党的十九大强调,要逐步建立城镇协调发展的格局。

表 2.5　国家加快城市群发展的政策梳理

地区	主要城市群	主要区域政策
东部地区	长三角城市群珠三角城市群京津冀城市群	2014 年,在《国家新型城镇化规划(2014—2020 年)》中,中央对东部地区城市群提出要求:要起到区域发展和辐射全国的作用,为区域发展提供样板和示范带动作用。要将长江三角洲城市群建成具有较高国际竞争力的世界级城市群,京津冀城市群打造成以北京为核心的世界级城市群。党的十九大报告再次强调,率先实现东部地区优先发展,对东部地区城市群发展提出更高的标准。2016 年,"十三五"规划明确提出"支持港澳在泛珠三角区域合作中发挥重要作用,推动粤港澳大湾区和跨省区重大合作平台建设";国务院印发《关于深化泛珠三角区域合作的指导意见》,明确要求广州、深圳携手港澳,共同打造粤港澳大湾区,建设世界级城市群。
中部地区	长株潭城市群武汉城市群江淮城市群中原城市群晋中城市群	"十一五"规划首次提出中部崛起计划,2006 年,中央颁布《关于促进中部地区崛起的若干意见》,中部地区成为全国新型城镇化重点区。2016 年发布的《促进中部地区崛起规划(2016—2025)》明确提出武汉城市群和长株潭城市群为资源节约型和环境友好型社会建设综合配套改革试验区,晋中城市群为国家资源型经济转型综合配套改革试验区。

地区	主要城市群	主要区域政策
西部地区	成渝城市群 南北钦防城市群 关中城市群	2000年,西部大开发战略颁布实施,西部地区不断缩小与中、东部地区的差距。2006年出台的《西部大开发"十一五"规划》对重点区域和重点产业提出了更高要求。2008年初,国家批准实施《广西北部湾经济区发展规划》,"南北钦防城市群"作为经济区的主体,其经济发展迎来了新的机遇和挑战。2017年发布的《西部大开发"十三五"规划》提出鼓励城市集聚发展。成渝城市群成为全国统筹城乡综合配套试验区。
东北地区	哈长城市群	2003年,国家提出老工业基地振兴战略。2014年发布的《关于全面振兴东北地区老工业基地的若干意见》提出促进资源型城市可持续发展。以哈尔滨和长春为核心的哈长城市群是东北地区最重要的城市群。2016年,国务院印发了《关于哈长城市群发展规划的批复》。哈长城市群发展目标是:到2020年,整体经济实力明显增强,功能完备、布局合理的城镇体系和城乡区域协调发展格局基本形成;到2030年,建成在东北亚区域具有核心竞争力和重要影响力的城市群。

  长三角地区是我国改革开放的先行地区,长三角城市群是我国发育最成熟的城市群之一,其发展进程具有一个明显的特点,即受自上而下的政策引导和政府推动作用明显,国家和地区政府推动区域一体化的政策是长三角城市群发展和空间演化的极为重要的驱动力。20世纪80年代,中央开始探索自上而下推动区域合作路径。1983年,国务院将长三角地区设定为我国沿海经济开发区。90年代以后,在中央政府和地方政府的大力推动下,联合企业、社会团体以及社会力量,形成多方合力,不断推动长三角区域的共同发展。确定地区的重点发展产业,完善产业发展战略,加强企业之间的合作,推进长三角区域的交通一体化。2000年以后,长三角地区进入合作加速阶段,2002年召开的第二次沪苏浙发展合作会议,明确强调加强三省市的合作,共同为推进长三角区域经济发展贡献力量。2004年,三省市领导再次召开座谈会议,进一步确定了长三角区域的经济发展战略部署。自此,长三角区域地方政府相互协调的机制初步形成。2008年,国家提出了要深化长三角区域的改革,并就推进其经济发展提出了重要指导意见,自此区域一体化逐渐发展成为国家战

略。长三角区域一体化的经验为"三级运作"的机制奠定了基础,"三级运作"是指执行层、决策层和协调层联合发力,共同推进区域一体化的发展。2017年,习近平总书记在党的十九大报告中正式将长三角一体化发展作为国家战略,为区域一体化的全面推进奠定了重要基础。

政策对区域发展的强大的推动力在京津冀地区协同发展过程中体现得尤其明显。我国国土整治战略自20世纪80年代中期开始实施,首批试点就包括了京津冀地区,战略要求京津冀地区联合环渤海地区实施区域合作,共同开展基础设施建设,落实产业和人口布局优化,提升区域发展的协调性,此次合作为后续跨区域合作打下了基础。21世纪初,国家发展和改革委员会组织举办京津冀区域合作论坛,邀请京津冀三地政府、企业和学者等共赴河北廊坊,针对公共基础设施、资源、生态环境保护、产业和公共服务等多个领域的发展问题展开探讨,并最终就加快推动一体化发展达成一致,形成"廊坊共识"。此后,京津冀地区在交通、城乡建设、旅游等方面制定多个规划,达成多项合作协议并出台多项措施,例如:2009年,签订《京津冀交通一体化合作备忘录》;2010年,签订《关于建立京津冀两市一省城乡规划协调机制框架协议》《环渤海区域旅游发展规划》《泛金海湖京津冀旅游金三角旅游规划》等。这一系列规划切实有效地推动京津冀区域合作向前迈出了一大步。

党的十八大以来,党中央高度重视和强力推进京津冀一体化发展,习近平总书记作出了一系列的讲话和指示,强调京津冀地区要加强顶层设计,建立起科学的长效机制。2014年2月,习近平总书记发表讲话提出京津冀协同发展战略;3月,李克强总理在政府工作报告中提出京津冀一体化概念,同年,国务院成立京津冀协同发展领导小组,为京津冀协同发展提供了组织上的保障,京津冀一体化建设进入快速发展阶段。2017年4月1日,中共中央、国务院决定设立雄安新区,这是党中央深入推进京津冀协同发展作出的一项重大决策部署,是继深圳经济特区和上海浦东新区之后又一具有全国意义的新区。雄安新区的建立对集中疏解北京非首都功能、调整优化京津冀城市布局和空间结构、培育创新驱动发展新引擎、打造世界级城市群具有重大意义。

区域的发展离不开政策和制度的支撑,制度体系为区域的发展奠定了坚实的基础。因此,国家和政府应依据国情和当地的基本情况,多出台相关的政策制度,鼓励区域的协调发展,充分调动社会各界、企业、政府以及多方主体的力量,推动城市群内部一体化的进程。

三、交通驱动力

交通技术的发展和交通基础设施的逐步完善,大大增强了城市群内部城市之间的经济联系。高速公路、城际高速铁路、航空为主的复合式交通网络能够大大缩减城市之间的时空距离,空间距离对于生产要素和非生产要素在地区间流动的影响越来越小,这就使得人口、资源等生产要素可以不必高度聚集于经济发达的城市,而是流向城市群中心城市周围的中小城市,城市群内的中小城市规模和经济能够得以快速增长。

在便捷高效的交通系统的支撑下,很多产业已经从上海疏散到周边其他区域,长三角地区已经围绕着上海形成了一个以上海为龙头、周边其他城市配套良好的产业分工。上海与昆山之间的距离不足 60 千米,有地铁、高铁(发车间隔仅十几分钟)、省际班线(跨省公交)等多种公共交通方式提供服务,乘客可直接换乘地铁,还可享受长三角通用公交卡乘车七五折优惠。在中国的县级市中,昆山拥有着领跑全国的经济实力,聚集了广播电视、服务外包等传统领域,也吸纳了软件、可再生能源、高端装备制造业等新兴产业。由于通勤渠道的畅通,昆山这样的宜居小城市越发具有吸引力,越来越多的人选择在上海工作,在昆山生活。

与上海相比,北京的集聚作用更为突出,行政资源和其他优势资源吸引周边地区优质要素过度向北京集聚,而现有交通系统尚未充分发挥对"多中心"产业格局的引导作用。近年来,北京相继建设和开通了中心城区与各郊区新城之间的轨道交通线路,交通可达性的提高在一定程度上引导人口向外围居住区转移,优化了人口空间分布,但对产业转移和多中心就业格局的形成没有明显的促进作用,究其原因,是公交系统与轨道交通之间的接驳与换乘不够便利,交通通达性不符合预期,不能吸引产业落户。目前,由于北京房价过高,很多在京工作人群更倾向于在中心城区以外的燕郊购房。数据显示,截止到2017年,燕郊居民中有30余万人职住分离,这部分人群不得不每天忍受高昂的通勤时间成本和交通拥堵。

《京津冀协同发展交通一体化规划》中明确提出,到2020年京津冀三地将建立"四纵、四横、一环"的城际高速铁路网络,京津冀相邻城市间基本实现1.5小时通达。时空距离的缩短为京津冀城市群内要素流动和疏解核心城市人口提供了条件。交通系统作为支撑城市群系统的骨架,可以通过集聚与扩散的作用,吸引或转移要素资源,促进产业与人口空间结构的调整与优化,从而促进城市群功能空间向更合理的布局演化。

四、社会驱动力

社会驱动力是城市群空间演化的潜在动力。在城市化进程中,由于城乡二元结构下的城乡差距,只要迁出的预期收入超过农业收入和迁移成本,人口迁移行为就会发生,并且距离发达城市和地区越远的地区人口越倾向于迁出。一个地区的公共服务能力是吸引外地人口的重要因素。当前,我国地区之间的公共服务水平的发展还不均衡,不同等级的城市在医疗条件、教育资源、文化资源等方面存在较大差距,人口要素,尤其是优质的人力资源,极容易被吸引到城市公共服务能力强的城市。研究发现(刘金凤、魏后凯,2019),城市公共服务能力对流动人口永久迁移意愿具有显著的正相关关系,其中受教育程度、收入水平、进入城市的时间与永久迁移的意愿以及公共服务需求量呈正相关。此外,人口流动在一定程度上受社会关系网络迁移量因素的影响。例如,亲缘关系导致的人口流动能够显著降低区域的人口流动成本。因此,从这点来看,流入该地区的人口越多,则该区域的人口流动成本就越低,其他区域的人口更有可能流入该区域。

当前,中国人口流动已经由劳动力个人流动模式转变为家庭流动模式,即劳动力及其家庭成员在流入城市长期定居,进行永久迁移。以我国京津冀城市群、长三角城市群、珠三角城市群为例,2000—2015 年三大城市群常住人口变化如图 2.3 所示。

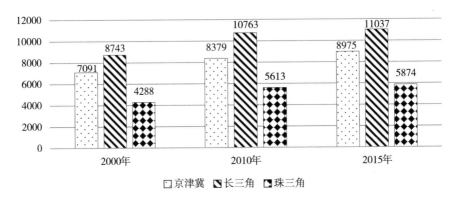

图 2.3 2000—2015 年京津冀、长三角、珠三角城市群常住人口变化统计图(单位:万人)
数据来源:2000 年人口普查、2010 年人口普查和 2015 年 1%人口抽样调查数据。

京津冀、长三角、珠三角三大城市群的常住人口在 2000—2015 年间均表现为持续增长趋势,其中珠三角城市群增幅最大,2015 年比 2000 年常住人口增加 37%;京津冀和长三角城市群增长幅度均在 26%左右,长三角城市群的常住人口绝对增量最大,达到 2294 万人。2010—2015 年,京津冀城市群常住人口增长幅度最大,达到 7.1%,而长三角和珠三角城市群分别为 2.5%和4.6%。这进一步表明,京津冀城市群,尤其是北京,对人口吸引力显著增强,这种动力主要来源于社会驱动力,即优质的公共服务和社会服务供给能力。

五、动力耦合模型

产业驱动力、政策驱动力、交通驱动力、社会驱动力共同影响城市群空间演化,而这四种驱动力之间也存在直接或间接的相互影响,其作用机理如图

2.4 所示。

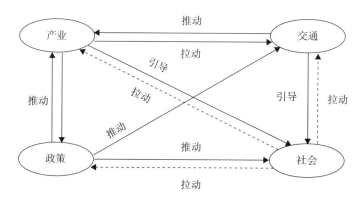

图 2.4　产业驱动力、政策驱动力、交通驱动力、社会驱动力耦合模型

注:图中实线表示直接影响,虚线表示间接影响。

产业的集聚与扩散是城市群空间演化的核心动力,产业在长期发展过程中会出现区域集聚或扩散的趋势,产生新的交通需求,为了保证产业集聚效应更加显著或布局更加合理,政府部门通常会结合当前交通现状制定一系列的政策,推动交通基础设施的补充与完善,保证交通系统与城市群发展要求相适应。另外,产业在空间上的集聚和扩散会引导人口和其他社会要素的流动与分布。

政府政策对产业驱动力、交通驱动力、社会驱动力具有直接的推动作用,也是其他三种驱动力发挥作用的支持和保障。国家的区域发展政策对于地区产业发展、交通条件的改善和人口与社会资源分布具有极为重要的引导作用,产业、交通基础设施、人口及其他要素趋向于向政策鼓励、支持发展的地区汇集。

交通对产业及人口布局具有导向作用。随着交通基础设施建设和运输水平的提高,生产要素依托交通干线和枢纽在区域内聚集和扩散,产业活动空间扩大,形成产业集聚中心或集聚带。交通系统是城市群空间的骨架,交通系统的发展有利于吸引与转移人口和产业分布,进而促进人口和产业结构在区域空间上的优化。

社会驱动力对其他三种驱动力具有间接拉动作用。一方面,社会资源在空间上分配的不平衡性造成的人口和其他要素的流动会增加交通需求,对交通系统提出更高的要求,这种压力促使政府制定相关政策,提高交通设施建设和运行管理水平。另一方面,经济要素在地区上分布的不平衡也会促使政府调整发展政策来平衡差距,如在全国范围内实施西部大开发战略,在区域范围内设立雄安新区疏解北京非首都核心功能。

城市群功能空间的演化,既受到产业驱动力、政策驱动力、交通驱动力、社会驱动力的深刻影响,同时又受到上述四种动力系统耦合而成的合力的影响,各种驱动力按照不同的权重和方向作用于城市群空间,其合力方向决定了城市群空间演化的最终发展方向,合力的强度决定了城市群空间演化的程度。由于各种驱动力在不同历史时期的大小和方向处在不断变化中,因此城市群空间的演化也是一个长期复杂的动态过程。

第三章　城市群功能空间
演化的国际借鉴

　　京津冀城市群的未来发展,其基本路线是打造成世界级城市群。截至目前,世界上公认的世界级城市群共六个,分别是美国东北部大西洋沿岸城市群、北美五大湖城市群、日本太平洋沿岸城市群、英伦城市群、欧洲西北部城市群和中国长三角城市群。上述世界级城市群功能空间演化的轨迹是怎样的?功能空间演化呈现怎样的特征?对京津冀城市群功能空间演化来说有哪些可以借鉴的经验?本章主要选取美国东北部大西洋沿岸城市群、日本太平洋沿岸城市群和欧洲西北部城市群三个典型样本进行剖析,以期对京津冀城市群功能空间的相对平衡提供国际经验的参考和借鉴。

第一节　美国东北部大西洋沿岸城市群
功能空间分布及特征

　　六大世界级城市群中,综合实力相对较强、发展相对成熟的首推美国东北部大西洋沿岸城市群。该城市群北端起于缅因州,南端抵达弗吉尼亚州,核心城市为纽约、波士顿、巴尔的摩、费城以及华盛顿等中心城市(又称波士华城市群)。纽约距离大西洋沿岸城市群北部的波士顿大约350公里,距离南端中心城市华盛顿大约370公里。城市群占地总面积约13.8万平方公里,约占美国国土总面积的1.5%。2017年该城市群人口达6500余万。①

一、多级的人口发展格局

美国东北部大西洋沿岸城市群中心城市较多,主要有纽约、波士顿、费城、巴尔的摩以及华盛顿等,该城市群是以中心城市为核心向外逐步扩展辐射,形成城市网络的多中心分布式的城市群代表。城市群呈现金字塔式的结构,并向外扩展形成纽瓦克、卡姆登、安纳波利斯等次级中心城市。2018年,该城市群中9个城市的人口超过100万,29个城市的人口在50万—100万之间,该区域内65%的人口聚集于以上城市;其余的有34个城市的人口在20万—50万之间,116个城市的人口小于20万,而这类城市的平均人口只有6.4万。②

美国东北部大西洋沿岸城市群的中心城市随着城市化进程的发展,人口也经历了规律性变化。在城市化初期,美国大量人口向中心城市集聚,中心城市人口迅速增加。伴随着城市化进程的加快,中心城市人口的增速逐渐下降,最终趋于平稳。城市化初期,美国整体的城市化率不足10%,而同期美国东北部城市化水平高于全美平均水平将近4个百分点。在1840年到1860年的20年间,美国城市化水平显著提高,城市化率由10.8%上升到19.8%,而美国东北部大西洋沿岸地区城市化率增速更快,由18.5%上升到35.7%,五大中心城市的常住人口也迅速增长。③ 20世纪50年代后期,美国东北部大西洋沿岸地区城市化率已经达到80%左右,中心城市人口占比也达到峰值,城市群的概念在这时也被首次提出。但随着城市人口的增长,越来越多的城市化问

---

① 数据来源:潘芳、田爽:《美国东北部大西洋沿岸城市群发展的经验与启示》,《前线》2018年第2期。

② 数据来源:潘芳、田爽:《美国东北部大西洋沿岸城市群发展的经验与启示》,《前线》2018年第2期。

③ 数据来源:潘芳、田爽:《美国东北部大西洋沿岸城市群发展的经验与启示》,《前线》2018年第2期。

题逐渐凸显,五个中心城市人口的比重开始下降,逆城市化现象越来越严重。目前,美国东北部大西洋沿岸的中心城市人口占比基本稳定,其中纽约、华盛顿、波士顿、费城以及巴尔的摩是主要的人口聚集城市。尤其是核心城市纽约,人口占比呈现先增后减的特征,截止到 2017 年,纽约人口达到 851 万,是美国人口规模最大的城市。同时,美国城市化进程中,也涌现出一批人口迅速增长的州,如宾夕法尼亚州、新泽西州、弗吉尼亚州等区域。这些地区人口的集中,在一定程度上缓解了纽约的人口压力,美国城市群开始呈现多极化发展趋势。

　　从人口规模和人口集聚的视角分析,纽约属于美国东北部大西洋沿岸城市群的人口特大城市,波士顿、费城、巴尔的摩以及华盛顿等属于城市群的大城市,该城市群还有诸多分布于中心城市周围的中小城市和城镇,人口分布呈现出典型的金字塔形(见图 3.1)。人口分布的相对均衡、城市规模的相对合理,为该城市群产业功能、交通功能、城镇功能和生态功能的调整、优化提供了较大的回旋空间,也为该城市群的可持续发展提供了良好的人力资本的保障。

图 3.1　美国东北部大西洋沿岸城市群呈现金字塔式结构

二、完善的产业层级结构

　　美国东北部大西洋沿岸城市群产业层级科学,分工合理,中心城市功能定位明确,城市发展独特,实现了城市群的错位协调发展。纽约利用优越的地理位置,发展高水平产业,并充分发挥其辐射带动作用,因而成为美国东北部大西洋沿岸城市群最核心的城市。同时,纽约也是美国人口密度最高、世界影响力较大的国际金融中心,对美国乃至世界的经济、文化、教育、科研等领域有深远影响。纽约聚集了各种专业的管理机构和服务部门,很多跨国公司总部均设在纽约,因此纽约也是全球的服务中心和管理控制中心。

位于美国东北部大西洋沿岸城市群的波士顿、费城、华盛顿、巴尔的摩,处于产业层级结构的中间位置,一方面与核心城市纽约齐头发展,另一方面统筹周边城市,带动周边城市共同发展。作为美国首都的华盛顿是美国的政治中心,华盛顿利用美国独立过程中遗留下来的丰富的历史遗迹,振兴了旅游产业。波士顿是一座历史悠久的古城,也是美国的科技研发中心之一,众多国际顶尖的高等院校集聚于此,诸如哈佛大学、麻省理工学院、塔夫茨大学等,是世界上最重要的高等教育中心之一。波士顿涉及的产业更为广泛,主要有金融、商业、服务产业、信息技术以及生物科技等经济基础产业,是世界最宜居城市之一。另一座历史名城费城也是美国的经济和教育中心,具有发达的金融服务业、医疗健康产业、生物科技产业、信息技术产业以及旅游业。同时,费城也是美国一座重要的港口城市,是美国东北部大西洋沿岸城市群的钢铁中心、造船基地以及炼油中心。巴尔的摩紧邻华盛顿,位于华盛顿东北 64 公里处,是美国大西洋沿岸的重要港口,也是美国主要的航运城市。巴尔的摩是美国重要的工业城市,主要以钢铁加工和汽车制造为主。巴尔的摩在产业转型升级进程中,科技产业迅速崛起。

位于美国东北部大西洋沿岸城市群产业层级结构第三层的城市是五个中心城市周边的诸多中小城市,这些城市承担着城市群黏合剂的重要任务,为城市群中心城市的发展提供生产生活服务。美国东北部大西洋沿岸城市群各个产业层级的城市利用自身的优势与特点,与其他城市互相补充、协作发展,形成了产业梯度合理、产业分工明确、均衡发展的城市群。完整的产业体系、丰富的产业形态、合理的产业结构,是美国东北部大西洋沿岸城市群相较于其他世界级城市群的最大优势和特征,产业驱动力也是该城市群功能空间演化的根本动力,产业功能的优化作为核心动力引领着该城市群的交通功能、城镇功能、生态功能和复合功能,为上述城市功能空间分布的相对均衡提供根本保障。

三、发达的城市群交通网络

城市群的必备条件之一是拥有发达的交通网络。高速公路、铁路、机场、港口等多种方式混合的交通方式促进了美国东北部大西洋沿岸城市群的形成。该城市群的交通网络层级密度大,现代化程度高,不仅在外部形态上改变了城市,而且在城市空间扩展上更具有指向性,强化城市之间的联系,促进城市群间的协同发展。

美国东北部大西洋沿岸城市群交通网络完善,现代化程度高,高速公路密集并延伸至大部分城市,与铁路、轻轨以及地铁等交通方式共同组成了城市群多层次现代化的交通网络体系。其中,铁路贯穿于整个城市群,从南到北,从西到东,始于波士顿,途经纽约,最终抵达华盛顿,连接了城市群的各主要中心城市。轻轨是美国东部大西洋沿岸城市群中心城市和较远地区的主要连接方式,带动了中心城市及周边地区的经济发展,扩大了城市群的辐射范围。地铁、轻轨等是城市群最主要、最高频的交通方式,为日常短距离客流提供了便捷。五个中心城市的地铁和轻轨承担了占全美超过80%的客流量。在纽约,有700万人以上居住在距离地铁800—1600米的半径范围内,有超过300万人工作在距离地铁800—1600米的半径范围内。费城、波士顿、华盛顿有25%—30%的人口居住在靠近轨道交通系统的区域,同时有20%—35%的工作岗位也是位于当地的轨道交通系统周边。[1] 在城市群航空交通方面,肯尼迪国际机场、洛根国际机场、费城国际机场等九个大型机场位于美国东北部大

---

[1]　数据来源:潘芳、田爽:《美国东北部大西洋沿岸城市群发展的经验与启示》,《前线》2018年第2期。

西洋沿岸城市群,其中位于城市群中心城市的大型机场就有五个,为各中小城市建立了便捷的航空交通网络。航空交通主要承担城市群长途客运任务。城市群的港口运输方面,五大中心城市除了首都华盛顿之外,其余四大中心城市均是重要的港口城市,纽约港是中心枢纽,负责集装箱装运,费城港负责近海货运,矿石、煤和谷物的转运主要是在巴尔的摩港,而波士顿港则是商港和渔港,各大港口分工明确,形成了城市群中独具特色的港口城市群。

交通网络的建设与完善对美国东北部大西洋沿岸城市群的功能空间布局起着重要的引导和支撑作用。一方面,发达的交通网络扩大了五大中心城市的辐射范围,引导城市群空间结构不断向外延展;另一方面,交通网络的改变使城市群内城市的地理空间地位发生了变化,催生了新的交通区位和新城市功能区,一定程度上促进了原有城市群空间结构的改变。从某种意义上来说,交通功能的强大和丰富,是美国东北部大西洋沿岸城市群产业功能合理布局的加速器,是城镇功能、生态功能以及复合功能不断优化的重要屏障和保障。

四、多主体联动的区域协调机制

基于"政府—非政府—市场"的区域协调机制,美国东北部大西洋沿岸城市群在区域协调发展机制下,以政府为主导,以行业发展为引导,依靠市场竞争驱动发展。在政府层面,美国联邦政府积极开展基础设施建设,并就社会敏感问题,出台一系列法案,以保证城市群的协调发展,同时地方政府在环境发展、交通完善以及社会服务等方面予以配合;在非政府组织方面,主要是民间组织发挥着重要的区域管制作用。纽约区域规划协会是1922年成立的以民间团体规划为基础的非营利性的地方组织。该组织对美国东北部的纽约州、新泽西州和康涅狄格州的发展规划至关重要。纽约区域规划协会是一种地区研究和规划组织,与美国的建筑学会、规划学会以及公共管理学会等学术团体长期保持密切联系,并逐渐发展成政府、专业团体以及商业社区等相关的利益发展联盟,是对当地社会发展有巨大影响力的民间团体。在市场机制方面,由于城市群内各城市在交通、技术以及资源禀赋方面存在较大差异,城市群利用市场竞争合作的契机,城市间优势互补协作发展,充分实现了资源的合理配置。

政府部门积极制定法案,大力发展基础设施,为美国东北部大西洋沿岸城市群的协调发展提供了强有力的法律保障;非政府部门通过协作发展,促进城市群中各成员城市在建筑、产业、交通、管理以及公共文化方面的联系,在一定程度上推动了城市群的协调发展;在市场层面,充分发挥市场的协调作用,整合各地区在资源、技术以及交通方面的优势,利用市场的竞争与合作关系,实现城市群各类资源的合理配置。"政府—非政府—市场"这种多主体联动的区域协调机制对于京津冀城市群功能空间的优化与相对平衡发展具有一定的借鉴意义。

第二节　日本太平洋沿岸城市群功能空间分布及特征

日本太平洋沿岸城市群是日本最大的城市群发展带。该城市群也称东海道城市群,从千叶向西,穿过东京、横滨、名古屋,直抵京都、大阪、神户,主要是由东京都市圈、大阪都市圈和名古屋都市圈三大日本都市圈组成,除此之外还包含日本环太平洋沿岸的其他部分城市。日本太平洋沿岸城市群占地面积为3.5万平方公里,仅占日本国土面积的6%,却聚集了日本全国61%的人口。①第二次世界大战以后,日本逐渐形成了东京湾、伊势湾、大阪湾及濑户内海在内的"三湾一海"沿岸地区,重新构建了日本的经济体系。"三湾一海"经济带包含日本四大工业区,即京滨、名古屋、阪神、北九州,全国65%的工业产值来源于该区域,80%以上的金融、教育、出版、信息和研究开发机构也位于此。

---

① 数据来源:https://baike.so.com/doc/1777122-1879231.html。

一、特色鲜明、多产业协同发展的城市功能格局

太平洋沿岸城市群地理位置优越,特色产业突出,产业分工明确,职能分工合理,是区域协同发展的城市发展圈。各城市之间具有产业分工连锁的关系,因而可以降低产业结构趋同化的影响。

东京都市圈是以东京为中心的全国最大的综合性市场和工业带,既是日本的经济中心又是金融中心和贸易中心。大阪、神户和京都是大阪都市圈的中心城市,也是日本最早的大市场之一,目前是日本最主要的消费品生产的大工业带。名古屋都市圈的中心城市为名古屋,主导产业是纤维、陶器等,并且逐步在向重化工工业转变。

太平洋沿岸城市群充分利用城市的规模效应、集聚效益以及乘数效应,在最大的空间上合理配置资源,为日本创造了巨大经济效益。日本三大都市圈以发达的交通网络体系为基础,形成了联系密切的一体化经济群。例如,相距25公里的东京和横滨,被称为"京滨工业区"。这两个城市都是日本的大工业城市。该工业区是以东京、川崎、横滨等东京湾沿岸城市为中心,以机械、印刷、出版等产业为主要产业,由沿海向内陆不断扩展,由京叶工业区、鹿岛沿海工业区和内陆部工业区三大工业区构成。

二、高度重视国土规划的编制和实施

日本受其领土面积的限制,对国土资源的开发规划整治工作关注较早。日本政府有计划、分步骤地制定了一系列规划纲要,综合考虑城镇规划和土地开发利用,制定符合国情的国土规划方案。日本经济发展是以城市群的产业结构、产业布局和空间组织为基础,综合各方面因素,为国土规划方案提供依据。

在20世纪40年代,日本内阁先后制定颁布了《国土计划设定纲要》《国土计划基本方针》《国土复兴计划纲要》《国土综合开发法》,并多次修正编制

国土资源开发利用发展规划,逐步由一极一轴、多极多轴的发展模式过渡到多层次、网络化的国土空间发展结构。同时,日本政府还制定了大经济综合开发规划,小到都道府县和市町村也制定出了国土利用规划,形成了全国从上到下完整的规划体系。在处理各层级国土规划时,日本严格遵循下级服从上级、层层审批的制度原则,如日本大经济区综合开发规划必须遵循日本全国国土规划,下级的发展规划必须得到上级的批准。

除此以外,日本会随时依据国土规划的具体实施情况、国家发展需求和国际竞争以及世界经济发展趋势的变化,适当地对国土规划作出调整。2008年7月,日本在新提出的"国土形成计划"中将日本国土划分为10个广域圈,以提出的广域圈为基础,形成由点到线或轴再到面的空间国土结构。此次新规划的提出,表明日本国土规划已经逐步向国土保护和利用转变,由以企业产业发展为重向以生活方式发展为重过渡。同时,新规划引入了制度建设的内容,减少了数量控制指标。

2014年3月,日本立足于长远发展战略,提出了《2050国土构想》,该构想是日本长远发展的战略性设计,对日本未来包括东京都市圈在内的城市区域发展作出了纲领性规划,充分发挥各城市的优势地位,促进形成有个性、多样性、综合发展的城市圈新格局,城市群中各城市协同发展、关联紧密,共同构建多层次网络化的国土空间。

三、注重加强区域协调的机制建设

(一)通过立法保证地方政府的自主权

日本政府对太平洋沿岸城市群采取积极的行政干预。为保证日本城市群内地方政府的自主权,日本中央政府设立相关法律,明确规定日本遵循发展、限制、集中的发展建设路线,为日本城市群内的地方区域经济发展提供了宽松的政策支持。中央的充分授权,能够保障城市群内各城市依据自身的地理特征以及资源禀赋特点，发挥自身优势，自主决策，有利于各城市的明确分工、城市间的功能互补，更好发挥城市群的资源优势。

（二）制定区域规划确保城市群内战略性协作

在市场经济条件下，由政府组织一系列公共服务，用来阐述政府的区域规划战略意图，包括对城市群的交通、环境、信息共享平台建设、产业一体化以及行政体制改革等方面，以保证市场行为的规范。20世纪50年代，日本经济恢复并开始高速发展，为了抑制大城市化的无序发展，日本实施据点开发城市化地区整治和环境建设；60年代，随着经济进一步发展，产业和人口向大城市集聚严重，地区发展不平衡问题突出，为缩小地区差异、实现均衡发展，日本三大都市圈开始大规模、大项目开发；80年代，日本经济发展到顶峰，东京首位度高，发展不平衡问题日益严重，为推动形成多级分散型国土开发格局，培育多核心城市群，日本开始重点建设交通网络，促进小型都市圈功能发展；20世纪末期，日本经济出现负增长、竞争力下降、产业外移，日本都市圈为提高区域竞争力，促进区域的可持续发展，开始开发小型城市群复合功能，更新城市的交通基础设施。21世纪初期，由于出现人口生育不足、老龄化等问题，日本国土厅着手编制了第五轮三大都市圈规划，反映了当前区域规划的最新方向。更为重要的是，政府组织实施的这些规划明确指出，区域规划在实施上不受行政区域划分的限制，也不区分城市等级，对于整个城市群中的成员城市均适用。

（三）构建多主体的区域协调模式

日本太平洋沿岸城市群形成了一种依靠政府、企业以及非政府组织共同参与的多主体协调发展的混合发展模式。1946年成立的关西经济联合会，是城市群的协调机构，该机构由23个委员会构成，包括大阪府、京都府、兵库县、奈良县和歌山县、滋贺县、三重县等在内的850家公司企业和社会团体。关西经济联合会自成立以来,积极开展并推进关西国际机场建设和关西文化学术研究城市的构筑等项目,促进以亚太地区经济为中心的国际交流,提出一系列能够加强经济基础建设和地方自立发展的政策建议等,为关西也为整个日本发展作出了贡献。关西经济联合会以"作为日本的双引擎,与首都并驾齐驱,引领日本发展"和"成为国际化人才和企业互动交流的亚洲城市圈"为目标,积极开展各项活动,主要有三方面,一是构筑关西模式,转变东京一极集中发展的局面,引领地方创新;二是打造为世界顶级创新基地;三是通过加强与亚洲的人文、商业交流和合作,成长为具有发展活力的地区。关西经济联合会是以协调区域经济发展和区域企业发展为目标的非营利性民间组织,是政府和企业间沟通的桥梁,既能够反映企业的需求,又能够提高政府的办事效率,为政府制定政策提供依据。

四、重视区域性交通网络的构建

日本太平洋沿岸城市群的交通网络呈现出多元、立体、交叉的显著特征,是该城市群产业发展和城镇繁衍的血脉。日本的高速公路网络体系由东京、名古屋、阪神地区以及日本南部的五条干线组成。1889 年东海道铁路干线的开通,加强了关西和关东的经济、社会和人员之间的联系,加快了日本城市群一体化建设;1969 年开通的东海道高速公路,促进推动了城市群交通体系的快速发展;航空运输是日本最主要的交通方式之一,国内拥有五座大型的国际机场——东京成田国际机场、东京羽田国际机场、名古屋中部国际机场、大阪关西国际机场和大阪伊丹国际机场,均坐落于日本三大都市圈,属于日本太平洋沿岸城市群,承担着日本国内和国际上的主要的航空运输网的中心任务;海洋运输是日本最主要的交通运输方式,也是日本国民生活和经济生活的大动脉。日本东海道新干线每年能够输送乘客达 1.65 亿人次,连接着日本三大都市圈,是日本太平洋沿岸城市群的交通枢纽。日本建设中的中央新干线,再次打通日本三大都市圈,使日本形成安全保障的二重连接网络。

与此同时,太平洋沿岸城市群利用港口优势和发达的航空网络,积极发展海运和空运,促进了农产品的销售,提高了城市群的农业发展水平,加快了农业观光旅游产业的发展,推动了城市群经济的整体发展。太平洋沿岸城市群依托庞大的信息网络体系,促进了城市群的区域分工与协作,提高城市群与国内市场和国际市场的联系。

日本太平洋沿岸城市群水域网络发达。琵琶湖、濑户内海既是日本太平洋沿岸城市群都市圈的经济代表,又是日本东京湾临海区域的经济代表,岛内河流、湖泊、内海等互相交错,与城市群经济发展形成一体。濑户内海沿岸的产业发展种类较多,其中以若狭湾的沿岸渔业、濑户内海的养殖业、阪神工业区为代表。日本太平洋沿岸城市群的空间布局呈现出以圈域经济为主体、以中心城市为核心的城市群结构特征。该城市群的主要特征是产业空间圈层化。例如东京都市圈的核心区域以发展第三产业为主,中间区域则以第二产业为主,外圈层主要发展第一产业。东京都市圈最外围以农业发展为主,例如栃木县、茨城县、山梨县等。日本受资源禀赋的限制,着重发展东京的金融业、工业、商业,将东京打造成集多种功能于一身的世界级中心城市。

区域性交通网络的构建促进日本形成以"中心城市+卫星城市"的发展方式,形成了生产城、居住城、教育城、管控城以及生活城协调发展的城镇功能群模式。中心城市实行都市圈统一管理,同时强化对卫星城市文娱产业方面的吸引;卫星城市以中心城市为基础,融合发展中心城市的产业,形成空间水平分散、内在相连的生产活动。东京都市圈是政治、金融、信息和教育的中心,也是生产和服务业集中区域,工业和物流产业主要集中在神奈川、千叶,高科技产业聚集的多摩地区是重要的研发、科研区域。这种发展模式有助于日本太平洋沿岸城市群的区域协作与分工,进一步推动城市群的快速发展。

第三节 欧洲西北部城市群功能
空间分布及特征

欧洲西北部城市群由大巴黎地区城市群、莱因—鲁尔城市群、荷兰—比利时城市群构成,主要城市有巴黎、阿姆斯特丹、鹿特丹、海牙、安特卫普、布鲁塞尔、科隆等。该城市群总面积达 145 万平方公里,40 座城市拥有超 10 万人口,人口总量达 4600 万。①

西欧的城市化进程较早,城市化水平较高,城市人口密度较大,城市数量也较多,形成了多城市聚集的城市群。法国为限制大巴黎都市圈扩展,在塞纳河下游转变原向心聚集的城市发展模式,重新规划工业布局和人口,形成了巴黎—鲁昂—勒阿弗尔带状城市群;德国为发展工矿业,形成了一条长 116 公里、宽 67 公里的莱因—鲁尔多中心城市群,该城市群聚集了 20 多个城市,其中有五个大城市人口超过 50 万;阿姆斯特丹、鹿特丹和海牙三个大城市,乌德支列、哈勒姆、莱登三个中等城市以及众多小城市共同集聚,形成了荷兰多中心马蹄形状的兰斯塔德城市群。该城市群城市较为紧凑,城市间距离仅为10—20 公里。为保证城市群整体的统一和有序,该城市群将多种职能分散到不同级别的大中小城市,既保证城市间的联系,又形成了有所区别的空间组织。

欧洲城市群在欧洲区域协作和经济发展中的功能主要有以下几方面。

一是要素集散功能。要素集散功能主要体现在集聚和扩散商品以及各种生产要素的能力方面。各个都市圈首先必须能够凭借自身交通或信息方面的优势,对大宗商品的交易活动进行中转,形成以都市圈为中心的集散中心。随着都市圈商品流的集散,资金流、技术流以及人才流也逐渐在都市圈内高度集

---

① 数据来源:李娣:《欧洲西北部城市群发展经验与启示》,《全球化》2015 年第 10 期。

散。都市圈扮演着区域经济循环网络的重要角色。

二是服务功能。都市圈能够为圈内各城市的经济活动、商品流动以及要素流动提供全面、快捷、高效的服务。

三是辐射带动功能。城市群的中心城市促进了综合经济中心的形成，充分发挥着制造中心、贸易中心、交通中心、金融中心、信息中心和科技中心的作用，是该区域经济发展基地和新技术、新产品的研发基地。

四是整体竞争功能。城市群内各城市间协调发展、一体化发展，促进各城市、各区域的发展合作，增强城市群的国际竞争力。

五是集约用地功能。各个城市独立发展，不利于统一规划共同建设，通过建设经济都市圈，可以充分利用城市间相邻的优势，统一规划，合理布局，共同建设，解决城市建设用地效率不高的问题，起到节约耕地、提高经济产出率的作用。

六是创新功能。都市圈是区别于传统城市化发展的新模式，是区域经济发展的动力。都市圈发挥城市集聚的优势，综合各城市的创新能力，不断产生新观念、新思想、新制度。

一、城市群功能空间演化的历史

科技水平的进步、规模经济促进了产业和人口的集聚，这是城市化进程不可避免的阶段，城市群的产生也是经济发展的必然产物。随着城市化进程的加快，人口和财富不断向大城市集中，导致世界上出现了超级城市、巨城市、大都市以及大都市带等，大城市数量迅速增长，这是世界城市化进程的显著特点。超级城市以及巨城市的人口和产业在集聚过程中同时还向外围区域扩张，形成周边众多区域相连的城市区，最后形成了空间相连的大都市带。因此，城市化进程进入成熟阶段的必然产物就是城市群，城市群标志着城市化进入高级阶段。城市化发展是工业化发展的必然结果，城市化的根本动力是工业化。第二次世界大战结束以后出现了"大都市带"或"城市群"的概念，但城市群早在第二次世界大战期间就已经存在。工业革命最早起源于英国，因而英国是最早的工业化国家。伦敦、伯明翰、利物浦、曼彻斯特等城市也在此时形成了以伦敦和英格兰中部地区为中心的城市群。此外,德国的鲁尔区域、法国北部区域等煤田和沿海地区,都受到工业革命不同程度的影响,资本、技术、人口迅速向城市集聚,逐步成为国内的城市密集区域,初步显示出城市群具有的特征。

世界经济中心的转移也与城市群的发展密切相连。19世纪,世界经济增长的中心转移到西欧国家,一大批西欧大中城市迅速发展,形成了以巴黎、布鲁塞尔、阿姆斯特丹、波恩等大城市为中心的法国大巴黎城市群、德国莱因—鲁尔城市群、荷兰—比利时城市群。这些西欧城市群的规模大小不一,但共同构成了西欧"人字形"的城市带。进入20世纪后,世界经济增长中心由西欧城市向北美转移,新出现了一批北美城市群,即波士顿—纽约—华盛顿城市群以及五大湖沿岸城市群。

二、城市群功能空间演化的结构特点

首先,在空间发展上,欧洲城市群具有良好的地理位置和自然条件。欧洲城市群处于平原地区的中低纬度,从自然环境到资源禀赋上都适宜人类居住,并且能够为人类的农业耕种、交通联系创造便利条件,因此也推进了人口的集中和城市的集聚。

其次,具有中枢的支配地位,是欧洲城市群在空间发展结构上的另一特点。欧洲的大型城市群通常是洲际或者国家的经济中枢,甚至是世界的经济中心、贸易中心,具有多种职能,诸如外贸职能、商业金融职能、工业化职能等。欧洲城市群是新技术、新思想的发祥地,也是国家经济最发达、效益最高的区域,对国内和国际的联系起着至关重要的作用。城市群对该地区、国家乃至世界经济发展都有重大推动作用。例如巴黎既是本国经济的中心,又是国家的政治中心,同时还是世界上重要的工商业城市。

最后,欧洲城市群具有完整的城市等级体系。城市群是包含大量的中心城市和众多中小城市以及市、镇的城市集合群体。其中,发挥城市群核心作用的是中心城市,这是人口以及产业集聚的中心区域。欧洲得益于城市群发展取得了举世瞩目的成就,并形成了完善的经济制度体系。德国是世界上城市化水平最高的国家,城市化率超过80%,在西欧众多国家中有着独具特色的城市群。德国城市群以低密度、分散型、独立性为结构特征,大城市数量较少,人口相对较少,首都柏林作为最大的城市人口仅有300万。德国城市群的城市人口多在20万—30万之间,中小城市高度发达,城市群分工明确,规划合理,成为著名的中小城市密集群。这种独特的城市群特点,使德国免于经历城市化—郊区化—逆城市化—再城市化发展进程,因而,德国在城市化中未出现交通拥堵、人口膨胀、环境恶化、就业紧张等其他大城市所面临的"大城市病"。

三、主要城市网络化空间分布的独特表现

网络化是欧洲西北部城市群最显著的特征,大巴黎地区城市群、荷兰兰斯台德城市群、德国莱茵—鲁尔城市群在线型、城市结点和空间结构上表现出不同的特点。

(一)大巴黎地区城市群极核网络化模式

大巴黎地区城市群的核心城市巴黎主要以极核网络化发展模式为主。这种发展模式具有超强的虹吸效应,尤其是对城市群空间外区域更为显著。巴黎依托于高标准现代化的基础设施以及先进的管理体系,跻身于西欧大城市的前列,首位度高,对法国国内公私机构、银行、政府等部门的联系起着关键作用,同时也是法国国际联系的枢纽城市,成为法国乃至世界的金融中心、交通中心,网络体系复杂且庞大。城市的集约化以及城市功能的网格化都在大城市圈内得以体现。法国巴黎的环城大道,将大巴黎地区分为三个城区:巴黎市区、卫星新城和周围的副中心区域,而巴黎市区又被分成独具产业特色和功能

的 20 个区域。法国法律明确指出,巴黎市是独立于巴黎大区的市镇,同时也属于省。

巴黎交通体系发达,历史悠久,国际竞争力强,发达的交通体系有助于巴黎市区内的人口和产业向周边区域辐射扩散,促进了市区与周边区域的联系。据统计,2008 年巴黎拥有铁路 1830 公里、铁路线路 14 条、轻轨 3 条、公交线路 351 条、自行车道 2100 公里,依靠公共交通出行的人口占总人口的比重为 29%。为了加强城市区域间的联系,建立了 176 公里包含 72 站的铁路系统,这是中心城市与国际机场的纽带,形成了铁路和机场的无缝衔接,实现了 58 个城市与机场的直接往返,大大缩短了交通出行的耗时;此外,巴黎还具有完善的机场体系,2011 年的年客运量近 800 万人次;巴黎的高速公路网排名欧洲第一;拥有近 70 个港口、500 多公里水道、10 公里平台通道、7680 公里运河及航道,内陆港口排名欧洲第二,航运交通网也很发达。① 完善的网络化交通体系,巴黎城区和卫星城的配套建设,推进了大巴黎区域的协调发展,促进了法国巴黎及周边地区国家的合作交流。

(二)荷兰兰斯台德城市群多核网络化模式

兰斯台德城市群是欧洲最大的城市群之一,拥有 600 万以上人口,在占荷兰 25% 的土地上,集聚了荷兰 60% 以上的人口。兰斯台德城市群是与大巴黎城市群有显著区别的新月形多核网络化城市群。兰斯台德城市群受到荷兰地理条件的限制以及当地行政体制的影响,地方政府具有高度的自主权,该城市群中的主要城市有鹿特丹、海牙、阿姆斯特丹、乌得勒支等。城市当地的土地当局利用高度的土地控制权,依托自身优势,结合城市实际发展情况,形成了独具特色的竞争优势,最终形成城市群分工明确、特色鲜明、规模相似、相互独立的多核网络化发展模式。该城市群分工明确,既是城市发展的政治中心,又

---

① 数据来源:李娣:《欧洲西北部城市群发展经验与启示》,《全球化》2015 年第 10 期。

是经济和金融中心。阿姆斯特丹是荷兰的首都,也是荷兰的经济和文化中心;鹿特丹是荷兰第二大港口,主导产业是石油化工和制造业;地处荷兰阿姆斯特丹—莱茵运河沿岸的乌得勒支,是荷兰的贸易和水运中心;海牙则是荷兰的政治中心,承载着荷兰各项政治任务。政府也因地制宜,开展实施多种新的发展规划,打造具有集聚及分散特征的组团式城市网络群。荷兰中央政府通过制定重点突出、层次分明的战略发展规划,率先发展六个国家级城市网络,通过基础网络设施的完善,极大地强化了高度城市化地区和密集型中小城市的关联度。中央政府和地方政府达成合作共识,对城市的关键网络节点重点建设,加强城市网络体系间的协调合作关系,实现公共基础设施共建共享,商业、服务业统筹管理,提高城市通达性,形成城市间高度集约、多样性、差异性的空间分布。集聚经济的发展与区域一体化进程受到国际高速交通建设的影响,促进兰斯台德城市群快速融入全球城市网络体系。

(三)德国莱茵—鲁尔城市群多点分布式网络模式

德国莱茵—鲁尔城市群形成了多点分布式网络模式。杜塞尔多夫是该城市群的中心城市,向北延伸至埃森,向南到达波恩,向西扩展到门登及周边城镇,总占地面积达 5000 平方公里。该城市群中,科隆人口近 100 万,埃森、杜塞尔多夫、科隆、多特蒙德和杜伊斯堡 5 个城市人口超过 50 万,24 个城市人口介于 10 万—50 万之间。[①] 莱茵—鲁尔城市群呈现出城市数量多、规模小、发展均衡的特点,形成了独具特色的多点分布式网络模式。该城市群的核心城市埃森、杜塞尔多夫、科隆、多特蒙德和杜伊斯堡等并没有在政治、经济或文化上处于支配地位,而是与其他城市平等竞争均衡发展。欧洲西北部城市群航空体系和铁路网络体系远远超过欧盟其他区域,乘客运输量远高于欧洲其他地区。该城市群发达的铁路、航空、公路以及水路体系将莱茵—鲁尔城市群

---

① 数据来源:李娣:《欧洲西北部城市群发展经验与启示》,《全球化》2015 年第 10 期。

及欧洲其他国家紧密联系起来,有助于城市群融入世界城市网络体系。

受欧洲国家一体化进程影响,欧洲西北部城市群形成了欧洲自由贸易区、关税同盟、经济货币联盟等,解决了欧盟成员国间技术水平标准不一致、成员国间资本流动壁垒以及技术创新网络化等问题。该城市群空间结构多种多样,核心城市集聚,为欧洲西北部城市群带来了显著的正外部性,有效地促进了资源流入,成为具有区位优势和工业化、城市化进程良好的国家和地区。欧洲西北部城市群经济活力旺盛,实现了城市间的合作共赢,主要得益于核心城市的集聚效应以及城市群的网络效应。巨大密集的城市带内资源实现了充分合理的优化配置,无论是商品流、技术流、信息流、资金流还是人才流都高度集聚,促进了城市间的专业分工、知识共享、技术外溢等,极大地提升了区域内的经济效益。同时带动了周边国家和区域的经济发展,形成了欧洲西北部城市群强大的正外部性。

欧洲西北部城市群运用区域空间规划、有效的管理及法律等手段,成功地缓解了城市群带来的负外部性影响。通过明确的城市规划立法,法国、荷兰以及德国三国虽然国土面积不大,但各国严格按立法执行,有效保证了城市群发展过程的良好空间布局,实现了较高的城市化率。欧洲西北部城市群中小城市数量较多,人口超过 100 万的仅有巴黎、布鲁塞尔、海牙、鹿特丹、阿姆斯特丹等大城市,城市群大中小城市相互交错,形成空间距离小、联系密切的发达综合交通网络体系。高效的城市网络体系,提升了城市对人口及产业的承载能力。欧洲西部各个国家以欧盟统一的法律为基础,交通管理体制严格,碳排放制度体系完善,环境保护法律体系健全,各国综合运用行政、法律手段,协调发展欧盟区域,实施区域援助,有效降低了城市化带来的环境恶化、资源浪费、交通堵塞等外部不经济带来的影响,实现了城市群可持续发展。

第四节　世界级城市群功能空间演化的经验借鉴

城市群既是资本、产业和技术的集合体,又是人力资本的聚集区,在功能影响上同时具有正外部性和负外部性。集聚地区的规模经济体现出正外部性,推动区域经济的快速增长,又进一步推动经济的集聚,并带动周边区域的发展,形成更大区域的经济增长和集聚。由于城市的利益主体不同,在城市集聚过程中易形成城市间的行政壁垒;城市间市场竞争能力和发展水平存在不同程度差异,容易造成城市间的经济发展不平衡;同时,在城市化进程中,城市人口集聚增长、城市生活垃圾堆积、环境污染严重、土地资源浪费、交通严重堵塞等问题日益突出,形成城市群的外部不经济。

通过对美国东北部大西洋沿岸城市群、日本太平洋沿岸城市群和欧洲西北部城市群三个典型、老牌的世界级城市群功能空间演化历史和特征的分析,基本可以认为一个相对成熟的世界级城市群,在功能空间演化和结构分布中,具有以下典型特征:一是积极发挥政府、非政府和市场的力量,对城市群和内部城市的功能空间有明确而严格的规划和制度保障;二是城市群内部形成了若干较为成熟的都市圈,都市圈是城市群功能承载的基本单元;三是发达的交通网络是城市群国际化高水平发展的重要保障;四是城市群内部城镇功能完备、产业结构合理。

鉴于以上四个方面的突出特征,京津冀城市群在迈向世界级城市群的过程中,解决自身功能空间分布不平衡的矛盾,也要在上述四个方面进行有效的制度设计和功能整合。

一、加强京津冀城市群的科学布局，强化区域协调的机制建设

发达国家城市群发展建设的实践表明,高效的联系系统对成熟城市群的

发展至关重要。高效的联系系统可以有效降低城市间的内部摩擦,在城市间产业分工和发展的网络配合下,各城市可实现低成本上的技术扩散,重点培养城市自身的核心竞争力,大大提高了欧洲西北部城市群在全球城市群中的竞争力。日本太平洋沿岸城市群在发展建设中,通过立法保证地方政府的自主权利,同时政府组织一系列公共服务,用于阐述政府的区域规划战略意图,引导和规范市场的行为,构建了"政府—非政府—市场"多主体协调发展的混合发展模式。

京津冀城市群区域整体发展意识较淡薄,城市建设水平较低。基础设施建设共享化水平低,城市间交通运输衔接方式低效,落后地区交通体系发展更为缓慢,城市对生活、生产承载能力低,城镇化水平不高。依据牛顿引力模型对各城市间通勤时间进行测算,京津作为京津冀城市群的一级城市,城市间的经济联系度最高;石家庄、唐山、保定、邯郸为城市群的二级城市,二级城市与一级城市的经济联系度仅为一级城市间经济联系度的 0.05 到 0.1;其余的三级城市之间的关联度就更低了。由此可见,京津冀城市群内城市联系较弱,河北城市间的经济联系比较松散。依据欧洲西北部城市群发展的经验来看,强大的虹吸效应和辐射能力是城市群成熟网络化显著的特点。因此在未来京津冀城市群发展建设过程中,一方面要在城市群现有的基础上提高对全球要素的集聚能力,将城市群打造成全球城市群发展结构中的领头雁;另一方面,依托京津冀协同发展战略以及雄安新区规划建设,科学布局京津冀城市群,完善城市群雁阵式发展结构,打造独具中国特色的城市群,充分发挥京津冀城市群对周边地区的辐射带动作用。

二、重视京津冀城市群主导产业的定位,构建城际战略产业链

美国东北部大西洋沿岸城市群各个产业层级的城市利用自身的优势与特点,与其他城市互相补充、协作发展,形成了产业梯度合理、产业分工明确、产

业均衡发展的城市群。产业体系完整、产业形态丰富、产业定位错位、产业结构合理，为上述城市功能空间分布的相对均衡提供了根本保障。发达国家城市群发展的经验表明，发展差异化的主导产业对城市群构建具有积极的促进作用，合理配置资源，实现资源在产业链上各环节的价值，各产业在城市群间明确专业分工，提高产业集聚和城市群的协作发展，对提高城市群的综合竞争力具有重要意义。

京津冀城市群的内部分工不尽合理，制约着城市群的经济发展，对城市群的空间开发秩序和效率也造成了一定影响。在生产性服务业方面，北京是京津冀城市群最为重要的高度聚集的核心城市，而天津作为京津冀城市群的另一个重要城市，在生产性服务业发展方面还相对落后。在工业方面，北京和天津作为京津冀城市群的核心城市，这两个城市的工业从业人数要远远高于河北省任何一个城市的从业人数。天津市是京津冀城市群中制造业外向功能最高的城市。而河北省城市中，仅有唐山、廊坊以及石家庄具有少量制造业外向功能，表明河北经济的整体发展水平与京津还有较大差距。京津冀城市群的发展建设，应借鉴吸收发达国家城市群建设的成功经验，依托地理、产业以及技术优势，制定符合地区特色的城市发展规划，有步骤、分层次地优先发展城市主导产业，加强主导产业在资金、技术方面的投入力度，积极参与国际产业分工。城市群内各城市的地方政府要根据自身实际情况，准确定位产业布局和产业发展方向，优先发展主导产业，注重产业衔接，严格执行产业发展规划，促进产业集聚，发挥产业发展的规模优势，合理打造城市群的主导产业链，实现产业城市间的高效对接，通过互补合作，实现城市圈及城市间的多方共赢的局面。

三、推动京津冀城市群网络化发展，建设好城市群创新体系

对美国东北部大西洋沿岸城市群、日本太平洋沿岸城市群和欧洲西北部城市群三个典型的世界级城市群的研究表明，这些城市群拥有发达的交通网

络体系、丰富的人才储备,信息、人才以及资本等生产要素在城市间可以完全自由流动,各产业之间密切联系,促进了城市群内的技术外溢和技术创新。同时,城市群在技术、人才、企业、高校等要素方面的创新,在空间上汇聚,形成一个良好的创新平台,推动了城市群技术成果的转化,实现了激发城市群创新的良性循环。三大城市群利用自身的优势,采用多极核、多核式以及多点分布式发展模式,形成城市群网络发展模式,提高了城市群整体效应。

京津冀城市群发展中,京津两地过于"肥胖",而河北城市则相对"瘦弱",河北地区大城市少,城市规模小,发展落后,城镇体系建设滞后,城市规模结构"断档"问题突出,形成了以北京为首的超大城市和特大城市天津与其他城市经济技术发展水平差距过大的"哑铃"形城市规模结构。这种城市规模结构影响了大城市的经济增长能量对中小城市的带动能力,限制了大城市的辐射带动作用,造成了经济要素进一步向北京、天津过度集聚,不利于京津冀协同发展,造成"大城市病"发生和贫富差距拉大等问题。京津冀城市网络建设是完善京津冀城镇布局体系的重要途径。对河北而言,充分利用在交通、信息等方面的基础资源,完善网络体系建设,缩小城市群间的距离,重新定位城市功能,强化城市间的内在联系,逐步发展成同世界城市群联系密切的现代化成熟城市群,在此基础上,逐步带动周边区域,衍生出新的城市带。对于人口超1000万的大城市可采用极核式发展模式,强化中心城市和卫星城市的联系,着手打造副中心城市,疏解中心城市在人口、资源、产业等方面面临的压力,有效解决"大城市病"。以超大城市为城市群中心,建立极核式城市群。除此之外,还需要强化城市内部以及城市间在交通、信息、技术方面的沟通交流,建设新型外部联系通道,推进京津冀城市群体系和世界城市群体系的联系,提高城市群的修复、调节以及完善方面的能力,最终实现全球城市群的可持续发展。

在城市发展过程中,技术创新是产业链发展的关键环节,这就要求产业链各环节生产的材料以及零部件必须与新技术相匹配,从而带动整个产业链乃至整个城市的技术创新发展。京津冀地区目前处于产业转型的转折期,产业技术水平有待提高,技术创新能力不强,要在城市群发展中强化技术创新,推动主导产业的发展,实现技术瓶颈的突破,带动整个城市群在产业链上的创新。同时,要打破城市间各生产要素流动的障碍壁垒,形成城市群区域创新共享平台。除此以外,还要注重对城市群人才的吸引,加大企业以及科研院所对人才的吸引力,强化城市群的人才集聚和新技术集聚,打造京津冀城市群科研创新平台,提高城市群资源储备,为京津冀城市群发展提供技术支撑。

四、有效发挥都市圈集聚正外部性,推动京津冀城市群快速发展

对美国东北部大西洋沿岸城市群、日本太平洋沿岸城市群和欧洲西北部城市群等成熟城市群的研究表明,圈域经济有利于城市群内相邻城市间的劳动力、技术以及市场的最终产品等的相互流动,促进城市群区域内的企业和行业发展的正外部性向城市群体正外部性的转移。同时,对于这些发达成熟的城市群所面临的负外部性,能够通过区域负外部性内部化的协调机制实现有效转化,推动城市群的可持续发展。中国城镇化的未来形态,是城市群在资源、环境承载能力与经济效率上存在综合优势。但是京津冀城市群在建设过程中面临着城镇人口密度高、人口增长过快、产业转移以及综合交通网络压力大等问题,导致京津冀城市群面临资源消耗过度、生态环境脆弱、大气污染治理压力大等一系列问题。

发挥市场在资源配置中的决定作用对解决京津冀城市间市场分割、功能不清、产业同构等问题至关重要。同时,要充分发挥政府在京津冀城市群公共基础建设以及公共服务配套体系建设上的主导作用,积极学习成熟城市群对发展规划的制定及实施策略,强化土地利用总体规划、经济发展规划等在技术标准以及监督执行方面的衔接;注重城市发展的科学布局,合理引导城市群扩张,避免人为破坏自然生态体系,改善城市群区域生态环境,提高城市群对周边区域生产、生活的承载能力。科学合理的城市群发展规划是京津冀城市群

内其他发展规划的总纲要。

京津冀城市群在发展建设中还要积极融入共建"一带一路"的格局中，发挥其外部推动作用。积极融入更为开放的国际化市场，完善产业结构和基础设施，强化内部联系协作，构建城市网络体系，提高区域城市间发展的联系度和城市发展质量，对接好"一带一路"发展规划；充分利用好自身的优势，把握共建"一带一路"带来的机遇与挑战，积极培育新兴产业，推动城市高新技术产业的发展，提高产业发展的国际竞争力；积极聚集城市群的生产要素资源，推进基础设施建设，优化创新发展平台，打造一套完善的人才培养服务体系，充分吸引国内外优质的人才，利用创新驱动平台加快城市群的可持续发展，促进城市群规模效应和集聚效应的形成，进而带动城市群周边区域的发展，形成更大范围的辐射带动作用，形成对共建"一带一路"的循环推动效应。

第四章 京津冀城市群功能空间
演化的历史变迁

　　城市群的形成、融合和协同发展,是一个渐进的过程,受到一定历史阶段的人口、经济、政治、文化、政府治理、市场融合等多种因素的综合影响。因此,不同城市群功能空间演化的轨迹,既呈现出一定的共性,同时又表现出独特的个性。京津冀城市群亦然。从三地协同发展的历史来看,京津冀自古以来地缘相连,沟通半径适宜,地域间出现过多次的相互融合,三地友好相处,历史渊源深厚,京津冀在东部地区的经济格局中更是占据核心地位。2015年4月30日,中共中央政治局会议审议通过《京津冀协同发展规划纲要》,对整个城市群在世界级城市群建设和中国城市群建设中的定位给予了明确的界定,这是新中国成立以来京津冀城市群分工与合作的深化与丰富,对未来中国的区域协调发展战略具有重大的、关键性的影响。本章运用历史分析的方法,对新中国成立后京津冀城市群70多年的发展脉络进行系统梳理,勾画京津冀城市群功能空间演进的历史脉络,以此揭示京津冀城市群功能空间现实状态的历史成因。

第一节　京津冀城市群功能空间
变迁的历史演进

站在历史角度看,京津冀三地各具优势与特色。河北拥有 11 个地级市,具有更多的自然资源优势;天津历来属于工业集中、交通发达的港口城市;北京作为首都,已经步入后工业化时代,但资源紧张。近年来,随着京津两地经济发展,大量人口涌入北京和天津,造成了交通堵塞、空气污染以及资源紧张等问题。因此三地应发挥各自优势,相互配合,坚持以京津冀协同发展为主体,以《京津冀协同发展规划纲要》中对城市群及各个区域的功能定位为引领,加快京津冀世界级城市群的建设步伐。

一、北京功能空间演化的历史变迁

1949 年 9 月 27 日,中国人民政治协商会议第一届全体会议通过《关于中华人民共和国国都、纪年、国歌、国旗的决议》,北平更名为北京。1949 年,北平计划委员会提出:要在保持北平原有历史名胜以及可游览性的基础上,将其由一个古老封建的城市变为一个近现代城市。北京在建设之初具备三个特点:一是市区园林化,二是建筑富有创造艺术,三是住宅分布符合分区制,与近代都市相符。作为全国政治军事中心地,北京城内众多文物林立、郊外名胜古迹甚多,历代文物以及近代建筑兼存并蓄,而且这些古迹均独具风格,壮丽而伟大;其是唯一具备建立为大都市的基础并足以代表中国的文化古都。

1955 年,为制定符合国情的规划方案特成立北京城市规划建设小组,团队成员积极学习国外先进经验,在充分掌握北京现状基础的前提下,制定出符合北京实际发展情况的规划图。1958 年,《北京市总体规划方案》出炉,在将河北省昌平、房山、大兴等县以及金盏、长店等 7 个乡划归北京市的基础上,通过合并撤销等方式设立了西城区、东城区、崇文区、宣武区,至此,北京基本成就了现有的市域范围。此次调整不仅为北京的经济发展提供了广阔的空间，同时也为北京所需物资特别是生活物资的供应提供了可靠保障。1958 年的方案不仅强调了将北京建设成为政治中心、文化中心，而且提出了发展经济并建设为现代化工业基地的决心。方案规划思路强调了工农结合的"分散集团式"布局，扩大了市域范围，提出在郊区发展工业的思路，压缩市区用地；但郊区工业布点过多过散，大部分项目浪费，市区中的公共食堂、住宅、中小学等配套设施既不实用又浪费资金。随着时间的推移，工业建设的过重发展，造成水电热气等能源负担过重、交通运输压力过大、环境污染等问题。

1980 年，胡耀邦作出"关于首都建设方针的四项指示"：北京是全国的政治中心、国际交往中心；首都建设要实现社会稳定、教育发达、环境优美、生活安定、经济建设适合首都特点，重工业不再发展等。通过总结过去三十几年的经验教训，1983 年审议通过的《北京城市建设总体规划方案》重新对北京城市定位作出新的规定：北京不仅是全国的政治中心，同时也是文化中心；方案同时强调了严格控制大城市的发展规模，以及发展远郊卫星城镇的开发策略。至此，"首都功能"开始逐渐得到重视，"生产""重工业城市"在城市发展中的地位有所下降，"消费""环境"等城市生活的必需元素开始引起重视并反映在空间规划内容中。

对北京功能空间演化影响最大的规划调整发生在 1993 年，此时对北京的定位为"我们伟大社会主义祖国的首都，是全国政治中心和文化中心，是世界著名的古都和现代国际城市"。本次规划具有跨世纪的特点，可以称为首都建设的第二个 50 年规划，同时也是北京第一次按照社会主义市场经济体制的要求研究城市建设的方向。这个规划表明，北京已经有了超前规划的国际意识，并显露了跻身世界级城市的战略雄心；同时明确了首都建立以第三产业为主体的经济结构，对人口规模也提出要控制总量与流量，加强管理与疏导；把城市建设重点逐步向郊区转移，推动了郊区城市化进程，实现了产业和人口的合理布局。

　　20世纪90年代,北京飞速发展,"城市"概念远远超过了"首都"的概念,城市功能也超过了首都功能。1993年规划中预期到2010年建设用地为900平方公里,实际到2002年建设用地就已经达到941平方公里,提前8年超过了规划指标。① 2004年,北京完成新版总体规划,这一时期将城市发展目标定为国家首都、世界城市、文化名城以及宜居城市。这在一定程度上反思了以往的发展模式以及定位;但在实际执行中,受到城市发展模式和社会经济趋势的影响,城市定位与发展的矛盾问题并没有得到解决。规划虽然已经意识到首都功能与城市功能发展上的差异,但并没有疏解城市中心过度集聚的人口,反倒进一步强化了中心区的集聚效应。城市功能不断强化,首都功能持续弱化。

　　2004年,北京市政府出台《北京城市总体规划(2004年—2020年)》,将北京不仅定位为全国政治中心——国家首都,同时提出了文化中心建设的要求——建设为世界级文化名城,此次方案首次提出"宜居城市"的概念。这期间重点关注旧城的保护及修复,一方面确定旧城的功能和容量,鼓励发展符合传统空间特色的文化事业和旅游产业;另一方面疏导不适合在旧城发展的产业,积极疏散旧城居住人口,提升就业人口及居住人口的素质。由于前期重点建设放在了市区,导致城区工业产业以及人口剧增,空间发展已经饱和,要逐步强化在郊区的发展步伐。

　　2017年,为贯彻落实习近平总书记治国理政新理念新思想新战略,《北京城市总体规划(2016年—2035年)》编制完成,定位北京为政治中心、文化中心、国际交往中心、科技创新中心;着眼建设为伟大社会主义祖国的首都、迈向中华民族伟大复兴的大国首都。规划显示未来坚持疏解非首都功能,紧密对接京津冀协同发展战略;坚持城乡统筹发展、均衡发展、多规合一;坚持科学配置资源要素,加强历史名城保护,着力解决"大城市病";优化提升首都核心功能,形成京津冀协同发展、互利共赢的局面。

---

　　①　数据来源:《北京城市总体规划1991—2010》。

按照《中共北京市委北京市政府关于贯彻〈纲要〉意见》①的要求,北京市积极推动老城改造搬迁重组等工作,聚焦通州、加快行政副中心的建设,力争在 2017 年取得成效。当前,行政副中心的建设日趋成熟,有序推进了市属行政事业单位整体或部分地向行政副中心的转移,带动了新一轮的商务聚集、文化聚集,同时使得当地的人居环境和公共服务更具吸引力。按照规划要求把通州规划放在京津冀协同发展的大方向中来考虑:根据自身发展定位加强与河北周边地区的协同,加强区域互联互通,构建区域统筹开放的交通体系,实现机场、周边新城、周边河北区域的便捷联系。2019 年 9 月 25 日,位于北京大兴的国际机场正式通航,远期可满足年旅客吞吐量 1 亿人次的需求。以大兴机场为圆心,一小时公路圈可以覆盖 7000 万人口,3 小时高铁圈覆盖 2.02 亿人口,辐射激活 150 平方公里的临空经济区。会同周边的天津机场、石家庄机场必将会为京津冀世界级城市群的建设奠定坚实基础,成为带动京津冀区域发展的新引擎。随着大兴国际机场通航、京雄铁路北京段以及京张高铁运行,一张覆盖三地所有城市的交通网正式形成,与大兴机场同步投运的高铁、地铁实现无缝换乘,覆盖三地所有城市。

二、天津功能空间演化的历史变迁

天津是中国近现代重要的工业城市之一,毗邻首都北京,东邻大海,位于海河下游,这些地理优势使得各国都在 18—19 世纪来天津进行商业活动,带动了天津经济发展,使天津成为中国最发达的城市之一。优越的地理位置以及繁茂的商业,使天津聚集了大量的外国使馆和租界,数以百计的官僚政客以及清朝遗老来天津租界避难,天津在民国时期的发展令人惊叹,属当时的第二大城市,发展仅次于上海。

---

① 《纲要》指 2015 年 4 月 30 日中共中央政治局会议审议通过的《京津冀协同发展规划纲要》。

　　1952 年,全国大环境受苏联规划思想的影响,初步选定东南郊以及海河下游制定规划方案。1953 年,为适应国家工业建设的需要、便于城市建设管理,《天津城市建设初步规划方案》初步确定天津城市规模 300 万人口,用地230 平方公里,并建立四个工业区,城市道路形成了"三环+四射"的雏形。此次城市功能规划,旨在解决天津在改革开放前形成的四分五裂的租界混乱局面,有利于人民的日常生活以及生产建设的快速恢复和发展。

　　1976 年,受唐山大地震的影响,天津损失严重,为消除地震影响、恢复百姓生活,在中央指导下天津制定了灾后重建计划:旧区改造,引滦入津,工厂、医院、学校、商业的恢复重建,道路改造,下水管道的铺设等工程大规模展开,使天津城市面貌发生了巨大的变化。1978 年,《天津城市总体规划纲要》颁布,对天津的功能定位:把天津规划为现代化的、工农结合的社会主义新型城市;建设以石油、石油化学工业和海洋化学工业为特点的、先进综合性工业基地。

　　1986 年,国务院批复天津城市总体规划方案,自此天津进入国家批准的城市规划方案建设时期。此次方案要求,以既有的综合工业基地为基础,进一步充分发挥其临海优势,将天津建设为开放多元的现代港口城市;形成以海河为轴线,市区为中心,市区和滨海新区双主体,并与近郊卫星城镇及远郊县镇性质不同、规模不等、布局合理的城镇网络。

　　改革开放后,天津作为中国 14 座沿海城市之一,发展速度明显落后于东南沿海地区。1994 年起,天津开始工业的战略东移,目标是在天津技术开发区、天津保税区的基础上,"用十年左右的时间,基本建成滨海新区"。这一目标在 2005 年写入"十一五"规划前一直处于自我发展阶段,随后跨入快车道。

　　天津是全国重要的港口城市,更是距离北京最近的主要航运中心,也是传统的经济金融中心,新中国成立后受北京首都地位的影响,其金融功能及金融业的相对地位逐渐下降。2006 年,在国家大力支持下,滨海新区被纳入国家发展战略,自此天津开启了金融改革的帷幕,同年国务院常务会议将天津定位为国际港口城市、北方经济中心和生态城市。从此京津之间在政策层面的经济中心之争落下帷幕。自2009年滨海新区创立以来,天津坚持采用"双城双港、相向拓展、一轴两带、南北生态"的发展策略,在政策上偏向滨海新区和天津港的发展,预计未来几年,滨海新区的B1、Z2、Z4三条地铁线路就会相继投入运营,2号线的乘客也可以经由滨海国际机场这一换乘站换乘Z2直达滨海新区。届时,天津主城区与滨海新区的联通将会变得更加顺畅,为天津的发展拓展更大的空间。

京津冀协同发展规划实施以来,天津始终秉持超前谋划思路,立足京津冀世界级城市群建设,对标《京津冀协同发展规划纲要》《北京城市总体规划2016年—2035年》以及《河北雄安新区规划纲要》,统筹天津城市空间布局和要素配置,科学划定"三区三线",有序引导控制城镇空间、生态空间、农业空间的分布,科学界定人口规模,严格控制建设用地规模,落实京津冀区域生态格局要求;明确城镇开发边界、永久基本农田、生态保护红线,努力推动外延扩张向内涵提升转变。天津与北京、河北三地政府加强联动合作,深化协同联动、保障项目对接,京津两地共建了一批高水平承接平台(见表4.1),深化合作。

表4.1 京津共建产业园区情况

园区名城	产业领域	地点
滨海—中关村科技园	移动互联网、文化创意、生物医药、集成电路、高端制造业等	滨海新区
未来科技城京津合作示范区	环境技术、医疗健康、文化教育、休闲旅游、高技术研发及高端商务商贸区等	宁河区
武清京津产业新城	总部基地、医疗器械、科技创新等	武清区
宝坻京津中关村科技城	新能源、互联网、新材料、先进装备制造和科技服务业	宝坻区
京津冀大数据综合试验区	大数据	滨海新区、武清区、西青区

续表

园区名城	产业领域	地点
国家大学创新园区	区域发展科学研究、学科建设和人才培养	武清区
中国科学院北京分院天津创新产业园	中国科学院系统院所分支机构、苏州生物医学工程技术研究所等科研机构的科技成果转化和院企合作	东丽区

交通一体化方面,2018年8月,京津城际复兴号动车组以时速350公里运行,同城效应进一步增强;2019年,京津城际、津冀客运专线大幅调整,使来往新区高铁出行开启陆地"飞行"模式,正式迈入"公交化"时代。随着高铁地面"飞行",京津冀三地间往返更加经济、便捷,借助轨道红利,京津冀协同发展取得了明显成效。正在如火如荼建设的京滨城际,作为区域铁路网的组成部分,除为京滨两地带来便捷,向承德方向的延伸,也实现了与京沈专线的衔接。

生态保护方面,2019年1月,习近平总书记在京津冀考察时指出,要坚持绿水青山就是金山银山的理念,强化生态环境联建联防联治。天津市依靠区域联防联控机制,按照统一规划、统一标准、统一执法、统一安排,取得较好效果,成功推进736平方公里绿色生态屏障建设,超额完成3.58万亩绿化造林,修复保护875平方公里湿地。① 生态环境修复、大气污染联防治理、海域污染治理方面取得显著成效。

在公共服务方面,天津加快推进公共服务共建共享,在医疗协作、教育融合等方面互补互利。深化京津冀高校协同创新,落实与清华大学、北京大学等高校签订的战略协议,做好京冀两地职业院校结对子项目。大力推进天津单向认可北京、河北执业医师、护士在津执业;实现京津冀疾病控制中心实验检

---

① 数据来源:《天津市2019年政府工作报告》。

测结果互认,定期开展风险评估演练;另外与北京大学共建京津冀区域医学中心及疑难杂症诊治中心。

三、河北功能空间演化的历史变迁

新中国成立初期,生产停滞,商业萧条,物价飞涨,民不聊生。在此情况下,河北省利用三年时间恢复生产,国民经济得到迅速的恢复和发展。1953年,河北有计划、有步骤地进行了社会主义改造和社会主义建设。到1957年,基本完成了对农业、商业、手工业的社会主义改造,一批水利、电力、铁路、公路项目相继建成。

1958年,受"左"倾错误指导思想的影响,国民经济比例严重失调,尤其是"二五"时期整体国民经济出现了下降的局面。针对国民经济运行中出现的困难和挫折,河北省提出了调整方案,大力调整重工业比例,重视基础农业的发展,保障市场短缺的轻工业产品以及生活必需品,国民经济得到稳定的发展。在此期间,河北省会经历了六次变迁,解放初期中共中央组建中共河北省委,省会驻保定。随着京冀建设日益成为党和国家中心工作,保定发展工业条件受限,石家庄交通地理位置优越,处于平汉、正太两条铁路干线交点,1954年,河北省人民政府向中央请示将省会迁往石家庄。1958年,河北省提出省会迁往天津,依托一个大的工业城市可有效解决生产需求,第一届全国人民代表大会第五次会议决议将天津改为河北省直辖,同年河北省人民代表大会将天津设为河北省省会。1966年,中共中央将天津改为中央直辖市,河北省委决定将省会由天津迁往保定。1968年,河北省省会再次由保定迁往石家庄。1971年,河北省委请示中央将省会迁回保定,周恩来总理批示,河北省省会不要再迁。

1978年,改革开放为河北发展带来新机遇,河北及时将工作重点转向经济建设,专心发展社会生产力,开启了经济发展的新征程。随后十几年间河北的商品由短缺变为丰富。改革开放以前,河北城镇化发展缓慢,城乡二元结构特征明显,改革开放之后河北不断深化户籍制度改革,加快推进城镇化建设,这一改革极大调动了农民的生产积极性,并随即推出了家庭联产承包责任制。1992年,在邓小平同志南方谈话的鼓舞下,河北经济焕发出巨大生机与活力;1993年,全省经济增长速度达17.7%;1994年提前6年实现了生产总值翻两番的目标。① "八五"时期是河北经济增长最快、波动最小的时期。

　　进入21世纪,随着中国正式加入世贸组织,河北省进入新一轮的增长期,人均生产总值由2003年的10251元增加到2007年的19742元,年均增长12.4%。② 受美国次贷危机引发国际金融危机的影响,我国经济增长放缓,进出口出现负增长,经济面临"硬着陆"风险。河北省审时度势,大力推进"城镇面貌三年大变样"环保行动计划,有效破解了长期影响和制约河北发展的瓶颈问题,启动和激活农村消费。2008年,粗钢以及钢材产量突破万亿吨,铁矿石、焦炭、煤等产量居全国前列,与此同时河北省积极推进结构调整,一些战略性新兴行业不断涌现,对工业经济的带动作用明显,为工业经济持续健康的发展奠定了坚实的基础。许多产品从无到有,产品品种大幅增加,产品档次越来越高。党的十八大以来,河北在国家优先发展重工业战略的指引下走出来一条从重化工业起步的超常规路线,从模仿跟跑到创新领跑,以壮士断腕的决心让全省钢铁企业从2013年的123家压缩至64家,朝着高端化、精品化、品牌化方向发展,汽车钢、家电板、百米重轨等高端钢材迅猛发展;东旭集团、奥润顺达、晶澳太阳能、君乐宝乳业、乐凯等一大批企业不断优化产业结构。党的十九大以来,高新技术企业增加3000家,高新技术企业的倍增效应带来全省工业结构的持续优化。2018年,第三产业增加值首次超过第二产业,成为拉动经济增长的新动力;2019年上半年,装备制造业增加值同比增长12%③,一大批技术产业形成集聚效应,成为河北工业发展新引擎、经济发展新动力。

---

① 数据来源:《河北省1994年国民经济和社会发展统计公报》。
② 数据来源:《新中国成立70周年河北经济社会发展成就系列报告之二》。
③ 数据来源:《新中国成立70周年河北经济社会发展成就系列报告之二》。

1952 年、1978 年、2018 年河北省三次产业结构占比情况见图 4.1。

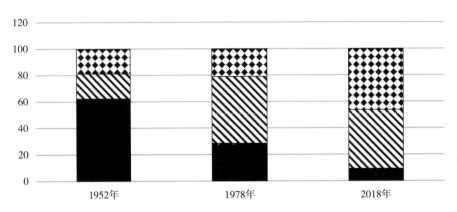

图 4.1　河北省三次产业结构占比(单位:%)

数据来源:根据各年度河北省国民经济和社会发展统计公报整理所得。

　　2014 年,《京津冀协同发展规划纲要》确定了河北省"三区一基地"的功能定位:建设全国现代商贸物流重要基地、产业转型升级试验区、新型城镇化与城乡统筹示范区、京津冀生态环境支撑区。这是中央第一次明确确定河北省在全国和京津冀城市群中的功能地位。"京津冀协同发展"作为一条主线始终贯穿整个"十三五"规划;大力化解过剩产能,改造传统产业,培育发展战略性新兴产业是一项重要的攻坚任务;与京津共同打造世界级城市群、弥补发展短板、做好京津冀生态环境支撑区是着重强调的一项政治责任。自 2014 年以来,河北省积极承接北京商贸物流,做好大气污染防治工作,积极推进新型城镇化与城乡统筹示范区的建设,将河北发展与区域发展相结合,凝聚集体智慧、兼顾各方诉求、着眼长远发展。

　　2017 年 4 月 1 日,中共中央、国务院决定设立雄安新区,新区包含河北雄县、容城、安新三县行政辖区,距离北京市、天津市均为 105 公里,距离北京新机场 55 公里,区位优势明显。雄安新区的设立是以习近平同志为核心的党中央为推进京津冀协同发展作出的一项重要决策部署,雄安新区与北京通州协同北京中关村核心区共同构成"京津冀一体两翼",其为承接北京非首都功能具有全国意义,新区将集聚一批互联网、大数据、人工智能、生物技术、现代金融等创新型、示范性重点项目。《河北雄安新区规划纲要》进一步明确,雄安新区要建设成为创新驱动发展引领区,目前部分高端、高新企业已落户雄安新区,阿里巴巴、腾讯、百度、国家开发投资集团有限公司、中国人民保险集团股份有限公司等 48 家企业获批落户;北京大学、清华大学、中国人民大学也相继表态将积极参与雄安新区的建设,雄安新区积极承接高等学校的分校、分院、研究生院等。

　　生态环境保护方面。河北省于 2017 年发布《河北省生态环境保护"十三五"规划》,积极推进京津冀三地协同治污,明确提出将建设京津冀生态环境支撑区作为重大任务,建设生态屏障,加强空间治理。节能减耗效果明显,清洁能源比重提高,能源利用效率稳步提高;环境质量稳中向好,2018 年全省 PM2.5 平均浓度较 2013 年下降 48%(见图 4.2)。

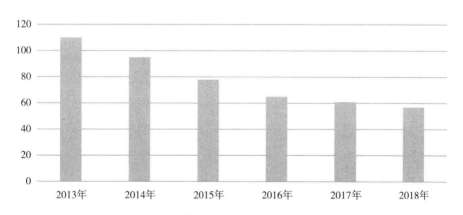

图 4.2　河北省 PM2.5 年均浓度(单位:微克/立方米)

数据来源:《河北省生态环境保护"十三五"规划》。

　　民生方面。实施京津冀协同发展战略以来,三地着力推进公共服务的共建共享,河北省委省政府始终以民生福祉作为根本出发点,打好脱贫攻坚战,坚持精准扶贫、精准脱贫,21 个贫困县摘帽,群众生活得到显著改善。积极落实科教兴冀战略,尤其重视农村地区义务教育水平提高,从校舍兴建到提高教师工资水平再到营养餐计划,农村义务教育全部纳入财政支出范围。截至2018年底,全省兴建公共图书馆173个、博物馆134个,半数以上公立医院完成医疗云对接,使百姓均衡享受医疗服务;实施文化体育设施兴建计划,人均体育场地面积达1.77平方米。①

第二节 不同阶段国家对京津冀城市群发展的定位

京津冀亦称京畿。所谓京畿,原指国都和国都周围的地方,或称国都及其行政官署所辖地区。京畿一词在东汉末年已开始使用,一直沿用至今。人们常说的京畿,从大的外延来说,是指今北京、天津、河北两市一省的所辖区域。关于该词的解释,最早的翔实文字记载见于清代《畿辅通志》,畿辅是指京都周围附近的地区,清代用以指直隶省。书中对京畿地区的帝制沿革、河渠海防、赋税兵制、陵墓寺观、列传杂传等内容进行了较为具体的介绍。书中记载内容经过数次修订,但主要包括的区域涵盖当今的北京、廊坊、保定、石家庄、邯郸、沧州以及天津等一些区域。新中国成立以后,京畿地区被划分为北京、天津、河北三个行政区域。

一、京津冀自古以来便有"一体化"的传承

据考古挖掘资料,公元前1万年到前5000年的新石器时代,古代人类聚落在太行山前与华北平原交接地带出现,太行山前平原与西部山区有着密切的文化渊源,人类活动范围由山区向前山区再到平原区过渡。

从两周一直到隋唐时期,京津冀地区的人口、经济与文化中心均分布在太

---

① 数据来源:《河北省2019年国民经济和社会发展统计公报》。

行山前的范围内,此地域两面环山:西部是太行山山脉余脉,北部是燕山山脉;东临大海:天津位于海河下游,是北京通往东北、华北地区铁路的交通要塞和远洋航运的港口;南接中原:是连接三北地区与中原地区的天然通道,也是多元族群、文化荟萃之地。

周朝建立后,为了维护国家的稳定,王室贵族被任命为各地的统治者。到了春秋战国时期,周朝王室的势力下降,各地权贵势力突起:京津冀地区的北部为燕国、蓟国,南部为邢国和赵国,中部为中山。各国持续争霸的斗争最终在燕赵之间形成了对抗。燕国占领了北部,也就是现在的北京和天津;赵国占领了河北中部;齐国则占领了河北东南部。秦国主要占领了北部地区,秦始皇建立了八个县管辖;汉武帝则设十三州刺,此时河北的北部为幽州、南部为漳州,这种格局为河北政治格局的形成奠定了重要的基础。自东汉以来,中原王朝逐渐衰落,少数民族继续向内迁徙并建立了政权。魏晋南北朝时期,京津冀地区成为民族融合的重要区域。唐代时期,河北发展到了新高度,进而有人们常说的"河北贡篚征税,半乎九州",以及相传的"冀州产健马,下者日驰二百里,所以兵常当天下",这些足以见证当时河北的高度发达。影响中国历史进程的安史之乱发端于范阳(即幽州),这也再次印证了京津冀地区重要的战略位置。

在唐代,幽州得到了蓬勃的发展。安史之乱后中央政府失去了对地方的控制能力,包括河北在内的各个地区都被分隔开来,契丹趁此崛起;河北和东北借此成为大国崛起和发展的核心地区。即使在此后,各朝各代也大都把河北作为控制国家的关键区域。

明朝时期京津冀地区是一个整体,明朝将其称为"北直隶",相当于现在的北京、天津、河北大部以及山东一小部分。至清代,"北直隶"改为"直隶省",包括了顺天府、保定府、河间府、正定府、承德府、大名府、广平府、永平府、宣化府、延庆直隶州和保安直隶州。此时以北京为中心,直隶省涵盖了京津冀地区及其附近的多个毗邻地区,肩负着保卫边疆北部和首都稳定的国家重任。

京津冀地区从周朝后期各国占据的分割态势,到秦国统一,为后期奠定了政治基础,明清以来"一体化"到"三分区"的历史变更也为现代奠定了行政分割格局。晚清以后正式形成了以北京为中心的公路铁路网,现代化交通运输设施开始建设,京津冀地区的地理优势和战略地位也得到了进一步巩固。同时这一时期京津冀地区中心地位被削弱,区域发展开始分化,北京更名为北平,为今后成为单一的文化和消费城市奠定了基础;天津制造业发展迅速,其北部经济中心的地位逐渐确立;而"直隶省"大部分都建立在河北,这也促使河北成为一个典型的农业和矿业区。

二、新中国成立后的"京津唐一体化"

新中国成立后,京津冀地区在行政区划、区域定位、发展方向等方面作了多次调整,这对京津冀城市群功能空间的演化产生了重大影响;京津冀区域协同发展同时也是经济文化发展的内在要求。从地域规划角度来看,1950年到1958年,北京的行政区域不断扩大;1958年3月,经国务院批准,河北相继将通县、房山、大兴、顺义、通州等划归北京市管辖,同年10月又将怀柔、延庆、密云、平谷划归北京。北京的市域范围正式形成。北京的城市定位也从政治文化中心变成生产中心。在"五五"期间,北京建立了数千家生产企业,涵盖了钢铁、机械、石化、生物医药、纺织和轻工业等所有行业。天津经济状况相对稳定,作为北部工业中心和商业中心创造了多个第一:第一只手表、第一辆自行车、第一台传真机、第一台彩电、第一辆汽车等。河北与天津之间也曾有过多次的省会变更,直至周恩来总理要求:河北省会定为石家庄,不再变更,天津正式成为直辖市。在此之前,天津曾多次被定为河北省省会。

1978年,为打破行政区划限制、实现区域协同发展的要求,有学者对京津冀经济联合发展进行了理论上的大胆探索,提出了"京津唐一体化"的思路。1981年,国土局与国家建委在对全国国土进行规划的过程中,提出了"京津唐地区规划"；1984 年编写的《全国城镇体系规划纲要》首次以"城市密集区"的概念定义珠三角、长三角、京津唐和辽中南城市群。京津唐地区的空间地域范围涉及两市一省的 9 个城市，包括北京、天津两个直辖市和河北省的唐山、保定、廊坊 3 个地级市，以及秦皇岛、张家口、承德、沧州 4 个县级市。自 1949 年新中国成立至 1978 年改革开放，京津冀三地虽然行政分割、地域分割，但并未影响三地间在工业、商业方面的合作，产业功能的一体化始终是城市群功能演化的核心驱动力。尤其是天津在 1958 年至 1967 年作为河北省省会期间，将一批制造、纺织、钢铁、制药等行业的工厂迁出，为河北工业的发展奠定了良好的基础，但同时也造成了两地产业的同构。北京在 1958 年规划方案中提出扩大市域范围、在郊区发展工业的思路，河北将其多个县域划分给北京，并在这些地区建立了石景山钢铁厂、燕山石化等项目，也在一定程度上造成了北京与天津及河北省的产业趋同。

考虑设立京津唐地区，一方面，基于其优越的自然气候条件，以及其与长江三角洲和珠江三角洲相比更为丰富的矿产资源，煤矿、海盐、石油和建材等储量非常丰富，资源分布也更为集中，历史中也形成了唐山开滦煤矿、冀东铁矿、汉沽盐场等大型的矿区。另一方面，京津唐地区历史上就是我国北方重要的政治、经济、商贸以及军事战略要地。区域内生态系统、农业系统、土地系统相互交错互成一体。但是京津唐地区各城市经济发展不均衡，地区间的物质、能量缺乏相互的交换流通，相互依存度也不高，没有形成内部有序的梯度。天津、北京综合实力在全国居领先地位，而其他城市经济实力相对薄弱，与两大直辖市形成巨大的反差，这一方面反映出北京、天津对周边地区的带动作用不够，另一方面也体现了周边城市对北京、天津的支撑力度不足。由于历史原因，京津唐三大城市人口和工业企业高度集中，许多工厂企业和居民区混杂，造成城市无序扩张，资源能源矛盾越发突出，生态环境用水被挤占、植被退化、湿地减少。京津唐煤炭资源丰富，能源消耗结构也以煤炭为主，不断开工建设的项目造成扬尘污染、三废排放严重，不断发展的汽车产业造成尾气污染，对城市和区域环境产生了较大负面影响。

三、改革开放后提出以北京为核心的"首都圈"

（一）"都市圈"建设的初期

京津唐城市群除了北京、天津、唐山三个特大城市，大城市数量相对较少，中小城市相对缺乏，经济发展使城市土地利用更加紧张，生态环境的污染也成为北京建设为国际化大都市的重要瓶颈。而国际经验表明，世界城市的发展往往有一个支撑其发挥控制职能的高度发达的城市区域。1982年《北京城市建设总体规划方案》首次提出了"首都圈"的概念，京津冀"都市圈"正式上升为国家层面的战略规划。而京津冀正式的区域合作协调机制，始于1986年京津冀三地举办的环渤海地区市长联席会。

"九五"时期北京确定了建设经济中心的目标，此后的十年间，北京的金融商务中心、总部经济、楼宇经济等走上了快速发展的道路，北京的经济和产业功能进一步强化。尤其是亦庄开发区、临空经济区建设以来，北京发展速度远超天津，天津作为北方金融商业中心的地位也被北京取代。京津冀地区在"十五"计划之后发展比较迅速，形成了人口自然增长率和社会就业人数增长率的增长拐点。拐点形成的背后原因主要有两点：一方面，经济的快速增长使人们对京津冀地区的发展形成了向好预期；另一方面，进入21世纪之后，两件大事对北京的经济发展起到了极大的推动作用，一个是2001年7月13日北京申奥成功，另一个是2001年11月11日中国加入世界贸易组织。相对于全国的平均增速，京津冀自"八五"时期就开始进入高速发展轨道。"八五""九五""十五"这三个时期，北京、天津、河北的GDP增速都比全国平均水平要高（见图4.3），这在京津冀的历史上是没有过的。可以说"八五"以后京津冀成为继珠三角、长三角之后又一个名副其实的经济增长区。

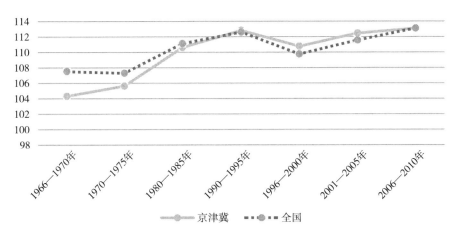

图 4.3　京津冀与全国 GDP 指数

数据来源:根据历年京津冀三地及中国统计年鉴整理所得。

(二)"京津冀都市圈"雏形初显

我国建筑与城乡规划大师、清华大学教授吴良镛从事京津冀北(大北京地区)城乡空间发展规划研究,并著有《京津冀地区城乡空间发展规划研究》(共 3 期),一期报告发布于 2002 年,当时主要称为京津冀北地区,包括北京、天津以及河北省的唐山、保定、廊坊等城市所统辖的京津唐和京津保两个三角形地区,以及周边的承德、秦皇岛、张家口、沧州以及石家庄等城市部分地区。我国首都圈划分的不同方案见表 4.2。

表 4.2　我国首都圈划分的不同方案

划分方案	主要依据	具体范围
"2+5"	北京与周边城市的社会经济联系的历史成因	北京、保定、天津、唐山、秦皇岛、承德、张家口和已经消失的元上都开平府
"2+7"	北京与周边地区的社会经济联系强度	北京、天津、廊坊、保定、沧州、承德、张家口、唐山、秦皇岛
"2+8"	加入石家庄,主要考虑到其作为河北省省会的中心地位,为方便京津冀区域协调	北京、天津、石家庄、廊坊、保定、沧州、承德、张家口、唐山、秦皇岛

续表

划分方案	主要依据	具体范围
"2+11"	考虑省级行政区划的完整性	北京、天津和河北省的 11 个地市(石家庄、保定、廊坊、沧州、唐山、秦皇岛、张家口、承德、邯郸、邢台、衡水)

2004 年,由国家发改委牵头启动了京津冀都市圈区域规划的编制工作,京津冀区域发展再次受到国家层面的重视;同年 2 月,在河北廊坊召开了京津冀区域经济发展战略研讨会;6 月,国家发改委会同商务部与京津冀三地签署了《环渤海区域合作框架协议》,京津冀规划编制随后启动。

2005 年,国家发改委在唐山市召开了京津冀区域规划工作座谈会,会议就做好区域规划的研究和编制工作进行了交流,就京津冀都市圈区域规划的前期工作进行了部署安排。与此同时,天津滨海新区被纳入国家"十一五"规划和国家发展战略,天津再次得到国家的政策、资金、人力和物力的大力支持,滨海新区还成为国家综合配套改革试验区,获得了较好的发展条件,带动了天津地区的经济发展。

2008 年,京津冀三地相关部门牵头举办了首届京津冀发展改革区域工作联席会,是对《京津冀都市圈区域规划》的进一步落实和完善,有助于建立联席会和联络员制度,通过相关信息的交流,研究当前和近期需要解决的问题,督促各省市落实好区域合作的相关工作。

在经济全球化的大背景下,随着中国成功加入 WTO,应对世界政治、经济、文化发展的巨大调整,北京作为世界的人口大国、政治大国、文化大国和经济实力急剧崛起的发展中国家的首都,应该将城市发展定位为世界城市,为参与国际竞争、世界政治文化交往奠定必要的基础。从世界城市发展的规律来看,国际化都市的崛起都有其区域原因,数百年的开发,特别是新中国成立后重工业的发展,使北京水资源缺乏与生态污染问题日趋明显,大城市病问题突出,解决这些问题的关键是产业结构的调整,但依靠自身无法解决,需要考虑更大区域内产业与人口的配置,在消除过度集中的同时也有利于解决环境问题。同时建设首都圈有其优势条件,首先,受历史文化、政治基础、经济和地缘等因素的影响,北京、天津和冀北自古便有着紧密的联系,各方面资源相互依托;其次,区域内丰富的自然资源、智力资源为把北京建设成为世界城市提供了有力保障;再次,天津在现代制造业、河北在重化工和原材料工业领域有较强的竞争力,为区域发展提供了良好的产业基础;最后,区域具有发达的对内对外交通网络,为区域协调发展提供了良好的交通条件。

但是,"首都圈"的建立在一定程度上加剧了北京与周边区域产业结构雷同,甚至出现北京与周边地区相互争投资、争资源、争项目的现象,这种发展思路也扭曲了北京的城市职能,加剧了首都资源供给紧张和环境负荷加重的局面,削弱了地区参与国际市场分工的竞争优势,北京建设世界城市的区域基础仍然薄弱。

四、中央政策推动下"京津冀城市群"迅速发展

京津冀城市群的概念由首都经济圈发展而来。"十二五"规划提出"打造首都经济圈",首都经济圈是我国重要的规划项目之一,包括北京市、天津市和河北省的廊坊、保定、石家庄、张家口等 11 个地级市以及定州、辛集两个直管市。该规划自 2011 年正式启动编制工作,在 2012 年的区域规划审批中,首都经济圈的发展更是居于首位。

2014 年 1 月,北京市的政府工作报告明确提出积极配合实施首都经济圈发展计划,积极融入京津冀发展需要;同年 4 月,河北省发布了《中共河北省委、河北省人民政府关于推进新型城镇化的意见》,明确表示河北省将积极参与京津冀协同发展战略的实施,充分发挥保定、廊坊服务首都核心功能的作用;8 月,国务院成立京津冀协同发展领导小组,张高丽担任组长,天津市委书记及市长率领天津代表团到北京考察并签署了五份两市合作协议以及一份备忘录,其中交通一体化成为京津冀协同发展的优先领域,三地政府、铁路总公

司在北京签署协议,成立京津冀城际铁路投资有限公司,为区域协同发展提供便利条件。

2015 年 4 月,中共中央政治局召开会议审议通过了《京津冀协同发展规划纲要》。7 月,三地商务部门在天津签署了《关于进一步推进落实京津冀市场一体化行动方案》,方案提出区域协同重点是推进北京非首都功能疏解,加强电子商务等方面的合作。2016 年,中共中央政治局召开会议审议《关于规划建设北京城市副中心和研究设立河北雄安新区的有关情况的汇报》。2017 年 4 月 1 日,中共中央、国务院印发通知成立雄安新区,其定位为北京非首都功能疏解的集中承载地。

京津冀协同发展战略更加重视地区产业分工,从比较优势来看,河北属于资源型地区,天津属于加工型地区,北京属于知识型地区。随着北京行政副中心在通州设立、雄安新区的建设,京津冀已初步形成了“一体两翼”的发展格局。在《京津冀协同发展规划纲要》《中关村国家自主创新示范区发展建设规划(2016—2020 年)》《北京城市副中心控制性详细规划(草案)》《北京城市总体规划(2016 年—2035 年)》以及《河北雄安新区规划纲要》等一系列重要规划的指导下,在中共中央、国务院以及三地政府共同协作和指导下,北京城市副中心“行政办公、商务服务、文化旅游、科技创新”的四大功能进一步明确,积极搭建科技创新平台、推动高端资源要素布局,构建高精尖产业结构,成为现代经济体系的重要支点。三地相关企业、高等学校以及科研机构广泛开展合作,积极谋划推动协同创新发展,阿里巴巴、腾讯、百度等高新科技企业纷纷在雄安新区设立分支机构、北京市各高等院校也积极表态支持雄安新区建设。雄安新区正以坚毅步伐推动产学研深度融合,建设创新发展引领区和综合改革试验区,积极打造体制机制新高地,打造京津冀协同创新的重要平台。

五、国际视野下积极打造“京津冀世界级城市群”

城市群的概念由法国地理学家戈特曼提出,意思是巨大的多中心城市地区,通过城市群内各城市间的分工合作,优势互补,充分激发区域活力。2014年 3 月,中共中央发布的《国家新型城镇化规划(2014—2020 年)》提出了京津冀城市群的概念,并以世界级城市群为目标建设成为支撑国民经济的重要增长极。2016 年,"十三五"规划提出优先建设的五个特大城市群包括京津冀城市群、长三角城市群、珠三角城市群、成渝城市群以及长江中游城市群。2017年 9 月发布的《北京城市总体规划(2016 年—2035 年)》再次明确:发挥北京的辐射作用,减小河北与京津之间建设差距,促进京津冀协调发展,促进中国北方的进一步开放和更好地参与全球竞争。

2019 年正值京津冀协同发展五周年,五年来,一张图规划、一盘棋建设、一体发展成为时代最强音;五年来,从顶层设计到全面落实,京津冀协同发展的棋局越下越大;五年来,京津冀交通一体化、非首都功能疏解、京津冀民生共享、京津冀生态共建取得显著成效。2019 年 1 月 18 日,习近平总书记在主持召开京津冀协同发展座谈会中,充分肯定了京津冀协同发展战略实施以来的显著成效,对今后发展也发出了"快马再加鞭"的动员令。

京津冀协同发展是重大国家战略,京津冀的总体定位是"以首都为核心的世界一流城市群,区域整体协调发展和改革主导区,国家创新驱动型经济增长新引擎,生态恢复环境改善示范区"。该战略的核心是有序地疏解北京的非首都功能,调整经济结构和空间结构,走上集约化发展的新道路,探索人口密集区的最优发展模式,并形成一个集聚区和新的增长极。与六大世界级城市群相比,京津冀城市群作为首都所在地的都市圈,有其自身特点。前者主要由海洋运输、工业发展的市场力量形成;京津冀城市群主要围绕国家行政中心,瞄准世界级城市群标准,面向未来打造世界一流的国家首都圈,并跻身世界级城市群行列,成为引领经济发展的重要支撑。面对京津冀地区目前存在的发展不平衡、不充分的现状,2017 年提出的高品质、高标准建设雄安新区,将成为推动京津冀协同发展的新引擎,建设成为由投资驱动转向创新驱动、由制造业主导向未来城区发展转变、着力发展高端技术行业、打造一批高水平的创新创业载体、绿色生态宜居的城市区。京津冀协同发展的重点是加快科技资源、创新要素以及高端产业形成产业集聚,利用京津冀地区科技创新资源集聚地优势,着眼于京津雄城市空间布局和创新分工,为京津冀城市群建设发展提供充足的新动能。

通过对京津冀城市群功能空间演化的历史梳理得出以下三个基本结论。

首先,京津冀城市群功能空间演化大体经历了四个阶段:一是新中国成立初期受历史因素的影响,考虑设立京津唐地区,但这个阶段处于低水平发展,产业结构缺乏统一规划,各地结合地域优势自行发展,技术水平普遍较低。二是以首都为核心的非协调发展阶段,随着经济的发展北京土地利用更加紧张,生态环境的污染也成为北京建设国际化大都市的重要瓶颈,这一时期周边地区尤其是河北省为首都尽可能输送土地、人力、技术等生产要素,一方面导致区域内产业雷同,另一方面也带来区域内非均衡发展,甚至出现北京与周边地区相互争投资、争资源的现象。三是转型协调发展阶段,决策层意识到地区间发展落差大、发展不平衡,周边地区对其支撑力远远不足,鉴于此,2014年《京津冀协同发展规划纲要》公布实施,区域内战略导向也由"效率"逐渐转为"兼顾效率与公平",在中央政策推动和三地政府共同努力下,力争通过改善区域间关系挖掘经济发展潜能的有效路径。四是高水平协调发展阶段,我国在由世界大国到世界强国的跨越过程中,以首都北京为核心的京津冀地区在新时代背景下将以追求质量与效益发展为主线,以追求经济、生态、社会和谐发展为目标。城市群的发展是不断实现区域一体化的过程,同时,区域高度一体化又会促进城市群竞争力的提升,是迈进世界级城市群的重要支撑。

其次,城市群功能空间相对平衡的关键是北京。京津冀城市群是我国三大城市群之一,也是区域协同发展到一定阶段的产物,首都北京是这一城市群的核心。从历史沿革下"京津唐一体化"到历次"都市圈"的调整,再到《京津冀协同发展规划纲要》中将建设以首都为核心的世界级城市群作为京津冀功能定位中的首位,无不凸显出京津冀城市群历史演化相对平衡的关键是北京。

从世界范围看,东京、巴黎、纽约、伦敦等世界主要首都的发展趋势,无一不专注于参加国际交流,参与世界经济活动,注重与世界组织的协调职能,并汇集该地区的整体实力以增强其在国际分工中的有利地位,提高国际竞争力。北京要建设为世界一流中心城市,既要遵循超大城市的发展规律,也要符合自身特征。因此,北京应该立足更大的空间范围,整合京津冀的区域力量,共同推动北京建设世界城市的进程。

最后,规制性制度因素是京津冀城市群与长三角、珠三角城市群区别的重要变量。京津冀地区由于其政治上的特殊性,在制度层面的改革也同样相对滞后,受中央政策的约束性较强。京津冀地区经济发展中政府干预相对较多,在这样的成长条件下,区域成长的惯性和政府行为预期造成了发展路径依赖。同时区别于长三角地区以轻工业为基础的集群产业特征,京津冀自新中国成立以来便以坚实的重工业为基础,依托大型企业、重点发展化工。由于重工业企业对土地高度依赖,要求发展中经济空间的大板块以及土地的连续、完整,这便为园区型外拓奠定了基础。地方政府基于大中型企业选择大面积土地为本地打开空间增长,通过开发区创建区域增长极,为区域增加税收收入。但其内部工业基础并不稳定,高度敏感的新投资和区域产业之间存在竞争;另外,区域产业结构一旦形成,其内部变化难以在短时间内发生,区域经济的空间波动性小。例如,一旦滨海新区和曹妃甸形成产业集群,类似的大型区域板块将产生巨大的经济潜力,甚至对全球产业转型产生影响。

第五章　京津冀城市群功能空间分布的现状及特征

　　随着京津冀协同发展的深入推进和雄安新区大规模建设的开展,京津冀城市群功能空间格局初步形成,尤其是产业、交通和生态先行,为治理京津冀城市群功能空间分布的不平衡提供了强有力的政策保障。但是,当前功能空间优化的整体规划不完整、中心城市的带动和辐射作用不强、特色中小城镇发展后劲不足等一些问题,成为京津冀城市群功能空间相对平衡的桎梏。科学规划京津冀城市群功能空间分布,系统布局京津冀城市群的功能空间,对于优化国土开发空间格局,确保实现生产空间集约高效、生活空间宜居舒适、生态空间山清水秀,打造京津冀世界级城市群都具有非常重要的战略意义。

　　《京津冀协同发展规划纲要》对京津冀城市群和群内北京、天津、河北的功能定位给予了明确规定,京津冀城市群的核心功能之一就是成为"以北京为核心的世界级城市群",北京成为世界级宜居都市,全国的政治、文化、国际交往与科技创新中心;天津成为金融创新示范区、北方国际航运中心区、改革开放先行区、全国先进科技研发基地;河北的功能定位是发展成为京津冀地区生态环境的支撑区、全国现代商贸物流重要基地、产业转移升级试验区、城镇化和城乡统筹发展示范区。上述功能定位,是统领京津冀城市群和京、津、冀三地发展的基本遵循和根本方向,产业调整、生态保护、人口优化、空间布局调整等各项工作都要服从于、服务于这一功能定位。近年来,随着京津冀协同发展的推进,京津冀城市群产业功能空间分布更加清晰,产业合作加强,京津冀交通一体化发展迅速,生态协同治理成效显著,城镇化发展水平不均衡现象得到改善,这些都为京津冀城市群实现上述功能定位提供了保障。本章围绕京津冀城市群的产业功能空间分布现实状况和特征进行分析和阐述,同时对京津冀交通一体化、生态协同治理、提升城镇化发展水平等方面的深度合作及存在的问题进行细致分析,为接下来的模型构建和数据实证提供参考。

第一节　产业功能空间分布的现状及特征

2016 年,工信部与河北省、北京市、天津市政府联合出台了《京津冀产业转移指南》,引导三地产业协调发展,明确了京津冀地区各个部分的产业分布与发展目标,主要思想如下。

一方面,将北京打造为科技创新中心。北京作为国家首都,具有雄厚的科学技术基础与高素质人才资源,依靠其优势大力发展成为具有世界影响力的技术创新及新兴产业策源地,为京津冀地区提供产业科学技术支持。确定以中关村为主体,重点发展高端科学技术产业,注重突破精尖技术领域,加快促进生产性服务业的发展。另一方面,建设五区五带五链。一是以"五区"为突破建设重要引擎。重要引擎主要是指中关村、滨海新区、曹妃甸、张承地区以及沧州沿海地区,目的就是要在原有的基础上实现突破,给予更多政策上的引导与支持,进而带动京津冀其他地区的产业升级。二是以"五带"为支撑优化区域布局。"五带"的大致地理方向指的是京津走廊、沿海临港、沿京广线、沿京九线和张承线,目的就是要发挥这五带的作用,构筑全面的产业布局,将京津冀地区整体发展大局支撑起来。五带的产业发展方向与优势各有差异,各带的产业发展方向如下:(1)沿张承地区的绿色产业带,大致包括张家口、承德、北京及天津的山区,主要依托张承地区生态环境的基础优势,重点发展绿色产业,建设绿色生态农业及农副产品加工业、生物医药产业基地;(2)沿京九线的轻纺产业带,主要包括沧州西部、衡水、邢台东部、邯郸东部等地区,重点就是发挥本地区的交通、农业及劳动力等优势,重点发展轻纺织工业以及农副产品加工业;(3)沿京广线的先进制造业产业带,主要以保定、石家庄、邢台及邯郸为发展节点,对传统产业进行转型升级,引领带动新兴产业的发展,重点推动新能源、新材料、生物医药等产业的发展,提高科学技术水平;(4)沿海的临港产业带,主要是利用天津、唐山、秦皇岛以及沧州地区的沿海地带的港口优势,在原有制造业的基础上,以发展先进制造业、生产性服务业为重要方向,逐渐形成与生态保护相协调的滨海型产业带;(5)京津走廊产业带主要发展高新技术及生产性服务业等高端技术产业,主要是北京、廊坊、天津沿线,运用北京的资本、技术、人才优势,主要从事科技研发与攻克技术难关,天津、廊坊地区要发挥其强大的制造能力,将科技成果产业化。三是以"五链"为特色形成区域优势。利用京津冀地区原有的产业基础,继续发挥各地区的优势条件,促进大数据、现代农业、智能终端、新能源设备与汽车五大产业链协同发展。

目前来看,在国家规划的基础上,京津冀城市群产业功能空间分布定位日渐明晰,但也存在较多因素制约产业功能空间分布的优化。

一、京津冀城市群产业功能空间分布定位日益明晰

目前,京津冀城市群产业协同发展成效显著,产业转移升级加快,部分疏解了北京非首都功能,产业结构不断优化,产业发展趋势符合各自功能定位,产业功能空间分布定位与产业分工日益明晰,城市群各城市之间产业融合水平逐步提高,区域分工格局初步形成。

(一)北京"科技创新+"的产业价值链形态日益完善

北京是全国政治、科技和文化中心,同时也承担着国家经济管理、国内及

国际交往中心的职能,未来北京城市发展的定位是国家首都、文化名城、世界城市和宜居城市。目前,北京第三产业主导地位十分突出,非首都功能疏解有序推进,高端化趋势明显,作为科技创新中心和文化中心的地位愈加稳固。

1. 第三产业主导地位稳固

国家统计局数据显示,2018 年北京市地区生产总值比 2017 年增长 6.6%,其中第一产业、第二产业、第三产业的增加值分别为 118.7 亿元、5647.6 亿元、24553.6 亿元。第一产业增加值占地区产业增加值的比重约为 0.4%,第二产业增加值占地区产业增加值的比重约为 18.6%,第三产业增加值占地区产业增加值的比重约为 81%,对经济贡献已经接近九成(见图 5.1)。①

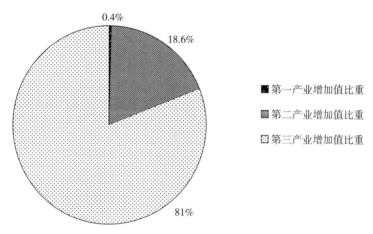

图 5.1 2018 年北京市第一产业、第二产业、第三产业增加值比重

数据来源:《北京市 2018 年国民经济和社会发展统计公报》。

由图 5.1 可知,北京的第三产业增加值占比已经高达 81%,第三产业成为支柱性产业,这与北京作为全国的政治中心、金融中心、信息中心、创新中心的地位是分不开的,同时加快了资本流、信息流、人才流、技术流等高端战略资源

---

① 数据来源:《北京市 2018 年国民经济和社会发展统计公报》。

向北京的进一步集聚。2018 年末,北京第二、三产业法人单位分别为 6.1 万家和 92.8 万家,其中第三产业法人单位占北京全部产业法人单位的比例高达 93.9%,比全国平均水平高 15.1%,比京津冀区域平均水平高 11.8%,较 2013 年提升 2.1%。

2. 非首都功能疏解中产业转移加速

京津冀协同发展五年来,不符合首都功能的一般制造业和高端制造业的生产环节,不符合首都资源环境的农业、种植业和养殖业,服务业中的区域性批发市场和物流基地、低端生活服务业等,也包含一些高校、一些行政单位的办事机构等得到有效疏解。五年来,疏解一般制造业企业累计达到 2648 家,累计疏解提升市场 581 家、物流中心 106 个。"动物园批发市场""大红门批发市场"搬迁或者关停。截至 2018 年底,不予办理新设立或变更登记业务累计达 2.16 万件,批发零售等限制类行业新设市场主体数量下降明显。2019 年 1—6 月,北京共退出一般制造业企业 297 家,疏解提升市场 37 个、物流中心 16 个。同时,农发行、工商银行、农业银行、光大银行等已将下属的电子银行、数据中心、呼叫中心等劳动密集型机构布局在京外。邮储银行已将数据中心、客服中心等部分职能及人员从北京迁至合肥、成都等地。产业的有效转移和产业布局的优化调整,使北京的人口规模调控成效明显,2017 年、2018 年连续两年实现负增长。

3. 高端化趋势明显,作为科技创新中心和文化中心的地位愈加稳固

北京高端产业引领特征明显,高技术服务业和文化产业集聚程度日益增强。北京市的科技服务业、信息服务业和金融业等高端服务业迅速发展,对全市经济贡献率达到 50.6%。2018 年末,北京科学研究和技术服务业法人单位占北京第二、三产业法人单位注册总量的 15.6%,信息传输软件和信息技术服务业法人单位占北京第二、三产业法人单位注册总量的 7.8%,文化体育和娱乐业法人单位占北京第二、三产业法人单位注册总量的 5.5%,较 2013 年底提升 4.3%、0.2% 和 1.2%。而北京市的传统产业地位逐年下降,2018 年北京市批发和零售业仅占北京第二、三产业法人单位注册总量的 27.7%,租赁和商务服务业法人单位占北京第二、三产业法人单位注册总量的 18.7%,较2013 年底降低 2.7%、2.8%。①

总之,北京拥有首都、科技、市场、文化与信息优势,产业功能空间分布定位,主要依托以上优势重点发展科技开发、金融保险、信息服务、区域性商贸物流、文化、旅游等现代服务业,光机电一体化、电子信息、汽车整车、生物工程与新医药、都市、环保等现代制造业和高新技术产业。

(二)天津产业结构优化持续推进,质量效益稳步提升

天津是我国近代工业的发祥地,同时拥有北方最大的贸易港口,区位优势明显。目前天津的经济总量虽然较北京仍有差距,但其后发优势较为明显,近几年的经济增长速度已经略超北京。在北京国家首都、文化名城、世界城市、宜居城市定位的基础上,天津需要突出自身的港口和工业体系健全的优势,争取成为现代化国际港口大都市、先进的综合性工业基地和中国北方的金融商贸中心,与韩国的仁川、日本的北九州、中国的上海相呼应,成为环渤海乃至东北亚地区重要的港口城市和工业城市。天津是我国重要的海洋化工和石油化工基地之一,产业发展优势明显,目前已经基本形成沿海化工产业带。

1. 天津市的生产性服务业和高技术服务业快速发展,产业结构更加优化

近年来,天津服务业快速提升,尤其是生产性服务业发展迅速,国家统计局数据显示,2018 年天津市的第一产业、第二产业、第三产业的增加值分别为172.7 亿、7609.8 亿元、11027.1 亿元。第一产业、第二产业、第三产业增加值分别占地区产业增加值的比重约为 1%、40%、59%。如图 5.2 所示,2018年,天津市的第三产业增幅较大,截止到 2018 年 12 月,天津市注册第三产业法人单位总量达到 23.3 万家,占天津第二产业和第三产业注册的法人单位总

① 数据来源:《北京市 2018 年国民经济和社会发展统计公报》。

数的80.0%,与2013年12月相比提高5.4%,提升的幅度比京冀地区分别高3.3%、6.4%。①

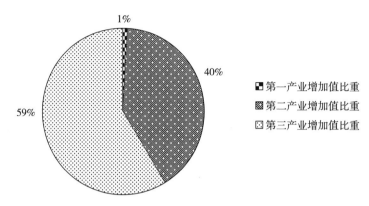

图 5.2 2018 年天津市第一产业、第二产业、第三产业增加值比重

数据来源:《天津市 2018 年国民经济和社会发展统计公报》。

随着产业结构升级转型,天津的高技术服务业发展快速,其中 2018 年科学研究和技术服务业法人单位占天津第二产业与第三产业法人单位的 8.9%,而信息传输软件和信息技术服务业法人单位等占天津第二产业与第三产业法人单位的 6.1%,增幅与 2013 年 12 月份相比分别提升 2.1%、2.4%。②

2. 天津市作为北方国际航运核心区、金融创新运营示范区的核心功能日益明显

近年来,天津金融和交通运输行业比较优势明显,其中水上运输业、货币金融服务业、多式联运和运输代理业等行业区位熵高于 3.0,集聚程度较高。相对于北京,天津区位优势明显,加之天津具有较为雄厚的经济基础,并且具有较强的金融和科技实力,是京津冀城市群中仅弱于北京的第二中心。未来天津要努力发展全球性物流、金融、房地产业、商贸流通业等现代服务业,以及机械装备、电子信息、化学、汽车、新能源与新材料、都市型工业等现代制造业

---

① 数据来源:《天津市 2018 年国民经济和社会发展统计公报》。

② 数据来源:《天津市 2018 年国民经济和社会发展统计公报》。

和高新技术产业。

（三）河北省产业结构实现新突破，服务业占比首超第二产业跃升第一

2017 年 3 月 7 日，河北省住建厅发布了《河北省城镇体系规划（2016—2030 年）》，明确了河北 13 市城市职能定位，显示出了河北省各市的产业功能空间分布定位。2018 年，河北省以供给侧结构性改革为主线，按照高质量发展要求，扎实有效推进产业转型升级，产业结构更加合理。

1. 河北省各市的产业功能空间定位初步形成

根据《京津冀协同发展规划纲要》，河北省先后研究制定了《河北省城镇体系规划（2016—2030 年）》《中共河北省委关于制定河北省"十三五"规划的建议》《雄安新区发展规划纲要》等，对河北省 11 个地级市和定州市、辛集市进行了产业功能定位和职能划分，河北省各地市的定位和产业功能空间定位也初步形成。其中，《中共河北省委关于制定河北省"十三五"规划的建议》把石家庄、雄安新区、唐山、保定、廊坊和邯郸定位为区域中心城市，其他城市也根据产业特点和特色产业的分布与区域位置进行了产业定位的划分。比如，石家庄在产业方面的定位是要发展壮大服务经济，唐山在产业方面的定位是建成环渤海地区的新型工业化基地，保定的产业定位是建成创新驱动发展示范区，而雄安新区定位则是北京非首都功能集中承载地、京津冀城市群重要一极、高质量高水平社会主义现代化城市。

2. 河北省第二产业优势明显，第三产业发展势头迅猛

总体来说，河北省第二产业和第三产业呈现出比较均衡的局面，相较于京津，河北省第二产业有一定优势，先进制造业和高技术产业迅猛发展，产业向中高端迈进，产业转移升级试验区功能突显。

2018 年，河北省第一产业、第二产业、第三产业的增加值分别为 3338 亿元、16040.1 亿元、16632.2 亿元，分别占地区产业增加值的比重约为 9%、

45%、46%。相较于 2000 年河北省的三大产业占地区生产总值的比重,2018 年河北省第二产业与第三产业已经呈现出比较均衡的局面,且第三产业历史上首次超过第二产业并高出一个百分点(见图 5.3)。①

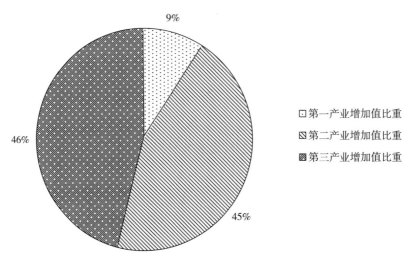

图 5.3 2018 年河北省第一产业、第二产业、第三产业增加值比重

数据来源:《河北省 2018 年国民经济和社会发展统计公报》。

河北省第二产业与北京、天津的产业结构横向比较优势明显。2018 年底,第二产业法人单位达到 31.6 万家,占第二产业和第三产业法人单位总数的 27.4%,比京津冀地区平均水平高 9.5 个百分点,比全国平均水平高 6.2 个百分点,比 2013 年底高 1.0 个百分点。其中,2018 年全省装备制造业增加值比上年增长 8.3%,对全省规模以上工业增长的贡献率为 34.6%,居七大主要行业之首。高新技术产业增加值占规模以上工业增加值的比重为 19.5%,比 2014 年提高 6.4 个百分点。②

3. 河北省传统制造业发展放缓,高技术制造业快速发力

河北省高技术制造业注册法人单位,截至 2018 年末,达到 0.7 万家,占京

---

① 数据来源:《河北省 2018 年国民经济和社会发展统计公报》。
② 数据来源:《河北省 2018 年国民经济和社会发展统计公报》。

津冀该生产领域法人单位总量的 52.7%。而在化学制品制造业、化学原料等领域的法人单位数量占京津冀区域的 65.0%,电气机械和器材制造业法人单位数量占京津冀区域的 64.1%,医药制造业行业中的高技术制造业法人单位数量在京津冀地区的占比为 58.8%。在集聚程度相对较高的采矿业和传统制造业方面,从 2018 年底来看,该行业的集聚态势有所减缓,集聚程度排名前十的行业的区位熵比 2013 年底显著下降。其中黑色金属矿采选业下降 0.8 个百分点,非金属矿采选业下降 0.7 个百分点,有色金属矿采选业下降 0.8 个百分点。与此同时,2018 年压减钢铁、煤炭产能分别为 602 万吨和 474 万吨。①

总体来说,河北省产业结构调整步伐加快,作为京津冀产业转移升级试验区的功能定位已经日渐突显。

二、制约京津冀城市群实现各产业功能定位的因素

尽管京津冀协同发展五年多来,在产业功能定位和产业协同发展方面取得一定成绩,但是仍然存在产业同构、产业"层级差"等问题,延缓了京津冀城市群产业功能定位的优化。

(一)京津冀产业协同发展的深层次合作有待深入

京津冀城市群产业功能定位日渐清晰,京津冀城市群 13 个城市中,北京、天津的经济增长量明显要高于其他城市,但辐射带动作用不明显,大部分城市发展动力不足、城市间经济联系不紧密、产业分布不合理,各城市的产业深层次合作有待推进。从产业分布上来看,北京是全国的科技创新中心,天津重点发展高端制造业,天津和北京共同将生物工程与医药、电子信息、机械、化工等产业作为重点发展产业,而河北则是以重工业和农业为主,第三产业与高新技

---

① 数据来源:《河北省 2018 年国民经济和社会发展统计公报》。

术产业发展落后。由于空间产业梯度差过大、产业关联度低,河北无法有效承接北京、天津转移的技术产业,京津冀区域内一直无法形成有效的、高水平的分工协作,地区间发展差距日益加大。

(二)京津冀城市群产业结构具有明显的同构性

京津冀协同发展五年多来,京津冀城市群的竞争力有了很大的提升,其企业的影响力和国际化程度不断提高,但是京津冀城市群之间产业的定位和分工的合作格局还没有完全形成。京津冀地区各省市都有自己的钢铁、化工、建材、汽车等传统产业,如表 5.1 所示,2018 年京津冀三方电子信息、生物制药、新能源、新材料等高新技术产业方面发展迅速,产业同构现象比较严重。京津冀城市群结构趋同和结构瓶颈成为当前京津冀城市群实现各自产业功能定位发展的第一制约因素。

表 5.1 2018 年京津冀三地优势支柱产业目录及趋同产业分布

	优势产业
北京(6 个)	电力、热力生产和供应业、汽车制造业、医药制造业、金融业、信息传输、软件和信息技术服务业以及科学研究与技术服务业
天津(8 个)	航空航天、石油化工、装备制造、电子信息、生物医药、新能源、新材料、国防科技和轻工纺织
河北(9 个)	新能源、汽车、装备制造业、电子信息、新材料、纺织、冶金、石油、医药

数据来源:京津冀三地 2018 年国民经济和社会发展统计公报。

(三)京津冀区域间产业结构"层级差"依然存在

尽管京津冀协同发展以来,产业协同发展效果明显、区域产业布局更加合理,但是京津冀区域产业结构的"层级差"依然存在。2018 年底,京津冀区域的产业结构不断优化升级,第一产业、第二产业、第三产业构成占比为 4.3%、34.4%、61.3%。尤其是第三产业占比较 2017 年提高 1.2%。2018 年,河北省

第三产业在整个产业中的占比首次超过第二产业,服务业成为河北省的第一
大产业,这标志着京津冀区域的经济发展已进入由服务业主导的新阶段。但
是,通过图5.1、图5.2、图5.3也可以看出,京津冀三地尚存在明显的产业结
构发展层级,2018年北京第三产业占比高达81%、天津第三产业占比59%,虽
然河北省第三产业占比首次超过第二产业达到46%,但北京、天津和河北省
的服务业发展仍存在不平衡的问题。在三次产业结构上,河北与北京、天津相
比还存在"层级差",河北第三产业的质量和规模与京津相比有较大的差距,
必须加快促进服务业的提质增速,逐渐降低产业结构的"层级差",以便更好
地促进京津冀区域的产业协同发展。①

第二节　交通功能空间分布的现状及特征

　　打造世界级的京津冀城市群必须科学合理地规划交通功能空间分布,促
进京津冀城市群的交通一体化。交通一体化是京津冀协同发展的重要内容,
在非首都功能疏解、产业转移过程中扮演着关键角色,将有助于首都"大城市
病"的治理,也有助于人口布局更加合理,促进京津冀协同发展。同时,合理
地规划京津冀城市群交通功能,使之在空间分布上与产业功能、生态功能和城
镇功能有效衔接,才能充分发挥交通功能对其他城市群功能的支撑作用。

一、京津冀城市群交通规划和目标

　　《京津冀协同发展规划纲要》对京津冀城市群交通功能空间分布进行了
规划:按照网络化布局、智能化管理和一体化服务的要求,构建以轨道交通为
骨干的多节点、网格状、全覆盖的交通网络,建立统一开放的区域运输市场格
局。基于此,京津冀城市群交通功能空间分布更多地体现为京津冀交通一体

---

　　①　数据来源:《河北省2018年国民经济和社会发展统计公报》。

化,为实现京津冀城市群各城市功能提供基本保障。

2015 年 12 月 8 日,国家发改委和交通运输部联合发布的《京津冀协同发展交通一体化规划》(简称《规划》)进一步确定了京津冀城市群交通功能空间布局的目标:扎实推进京津冀地区交通的网络化布局、智能化管理和一体化服务,到 2020 年基本形成多节点、网格状的区域交通网络。构建"四纵四横一环"主骨架:京津冀地区以现有通道格局为基础,着眼于打造区域城镇发展主轴,促进城市间互联互通,推进"单中心放射状"通道格局向"四纵四横一环"网络化格局转变。"四纵"即沿海通道、京沪通道、京九通道、京承—京广通道,"四横"即秦承张通道、京秦—京张通道、津保通道和石沧通道,"一环"即首都地区环线通道。到 2020 年,京津冀区域多节点、网格状的区域交通网络基本形成,城际铁路主骨架基本建成,公路网络完善通畅,港口群机场群整体服务、交通智能化、运营管理力争达到国际先进水平,基本建成安全可靠、便捷高效、经济适用、绿色环保的综合交通运输体系,形成京津石中心城区与新城、卫星城之间的"1 小时通勤圈",京津保唐"1 小时交通圈",相邻城市间基本实现 1.5 小时通达。到 2030 年形成"安全、便捷、高效、绿色、经济"的一体化综合交通运输体系。《规划》还提出京津冀地区以"四纵四横一环"综合运输大通道为主骨架,重点完成八项任务打造交通一体化,实现京津冀城市群交通功能空间分布的合理布局。

二、交通功能管控的组织管理体系基本形成

经过五年的发展,京津冀城市群交通一体化初步形成,交通一体化的组织管理体系基本形成,逐渐实现了交通一体化执法协作,京津冀城市群交通功能空间分布的组织和管理不断加强。

推动京津冀交通一体化的管理体制机制基本形成。2014 年以来,根据中央有关京津冀协同发展的要求,为加快推进京津冀交通一体化,为区域协同发展提供支撑,国家部委,北京市、天津市、河北省等省市政府以及各省市的交通

运输管理部门在三个层面形成了京津冀交通一体化的管理体系和机制。一是交通运输部成立了推进京津冀交通一体化领导小组及其办公室,统筹推进京津冀交通一体化;二是北京市、天津市、河北省三省市的政府成立了京津冀交通一体化协作领导小组;三是北京市、天津市和河北省三省市的交通运输部门建立起京津冀交通一体化联席会议机制。

京津冀交通一体化领导小组及其办公室的建立为京津冀交通一体化的发展奠定了坚实的组织和领导基础。领导小组办公室日常工作由交通运输部综合规划司承担,主要职责有:研究京津冀区域经济社会发展对交通运输业的需求,深化交通一体化发展的战略、规划、政策及措施,推进京津冀区域综合交通运输体系建设,促进区域内各种运输方式融合发展;统筹京津冀区域内各种运输方式基础设施建设,优化主要通道和重要枢纽节点布局,指导综合交通运输枢纽建设和管理,提升综合交通运输整体效能;推进京津冀交通运输改革、政策衔接、创新发展和经验推广;研究推进京津冀区域综合交通运输服务一体化,强化各种运输方式的高效衔接,加快交通运输信息化建设,促进现代物流发展,全面提升交通运输服务能力和水平;协调解决京津冀区域交通一体化发展进程中的重大问题。

同时,主要职责还有:组织落实领导小组的议定事项;研究提出推进京津冀区域交通一体化发展进程中的重大问题并提交领导小组;监督、检查交通运输规划实施进展情况;推进京津冀区域交通一体化建设中的有关问题;筹备领导小组会议,组织召开办公室工作会议;负责领导小组交办的其他工作。并成立了综合规划组、政策协调组、建设推进组三个专题小组,分别负责研究拟订推进京津冀交通一体化综合规划,拟订推进京津冀交通一体化有关政策,推进实施京津冀交通一体化建设工作及统筹协调区域内各种运输方式基础设施建设等。

随着管理体制的健全,京津冀交通一体化执法协作逐渐实现。为保障和促进京津冀交通一体化发展,促进京津冀城市群交通功能空间分布更加合理,京津冀交通一体化法制与执法协作先后召开了四次联席会议，共同审议了《京津冀区域内河船员管理协同发展框架协议》《京津冀信用治超协作工作办法》《京津冀跨境高速公路工程质量安全联合督查办法》等制度，为京津冀交通一体化执法协作奠定了制度基础。

三、交通功能空间分布的非均衡治理成效初显

京津冀协同发展五年多来，京津冀城市群交通功能空间分布更加合理，京津冀交通一体化发展成效初显：北京市轨道交通运营线路增加到 22 条，运营里程增加到 636.8 公里；京张、京雄等铁路加快建设，石济客专、津保铁路等相继建成通车，"轨道上的京津冀"正加速形成（见表5.2、表5.3）。首都地区环线高速正式成"环"，区域港口资源整合与综合利用加快推进，一批"断头路""瓶颈路"打通扩容。

表 5.2　京津冀各主要城市之间距离统计表　　（单位：公里）

	北京	天津	保定	唐山	石家庄	邯郸	邢台	衡水	沧州	秦皇岛	廊坊	张家口	承德
北京	0	137.2	173.8	179.7	317.6	474.5	452.7	270.8	214.9	291.4	57.6	203.1	229.5
天津	137.2	0	199.7	127.6	343.5	456.4	434.6	252.7	113.4	276.9	91.1	333.5	304.5
保定	173.8	199.7	0	312.1	171.5	360.5	297.5	156.8	155.9	453.7	163.7	300.1	410
唐山	179.7	127.6	312.1	0	454.5	585.7	563.9	382	231.6	150.4	168.2	383.1	191.7
石家庄	317.6	343.5	171.5	454.5	0	172.4	124.7	144.6	231.1	598.8	308.8	445.2	555
邯郸	474.5	456.4	360.5	585.7	172.4	0	65	206	351.4	729.9	453.8	620.3	699.8
邢台	452.7	434.6	297.5	563.9	124.7	65	0	184.7	330	708.6	432.4	572	678.4
衡水	270.8	252.7	156.8	382	144.6	206	184.7	0	147.1	525.7	249.6	463.3	495.5
沧州	214.9	113.4	155.9	231.6	231.1	351.4	330	147.1	0	402.2	161	421.7	429.8
秦皇岛	291.4	276.9	453.7	150.4	598.8	729.9	708.6	525.7	402.2	0	308.9	495.2	222
廊坊	57.6	91.1	163.7	168.2	308.8	453.8	432.4	249.6	161	308.9	0	259.3	277.9
张家口	203.1	333.5	300.1	383.1	445.2	620.3	572	463.3	421.7	495.2	259.3	0	393.4
承德	229.5	304.5	410	191.7	555	699.8	678.4	495.5	429.8	222	277.9	393.4	0

数据来源：百度地图。

表5.3　京津冀城市群之间驾车出行需要时间统计表　（单位：小时）

	北京	天津	保定	唐山	石家庄	邯郸	邢台	衡水	沧州	秦皇岛	廊坊	张家口	承德
北京	0.00	2.22	2.85	2.73	4.70	6.97	6.93	5.33	3.50	4.38	1.42	3.47	3.28
天津	2.22	0.00	3.67	2.22	4.93	6.87	6.75	4.17	1.92	4.83	1.72	6.50	4.90
保定	2.85	3.67	0.00	4.82	2.25	5.22	3.77	2.50	2.65	6.43	2.67	5.50	6.17
唐山	2.73	2.22	4.82	0.00	6.38	8.30	8.18	5.53	3.50	2.35	2.67	5.88	3.32
石家庄	4.70	4.93	2.52	6.38	0.00	3.50	1.70	3.17	3.53	8.27	4.53	6.00	7.93
邯郸	6.97	6.87	5.22	8.30	3.50	0.00	1.50	3.00	5.22	9.98	6.28	7.73	9.67
邢台	6.93	6.75	3.77	8.18	1.70	1.50	0.00	2.98	5.25	9.98	6.35	7.23	9.68
衡水	5.33	4.17	2.50	5.53	3.17	3.00	2.98	0.00	2.57	7.40	3.72	6.30	7.00
沧州	3.50	1.92	2.65	3.50	3.53	5.22	5.52	2.57	0.00	6.22	2.28	5.48	6.97
秦皇岛	4.38	4.83	6.43	2.35	8.27	9.98	9.98	7.40	6.22	0.00	4.82	7.72	2.93
廊坊	1.42	1.72	2.67	2.67	4.53	6.28	6.35	3.72	2.28	4.82	0.00	4.48	5.17
张家口	3.47	6.50	5.50	5.88	6.00	7.73	7.23	6.30	5.48	7.72	4.48	0.00	5.82
承德	3.28	4.90	6.17	3.32	7.93	9.67	9.68	7.00	6.97	2.93	5.17	5.82	0.00

数据来源：百度地图。

（一）京津冀铁路交通方面

京津冀协同发展五年多来，轨道"1小时交通圈"已初步成形，以北京、天津、雄安为主轴和核心，对外形成八放射的高铁通道，"轨道上的京津冀"正在加速形成。为进一步完善京津冀轨道路网，京津冀实施了京沪高铁至天津西站北联络线、京津城际延伸线天津至于家堡站、津保铁路、张唐铁路、天津集装箱中心站、石济客专、京张高铁、崇礼铁路、京雄铁路、京沈客专以及京唐、京滨铁路等16项重要工程，整个地区将形成放射状轨道网络。2015年，滨海新区建成滨海站，到达天津市区仅需要23分钟，到北京需要约1小时；石济客专建成通车、京张高铁铺轨、京雄城际铁路开工建设、京哈高铁承德至沈阳段开通。伴随城际铁路网织密，京津冀地区放射状轨道网络形态初显。

据北京铁路局统计，京津冀城市群铁路交通功能空间分布更加合理，客运能力不断加强,"轨道上的京津冀"红利已惠及 12 亿多人次、近 6 万家企业、200 多个县市地区。截至 2017 年,每日图定始发终到旅客列车 615.5 对,较 2013 年增加 118.5 对,增幅达 23.8%。旅客发送量从 2013 年的 2.4 亿人次,攀升至 2016 年的 2.9 亿人次,5 年来累计发送旅客高达 12.55 亿人次。①

铁路交通功能空间合理化助力京津冀打造物流枢纽,通过打造现代物流基地,提升改造集装化设施,为区域经济发展提供了运力支撑和物流保障。五年来,北京铁路局先后开行了京津冀货物快运列车、特快、快速和电商班列。截至 2017 年 8 月,已建成并开通货物快运作业站 76 个,办理站 185 个,无轨站 35 个,覆盖京津冀区域内 200 多个县市地区。客户累计达到近 6 万家,发送货物 366.34 万吨。② 2010—2017 年北京市铁路运营里程见图 5.4。

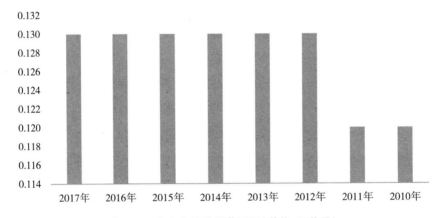

图 5.4 北京市铁路运营里程(单位:万公里)

数据来源:http://data.stats.gov.cn。

---

① 资料来源:《京津冀轨道"一小时交通圈"初步成形》,2017 年 8 月 18 日,https://m.huan-qiu.com/article/qCakrnK4Kqv。

② 资料来源:《京津冀轨道"一小时交通圈"初步成形》,2017 年 8 月 18 日,https://m.huan-qiu.com/article/qCakrnK4Kqv。

（二）京津冀公路交通方面

京津冀城市群公路交通功能空间分布更加合理,区域内国家高速网已基本建成,一个四通八达的完善路网体系正在成形。京津冀城市群之间打通了京昆、京台、京秦等一批国家高速公路衔接路段,同时也加快了"断头路"的贯通,并基本消除了国道"瓶颈路段"。京津冀区域内已累计打通"断头路"和"瓶颈路"1600公里。2018年8月20日,首都地区环线高速公路通州至大兴段打通,全长940公里的北京"大七环"正式通车,北京在全市范围内消除了"断头路"。2010—2017年北京市高速公路里程见图5.5。

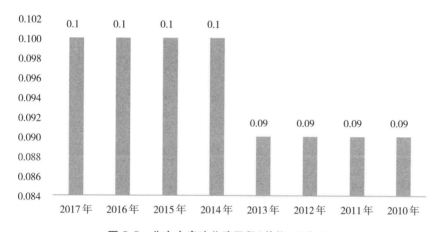

图5.5　北京市高速公路里程(单位:万公里)

数据来源:http://data.stats.gov.cn。

为推进交通一体化向纵深发展,京津冀加快三地之间跨省界的公路建设,为基本消除跨省市的"瓶颈路",天津市建设开通了梅丰公路,并在加快建设滨玉等三条公路。2009—2017年天津市公路、铁路交通里程见图5.6。

河北省已经修建联通了京秦高速的京冀、冀津连接段,拉近了唐山北部地区与京津之间的距离。天津高速公路网密度位居全国前列,京台—京沪—津晋、京津塘、京津和京哈、京秦、津蓟—蓟平"三主三辅"的高速公路通道的开通,使京津之间形成了从南到北全扇面对接高速公路通道。天津与雄安新区

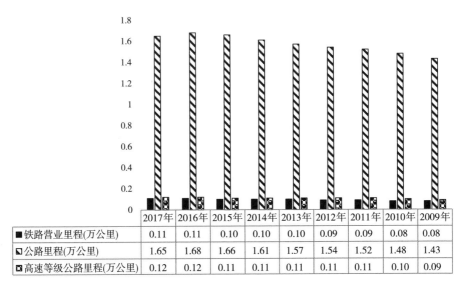

	2017年	2016年	2015年	2014年	2013年	2012年	2011年	2010年	2009年
■铁路营业里程(万公里)	0.11	0.11	0.10	0.10	0.10	0.09	0.09	0.08	0.08
▨公路里程(万公里)	1.65	1.68	1.66	1.61	1.57	1.54	1.52	1.48	1.43
▩高速等级公路里程(万公里)	0.12	0.12	0.11	0.11	0.11	0.11	0.11	0.10	0.09

图 5.6　天津市公路、铁路交通里程

数据来源：http://data.stats.gov.cn。

间规划建设了津雄、津石、荣乌 3 条高速公路；京秦、京台等 4 条高速和津围北
二线、喜邦、仓桑等 7 条普通省际公路的接口全部建成，实现了天津与京冀间
32 个省际接口同标准对接。未来还会有一批新的高速公路建成，包括津石高
速、兴延高速、新机场高速、京雄高速、太行山高速等，将会进一步密切京津冀
之间的联系。2009—2017 年河北省公路、铁路里程见图 5.7。

京津冀城市群公路交通功能空间分布更加合理，更好地服务京津冀区域
人才与资源的合理转移。2017 年，京津冀主要城市之间已经实现了交通"一
卡通"。京津冀交通一卡通基本实现京津冀城市群之间的互联互通，形成了
"一卡走遍京津冀"的出行模式。出京公交总数达到 42 条，线路总长近 3000
公里，日均客运量超过 40 万人次。目前已基本覆盖河北省廊坊、涞水、赤城等
17 个毗邻区和县(市)。

（三）京津冀航空运输方面

2017 年，为发挥周边机场的作用，疏解首都机场非国际航空枢纽功能，

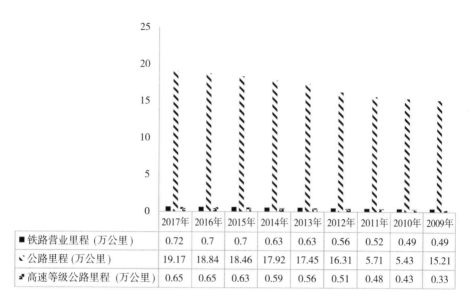

	2017年	2016年	2015年	2014年	2013年	2012年	2011年	2010年	2009年
■ 铁路营业里程（万公里）	0.72	0.7	0.7	0.63	0.63	0.56	0.52	0.49	0.49
↗ 公路里程（万公里）	19.17	18.84	18.46	17.92	17.45	16.31	5.71	5.43	15.21
↗ 高速等级公路里程（万公里）	0.65	0.65	0.63	0.59	0.56	0.51	0.48	0.43	0.33

图 5.7　河北省公路、铁路里程

数据来源:http://data.stats.gov.cn。

促进天津、石家庄机场承接北京溢出航班,更好地规划京津冀城市群航空交通功能空间,国家发改委、民航局印发了《推进京津冀民航协同发展实施意见》,对京津冀的飞机场的功能进行了重新定位,首都机场和北京新机场定位为国际航空枢纽,石家庄机场大力发展低成本航空、货运包机、航空快件等特定航空市场,天津机场重点发展国内中转航线、周边国际旅游航线等特定航空市场,并增开货运航班,并要求京津冀四个飞机场根据定位、分工协作。

经过几年的努力,京津冀机场国际竞争力、协同效应日趋增强,京津冀机场群初具规模(见图 5.8)。石家庄机场由首都机场集团委托管理,新建了 2 号航站楼,提升了旅客和货物的吞吐量,加快了京冀机场统一管理的一体化进程,到 2018 年 11 月,年旅客量突破 1000 万人次,正式迈入千万级机场行列,辐射范围也扩大到雄安新区。天津围绕机场打造交通中心,实现了航运和其他交通运输的无缝链接,服务区域辐射京津冀辽鲁五省市。2019 年 9 月 25

日,北京大兴国际机场开始通航,一个年飞机起降量88万架次、年客流量1亿人次、一小时公路圈覆盖7000万人口、3小时高铁圈覆盖人口2.02亿人的国际超级机场的落成,正在辐射激活京津冀区域150平方公里的临空经济区。[①]京津冀城市群航空交通功能空间合理布局必将为京津冀城市群的快速发展提供坚实的交通保障。同时,北京大兴国际机场有利于缓解北京首都国际机场的压力,必将吸引或汇集一系列高科技产业、现代制造业、现代服务业,通过与多种产业的有机结合,与区域经济相互渗透、相互融合,从而带动京津冀世界级产业集群的发展。

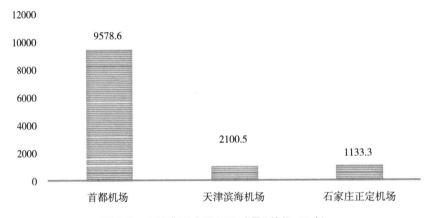

图 5.8 京津冀三大机场吞吐量(单位:万吨)

数据来源:《2018 年民航机场生产统计公报》。

四、交通功能空间分布不平衡的问题依然突出

京津冀交通一体化的率先突破,在五年时间里取得了显著成效。但从交通功能空间分布的角度来看,交通功能的发挥对产业功能、城镇功能、生态功能的支撑作用还有待加强,交通功能空间分布不平衡的问题依然存在。

---

① 《北京大兴国际机场正式投运:北京航空运行进入双枢纽时代》,2019 年 9 月 25 日,https://m.thepaper.cn/newsDetail_forward_4510797。

（一）京津冀三地间智能交通发展水平悬殊

目前,京津冀区域交通大数据体系和京津冀统一的交通信息和技术共享平台,尚未建成。与北京交通行业的信息化和智能化相比,天津和河北智能交通发展滞后,尤其是河北省还没有完全实现道路日常管理、交通运营管理和服务、应急管理的信息化和精细化。在大数据时代,有效的信息难以沟通和互相充分利用,不利于京津冀地区的智能交通发展。

（二）京津冀交通功能空间布局缺乏统一规划平台

虽然京津冀协同发展已上升为国家战略,但由于京津冀城市群建设没有形成一个真正的统一规划平台,导致京津冀城市群交通功能空间布局也难以形成有效的统一的政策。因此,必须坚持互惠互利、多方共赢的原则,建立京津冀城市群交通功能空间规划平台和以信息交流与共享为主的京津冀城市群交通一体化发展的统一管理和运营模式势在必行。

（三）京津冀城市群之间的交通政策标准有待统一

京津冀三地制定出来的交通方面的政策大部分只是基于京、津、冀三地各自的背景及优惠政策,而没有从京津冀城市群交通的一体化发展和交通功能空间的合理布局等角度来整合交通政策,使得各地的交通政策之间缺乏联系。比如公交一卡通项目,每个城市都根据自己的利益需求和发展需要制定政策,没有统一的标准,不利于京津冀交通一体化的进一步深入推进。

（四）京津冀交通功能空间优化的支撑作用还有待提高

京津冀区域内的高铁、快线、地铁线的有效连接和换乘等方面仍存在不足,影响了京津冀城市群交通功能空间布局目标的实现,京津冀城市群之间交通功能对产业功能、生态功能、城镇功能的支撑作用还有待提高。比如,在京张高铁开通前,北京到张家口自驾要 3 个小时,北京与张家口、承德的交通联系明显滞后,而张家口和承德作为京津冀的生态功能涵养区,由于交通的滞后,导致该地区生态产业发展滞后,京津相关产业人才无法快速在京张、津张之间流动,从而制约了人口的流动和河北省城镇化的发展。

第三节 生态功能空间分布的现状及特征

《国家新型城镇化规划(2014—2020 年)》率先提出将京津冀地区建设成为世界级城市群的发展目标,《京津冀协同发展规划纲要》将推动京津冀协同发展、打造京津冀世界级城市群上升为重大国家战略。然而,改革开放以来,随着京津冀工业化和现代化进程的加快,生态问题逐渐成为制约京津冀区域经济社会可持续发展的短板,当前依然面临资源约束趋紧、环境污染严重、生态系统退化的严峻形势。因此,只有进一步推动京津冀区域生态协同治理,合理规划京津冀城市群生态功能空间分布,才能为京津冀协同发展提供良好的生态环境基础和保障,推进京津冀区域新型城镇化的健康发展,实现打造世界级城市群的目标。而《京津冀协同发展规划纲要》对河北省定位就是:建设京津冀生态环境支撑区,合理布局京津冀生态空间功能,发挥河北省生态涵养区防风固沙、水源涵养和水土保持功能,为京津冀世界级城市群的打造奠定良好的生态环境基础。

一、京津冀生态功能空间布局基本划定

2015 年,国家发改委和环境保护部联合发布了《京津冀协同发展生态环境保护规划》(简称《规划》),进一步提出了京津冀生态治理的六大重点任务、划分了京津冀生态保护的五大区域、明确了京津冀生态环境保护的目标等。《规划》提出:建成区域生态屏障、重点保障区域水安全、打好大气污染防治攻坚战、积极改善土壤和农村环境、强化资源节约和管理、加强生态环境监管能

力建设六大重点任务。为了加强京津冀区域的生态保护,《规划》将京津冀区域划分为:京津保地区、坝上草原生态防护区、燕山—太行山水源涵养区、低平原生态修复区、沿海生态防护区五个区域,因地制宜地进行生态治理和环境保护。在生态保护恢复上,《规划》提出了三条制度性的要求:设定生态系统红线、建立健全京津冀生态保护补偿机制、深化林权制度改革。

2018年2月,国务院批准了京津冀等15省份划定的生态保护红线,占国土总面积的1/4,其中京津冀区域生态保护红线包括水源涵养、生物多样性维护、水土保持、防风固沙、水土流失控制、土地沙化控制、海岸生态稳定7大类37个片区,构成了以燕山生态屏障、太行山生态屏障、坝上高原防风固沙带、沿海生态防护带为主体的"两屏两带"生态保护红线。同时,河北省也划定了分布于承德、张家口、唐山、秦皇岛、保定、石家庄、邢台、邯郸等地,包括陆域生态功能极重要区、极敏感脆弱区、各类保护地和海洋生态功能区、海洋敏感脆弱区等面积4.05万平方公里的生态保护红线,占河北省国土面积的20.70%,拱卫京津,优化京津冀空间区域生态安全的格局基本形成。其中,一些生态保护红线区域处于京津冀连接处关键位置,其生态功能强弱对京津地区生态安全影响颇深。

二、京津冀生态功能空间的协同治理机制基本形成

2014年以来,京津冀环保联合防卫、调控、治理和生态建设的举措不断加大,逐渐形成了"统一领导、统一标准、统一执法、统一监测预警、统一减排措施、统一保障"的京津冀生态空间功能布局的协同治理机制。

(一)统一领导

参照《京津冀协同发展规划纲要》中有关"统一三省市生态环境规划、标准、监测、执法体系"的要求,京津冀三省市形成了京津冀生态空间功能布局的协同治理机制,共同积极推动和参与京津冀生态治理一体化工作。2014

年，天津市先后与北京市、河北省签订《关于进一步加强环境保护合作的协议》《加强生态环境建设合作框架协议》等6项合作协议和5项备忘录。2015年，国家发改委和环境保护部发布《京津冀协同发展生态环境保护规划》，明确了京津冀生态环境保护的目标。2016年，京津冀签署了《京津冀水污染突发事件联防联控机制合作协议》，多次召开京津冀水污染突发事件联防联控工作部署会和京津冀水污染突发事件联防联控工作联席会议。2018年，国务院还成立了京津冀及周边地区大气污染防治领导小组，统一领导大气污染防治工作。

（二）统一标准

京津冀区域在空气质量污染分级标准、机动车排放标准、煤质标准、燃煤锅炉排放标准等方面建立了环保标准合作机制。其中，"京津冀及周边地区大气污染防治联防联控信息共享平台"的建立，实现了大气污染地方防治标准的统一和共享。2016年，京津冀三地统一实施机动车国五排放标准和油品标准；2016年末，在京津冀区域内统一了空气重污染预警分级标准。同时，京津冀初步统一了三地的煤质标准和京津两地燃煤锅炉排放标准主要数据指标。推行清洁生产是有效解决环境污染的重要手段，2016年新修订的《清洁生产审核办法》正式实施，为各地统一的清洁生产标准提供了法律依据和制度保障。2017年4月，北京、天津、河北三地发布了环保领域的首个统一标准《建筑类涂料与胶粘剂挥发性有机化合物含量限值标准》，京津冀环保标准一体化迈出了第一步。

（三）统一执法

2015年12月，为贯彻落实《京津冀协同发展规划纲要》，共同打击区域内环境违法行为，保障区域环境安全，推动环境质量共同改善，京津冀三地环保部门召开联合会议，共同成立了京津冀环境执法联动工作领导小组，建立实行

"京津冀环境执法联动工作机制",包括定期会商、联动执法、联合检查、重点案件联合督察和信息共享5项工作制度等。

同时,三地联合出台了跨区域环境联合执法工作制度,实现了区域环境执法的联动。2015年,京津冀及周边地区的机动车排放控制协作机制和环境执法联动工作机制建立,形成了有安排、有行动、有目标,相互支撑、共同配合的环境监察执法局面,对联合打击区域内环境违法行为,改善环境质量,发挥了重要作用。

2016年,机动车的超标排放联合执法试点工作在北京、天津两地启动,开展了第一次联合执法检查。2017年,京津冀三地环保联合执法部门,开展了为期25天的联动执法,出动了执法人员4万余人次,排查了各类污染源单位4万余家次,发现了环境污染问题2138起,立案处罚环境违法行为526起,拟处罚金1000余万元。在2017年10月至2018年3月,为期6个月的时间里,PM2.5平均浓度、重污染天数在三地大气污染传输通道城市中同比下降了15%以上。①

(四)统一监测预警

在区域重污染预警工作方面,区域空气质量预报预警会商工作机制在京津冀三地逐渐建成,从最初的简单电话沟通、日常会商,到视频连线、重大活动期间,随时共同会商空气质量形势,其结果的准确性也在不断提升。为科学启动区域应急减排措施,成功保障活动期间空气质量,在2014年APEC会议、2015年抗战胜利70周年等重大活动期间,各地紧密沟通合作,精确地预报预警结果。2016年,京津冀三地统一应对区域性空气重污染、协同采取减排措施,三地依照环保部的统一部署,完成了空气重污染应急预案的修订,实现了空气重污染的应急预警分级标准的统一,同时规范了预警发布、调整和解除程

---

① 数据来源:郭文生、任效良:《京津冀环境执法联动工作联席会议召开　两次联动发现污染问题2138起》,《中国环境报》2017年8月7日。

序。当需要提前预知可能出现大范围的空气重污染时,三地联合会商空气质量,依照联防联控机制,由环保部统一调度,及时启动空气重污染预警,并实施空气重污染的应急措施。

此外,京津冀三地多次召开研究制定京津冀突发水环境事件应急预案协调会,研究制定《京津冀突发水环境事件应急预案》,多次举行京津冀突发水环境事件应急演练。2016年10月,天津市第3次修订发布重污染天气应急预案,实现了京津冀预警分级标准的统一。

为了加强京津冀以及周边地区的流域治理,2016年,京津冀及周边地区成立了水污染防治联动治理协作机制,并于2017年成立京津冀水环境检测网。《北京市水污染防治工作方案》中明确指出加强对本区域内的饮用水水源、供水厂水源与水龙头的水质监测与评估,实现饮用水水质安全的全面监测。自2016年以后,北京市每季度都会发布城市集中式饮用水安全信息;2018年后,北京市各城镇饮用水安全状况信息均实现了公开。在用水安全问题的解决方面,方案也提出了相应的对策,指出要加强与天津、河北的水污染治理联动,完善信息资源共享、水质监测与预警等体制。随后,北京市还与承德、张家口地区协同加强保护饮用水水源地,合作建设生态小流域,对官厅、密云水库进行治理,北京市持续加大环境治理与修复力度,加快推进永定河、北运河等跨河流域的河流廊道的治理进程。

（五）统一减排措施

在区域大气污染防治政策方面,制定了《京津冀及周边地区大气污染防治行动计划实施细则》,签订了《京津冀区域环境保护率先突破合作框架协议》,实施了《京津冀公交等公共服务领域新能源汽车推广工作方案》《京津冀地区散煤清洁化治理工作方案》等。发布了《京津冀及周边地区2017—2018年秋冬季大气污染综合治理攻坚行动方案》《京津冀及周边地区2018—2019大气污染综合治理攻坚行动方案》,各地区结合实际,并就大气污染治理制订了具体的对策及实施方案。其中,天津市采取具体措施进行整治,如采取清洁化燃料代替农村散煤、机动车单双号、不达标尾气排放治理等强力措施。

2014—2017 年,京津冀区域完成现役煤电机组超低排放改造装机容量4955 万千瓦,淘汰黄标车老旧车 276 万辆,同时推广了 21 万多辆新能源汽车;京津冀地区共减少燃煤量高达 4000 万吨,淘汰过剩产能炼钢 4000 多万吨、水泥 5300 多万吨、炼铁 4000 余万吨、焦炭 1600 余万吨、平板玻璃 5100 余万重量箱;淘汰了 3.01 万台燃煤锅炉,8.7 万蒸吨,完成清洁化燃料替代燃煤达 2000 余万吨;关闭退出 3500 多家高污染企业,改造加油站储油库油气回收达 9000 多家。①

（六）统一保障

环境保护资金保障方面,北京市与天津市加大了对河北省大气污染治理的资金支持,2015—2016 年,北京、天津两大直辖市对河北省的四个城市分别连续援助了 9.62 亿元和 8 亿元,其中北京在 2015 年对河北支持了 4.6 亿元,2016 年支持 5.02 亿元,有了两大直辖市的资金支持,河北省相关地市的清洁燃料替代燃煤与淘汰锅炉的工作取得显著效果。2014—2015 年的数据统计显示,河北省四市共计完成淘汰燃煤锅炉和清洁能源改造达 7900 万多台,5800 多万蒸吨,推广 151 万吨清洁型煤,削减煤炭使用量达 320 万吨,完成燃煤锅炉脱硫脱硝除尘治理 163 台,5800 多蒸吨。②

三、京津冀城市群生态治理中存在的问题与不足

京津冀区域生态环境保护和生态治理面临较大压力,存在的问题主要如下。

---

① 数据来源:北京市环境保护局:《不断推进京津冀区域大气污染联防联控工作》,2017 年2 月 28 日,https://hbdc.mee.gov.cn/hbdt/bjdt/201702/t20170228_397874.shtml。

② 数据来源:北京市环境保护局:《不断推进京津冀区域大气污染联防联控工作》,2017 年2 月 28 日,https://hbdc.mee.gov.cn/hbdt/bjdt/201702/t20170228_397874.shtml。

（一）京津冀人口、资源、生态之间矛盾依然较突出,生态环境压力依然较严峻

京津冀包括北京、天津、河北三省市,地域面积约 21.6 万平方公里,占全国的 2.3%,人口高度密集,2018 年末常住人口 1.1 亿人,占全国的 8.1%,地区生产总值 8.5 万亿元,占全国的 9.4%,以 2.3% 的国土面积养活了全国的 8.1% 的人口,创造了占全国 9.4% 的生产总值,但人口、经济发展和土地资源、生态环境之间的矛盾依然较突出,自然环境的承载能力、自净能力和恢复能力减弱。① 同时,2018 年我国平均优良天数比例为 79.3%,而京津冀及周边地区"2+26"城市的平均优良天数比例为 50.5%,比全国平均比例低 28.8 个百分点;2018 年全国空气质量最差后十名城市中京津冀就占 5 个。②

（二）京津冀区域经济发展水平与生态产品供给能力不平衡

经济发展水平方面,北京、天津人口密集、经济发达,而河北省经济发展相对落后,北京已进入后工业社会,天津处在工业化后期,而河北的多数城市仍处于工业化初期或中期阶段。同时,京津冀区域内生态空间分布不均衡、生态产品供给能力不平衡,区域内有山地、丘陵、盆地、平原、近岸海域等复杂多样、类型齐全的地貌,京津冀北部和西北部山区为主的森林生态系统,东、南部平原地区为主的湿地生态系统,燕山—太行山山脉等重要生态功能区和水源涵养区主要集中在河北省省内,国家级重点生态功能区名录中,京津冀地区共有 28 个县级行政区在列,全部位于河北省,占其国土面积的 43%,北京和天津生态资源相对不足。京津冀区域间经济发展水平与生态产品供给能力的不平衡,导致北京、天津和河北对生态环境保护投入力度的不平衡,区域内生态产品服务的边际效益估值水平不统一。

---

① 数据来源:京津冀三地 2018 年国民经济和社会发展统计公报。
② 数据来源:《2018 中国生态环境状况公报》。

（三）京津冀区域尤其是河北省城镇化快速发展，城镇面积扩张趋势明显

《国家新型城镇化规划（2014—2020年）》提出将京津冀地区建设成为世界级城市群的发展目标，《京津冀协同发展规划纲要》又提出了打造"以首都为核心"的京津冀世界级城市群的重大国家战略。这表明京津冀地区未来城镇人口规模还会有较大幅度增长，还将迎来城市建设用地大规模扩张。城镇用地的扩张客观上侵占了农业空间，侵蚀与限制了生态空间，将加剧对湿地、草地等生态空间的侵占，威胁重要的生态保护地区。尤其是河北省很多城市处于工业化发展初期或中期阶段，现代化水平和城镇化水平比较低，面临着实施新型城镇化和现代化发展的艰巨任务，必然会给生态环境带来一定的影响。京津冀地区城镇化进程的快速发展已经导致部分地区的天然草地、天然林面积出现持续缩减的现象，部分生态用地出现斑块化、破碎化等现象，甚至出现水源涵养与洪水调蓄功能下降、水库面积缩减、天然湿地面积逐年减少、滩涂永久性丧失等问题，逐渐威胁到京津冀地区的生态健康与安全。

（四）京津冀区域生态协同治理机制有待完善

目前，京津冀已建立起大气污染联防联控工作机制，使京津冀空气质量有明显改善，但是京津冀区域生态协同治理机制还不完善，包括水污染治理、土地污染治理等统一的协同治理机制尚不建立。京津冀三方初步启动区域内生态补偿机制试点，河北、天津共同建立了引滦入津流域生态补偿机制，以北京、张家口为主的京津冀西北部地区初步形成了以中央纵向补偿为主、地方横向补偿为辅、经济和技术为主要补偿方式的跨区域生态补偿机制。但是统一的中央到地方的纵向和北京市、天津市、河北省之间的横向的京津冀生态补偿机制尚未建立，以市场运作为主、以政府为辅的生态补偿机制尚未健全。京津冀各方制定了很多生态保护的法律法规，但是京津冀统一的生态治理法规政策体系尚不健全。在自然资

源管理方面,仍然存在区域分割现象,属地管理与部门管理交叉,多头管理、规划打架、权责不明、相互扯皮的现象时有发生,区域生态治理缺乏统一的协调机制与法律保障,必须加强统一立法,为京津冀区域生态协同治理奠定法律基础。

第四节　城镇功能空间分布的现状及特征

不断提升京津冀城市群城镇化发展水平,对实现京津冀城市群功能空间布局有着重要意义。《京津冀协同发展规划纲要》发布五年多以来,京津冀城市群城镇功能空间分布日趋合理,各个城市的功能定位更加准确,同时也存在一些问题。

一、京津冀城市群城镇功能空间格局的划分和定位

《京津冀协同发展规划纲要》对京津冀城市群功能空间格局的设计形成了"一核—双城—三轴—四区—多节点—两翼"的空间格局。一核:北京;双城:北京、天津;三轴:京津发展轴、京保石发展轴、京唐秦发展轴;四区:中部核心功能区、东部滨海发展区、南部功能拓展区和西北部生态涵养区;多节点:包括石家庄、唐山、保定、邯郸等区域中心城市和张家口、承德、廊坊、秦皇岛、沧州、邢台、衡水、定州、辛集等重要节点城市;两翼:北京通州城市副中心、河北雄安新区。按照规划,到2020年,京津冀公共服务共建共享取得积极成效,协同发展机制有效运转,区域内发展差距趋于缩小,初步形成京津冀协同发展、互利共赢新局面。到2030年,京津冀区域一体化格局基本形成,公共服务水平趋于均衡。

京津冀城市群将发挥北京的辐射带动作用,打造以首都为核心的世界级城市群。全方位对接支持河北雄安新区规划建设,建立便捷高效的交通联系,支持中关村科技创新资源有序转移、共享聚集,推动部分优质公共服务资源合作。与河北共同筹办好2022年北京冬奥会和冬残奥会,促进区域整体发展水

平提升。聚焦重点领域,优化区域交通体系,推进交通互联互通,疏解过境交通;建设好北京新机场,打造区域世界级机场群;深化联防联控机制,加大区域环境治理力度;加强产业协作和转移,构建区域协同创新共同体。加强与天津、河北交界地区统一规划、统一政策、统一管控,严控人口规模和城镇开发强度,防止城镇贴边连片发展。

2018 年 11 月,《中共中央国务院关于建立更加有效的区域协调发展新机制的意见》指出,以调整区域经济结构和空间结构,推动河北雄安新区和北京城市副中心建设,探索大城市或人口密集地区有效疏解方法,疏解北京非首都功能来推动京津冀的协同发展。

二、京津冀城市群城镇化发展取得成效

(一)京津冀城镇化发展水平不断提升

京津冀城市群区域总面积为 21.60 万平方公里,常住人口 1.1 亿。京津冀城市群功能空间合理的布局,促进了京津冀城市群经济社会的总体发展。2018 年北京、天津进入高级城镇化阶段,城镇化率分别为 86.5%、83.2%,而河北省城镇化率为 56.4%,低于全国 59.6% 的发展水平。2000—2015 年,京津冀城市群常住人口总量增长至 11142 万,年均增长率为 1.55%,常住人口城镇化水平升至 62.53%,高于全国平均水平。①

京津冀城镇化发展水平的不断提升,使京津冀城市群城镇功能空间布局初步形成,也使北京的非首都功能得到有序疏解,北京"大城市病"得到有效缓解。近年来,京津冀流动人口增速明显放缓,尤其是北京,2017 年实现了新中国成立以来的首次外来人口、户籍人口双下降,常住人口也在下降,2018 年常住人口比 2017 年减少 16.5 万。以首都北京为核心,以北京和天津为领头羊的京津冀城市群协同发展的局面逐渐形成,京津冀城市群各个城镇的功能

---

① 数据来源:京津冀三地 2018 年国民经济和社会发展统计公报。

正在显现,中国北方一个强劲的高水平增长极正在生成。[①]

(二)京津冀城市群的城镇公共服务一体化发展成效明显

京津冀协同发展五年多来,三地积极推进城市公共服务的协调发展,在文化旅游、教育、医疗服务、就业与社会保障等方面取得显著成绩。

文化旅游方面,京津冀城市群在公共文化服务等领域实现了资源互通共享,成立了京津冀图书馆联盟等 5 个协同发展平台。京津冀旅游诚信体系建设工作有序推进,共同研发了京津冀 144 小时过境免签产品,推进京西南生态旅游带、京北生态(冰雪)旅游圈、京东休闲旅游示范区等旅游带建设,三地联合举办冬季冰雪旅游体验季等活动。

教育方面,京津冀教育协同发展不断推进,尤其是在基础教育领域,发挥北京市的辐射带动作用,北京市先后与天津市和河北省的相关地市联合开展教育帮扶项目 60 余个。京津冀教育部门还组建了"京津冀协同创新联盟"等12 个创新发展联盟,签署了基础教育合作协议 13 个,成立了 10 个跨区域特色职教集团(联盟),建成了 5 个职业教育平台等。进一步提升三地高等教育协同发展水平,实施京津冀高校干部、教师异地挂职交流计划。[②]

医疗服务方面,北京市的优质医疗资源不断向周边辐射,推进京津冀地区开展医疗卫生方面合作项目,积极推动河北省的 20 家医院与北京市的 17 家医院建立合作关系,京津冀 296 家医疗机构达成协议实现了 33 项临床检验结果互认,155 家医疗机构达成协议试行共享 20 项医学影像检查资料,为津冀的群众提供了优质服务。大力推动实施京廊、京衡中医药合作项目,进一步推

---

① 数据来源:京津冀三地 2018 年国民经济和社会发展统计公报。
② 岳巍:《习近平力推京津冀协同发展:教育打通"任督二脉"》,中国青年网,2017 年 2 月 20 日。

进中医药医疗资源共享。①

三、京津冀城市群城镇功能的空间分布不平衡状况

参考世界上城市发展的经验,截至目前,城市发展的最高阶段就是城市群形式,在城市群阶段,城市的经济功能是由一个或多个中心城市带动起来的,并辐射周边地区,形成一个以发达的交通网络为基础的相互依赖、相互促进的协调发展区域。尽管京津冀城市群体系内的城镇特色鲜明、类型多样,但是城镇化发展水平依然不高。

(一)京津冀城市群区域内城镇化水平的差距显著

一方面,城市发展水平各异,城市体系结构中出现断层,京津冀区域内现有北京、天津两个特大城市,除此之外,其他的城市城镇发展水平较低,与中心城市之间还存在着较大差距。另一方面,从城镇人口所占比重来看,河北省的城镇人口所占比重与北京、天津的城镇人口所占比重具有很大的差距。核心城市水平高,但对中小城市的辐射带动能力较差,辐射范围有限,城市体系结构不合理,在总体城市群发展格局上,京津冀城市群内没有完全呈现出一种以核心城市为中心、经济发展水平梯度依次递进的"放射式"发展格局。随着京津冀协同发展的深入推进,北京、天津的带动辐射作用日益明显,河北雄安新区利用发达的交通和国家政策优势,正在逐渐发展成为京津冀地区的新引擎,雄安与保定双核都市圈正在形成,雄安周围铁路、公路网发达,保津铁路新设白洋淀站,距离新区仅有十几公里,东到天津,西到保定的高铁数量众多,与京石客运专线相连;高速网络发达,拥有京港澳高速、大广高速、荣乌高速等高速路,总之,雄安新区的交通优势明显。雄安新区加快建设的同时,南部的石家

---

① 北京市发展和改革委员会:《京津冀协同发展最新"路线图"发布》,2018 年 7 月 30 日,见 http://fgw.beijing.gov/cn/fgwzwgk/zcjd/201912/t20191226_1505465.htm。

庄增长极也正在崛起,带动着南部邢台、邯郸等地的发展,可以实现河北南部平原地区产业转型、人口集聚和生态发展,以缓解北部北京、天津的人口与环境压力。

(二)京津冀城镇化发展强度相对较低

城市的发展与城镇化都会使区域内空间形态和人地关系格局发生变化。城镇化发展强度指的是城镇化的发展给区域内空间形态和人地关系格局所带来的影响的程度。可以采用密度指数来反馈和判断京津冀城镇化的特点、城镇化的程度及其变化,五个密度指数分别是:人口密度(人口/平方公里)、经济密度(GDP/平方公里)、规模城市密度(50 万人及以上规模城市/ 10 万平方公里)、建成区密度(建成区面积/千平方公里)、城镇人口密度(城镇人口/平方公里)。

经过统计测算,京津冀的经济密度是长三角地区的 51.24%,规模城市密度是长三角地区的 52.65%,建成区密度是长三角地区的 23.82%,城镇人口密度是长三角地区的 56.29%;而在规模城市密度方面,京津冀地区最低,京津冀地区每万平方公里只有 0.6 个 50 万人口及以上规模的城市,长三角地区平均每万平方公里有 3.34 个 50 万人口及以上规模的城市,珠三角地区有 1.36 个,长三角地区、珠三角地区规模城市密度是京津冀地区的 5.6 和 2.3 倍。京津冀区域内城镇化的强度较低,规模城市密度发展最弱,如表 5.4 所示,从 2018 年京津冀人口密度分布来看,京津冀城市群人口分布不均匀,河北仅 398 人/平方公里,与北京的 1323 人/平方公里、天津的 1303 人/平方公里差距较大。① 京津冀地区的发展水平远远落后于长三角地区与珠三角地区的重要原因就是区域内缺乏分工协作,不能连成一片,"各自为战"、综合发展,不能做到扬长避短。必须按照《京津冀协同发展规划纲要》的城市定位和空间格局的划分,"一张蓝图干到底",进一步强化北京首都核心功能,增强辐射

---

① 数据来源:京津冀三地 2018 年国民经济和社会发展统计公报。

带动能力;消除有形无形壁垒,加速要素区际流动;缩小河北与京津差距,提升承接能力;打造"一核—双城—三轴—四区—多节点—两翼"空间格局,实现功能互补和协同发展。

表 5.4　京津冀人口密度、城镇化率对比表

省、市	人口 (万人)	人口密度 (人/平方公里)	城镇人口 (万人)	城镇化率
北京	2154.20	1323	1863.40	86.50%
天津	1559.60	1303	1296.81	83.15%
河北	7556.30	398	4264.02	56.43%

数据来源:京津冀三地 2018 年国民经济和社会发展统计公报。

(三)京津冀城市群公共服务不均衡现象依然突出

京津冀协同发展五年多来,三地大力推进京津冀城市群之间的公共服务均衡化发展,虽然三地在居民生活、医疗、教育等城市公共服务方面的差距在减小,均衡度呈现上升趋势,但是三地的差距依然较大。如表 5.5 所示,从居民生活水平和社会保障方面来看,河北省人均生产总值、人均可支配收入、参加基本养老保险人数与京津的差距依然较大,城乡差距不断拉大。

表 5.5　2018 年京津冀人均生产总值、可支配收入、参加养老保险人数等对比表

省、市	人口 (万人)	人均生产总值 (万元)	人均可支配 收入(元)	城镇居民 可支配收入 (元)	参加基本养老 保险人数 (万人)
北京	2154.20	14	62361	62361	1591.50
天津	1559.60	12	39506	42976	844.31
河北	7556.30	4.78	23446	32997	1550.50

数据来源:京津冀三地 2018 年国民经济和社会发展统计公报。

在医疗卫生方面,尽管京津冀协同发展以来三地在医疗卫生水平上的差距总体呈缩小趋势,但是河北与北京的差距依然较明显,主要体现在每万人卫生技术人员数量方面的差距较大(见表 5.6)。

表5.6 2018年三地医疗卫生发展对比表

省市	医疗机构（个）	每万人医疗机构数（个）	卫生技术人员（万人）	每万人卫生技术人员数（个）	床位（万张）	每万人床位数（张）
北京	11100	5.15	28.20	13.19	12.40	57.60
天津	5686	3.65	10.44	6.71	6.82	43.80
河北	85094	11.80	46.10	6.41	42.30	58.90

数据来源:京津冀2018年三地国民经济和社会发展统计公报。

在教育水平方面,京津冀高校教育发展不平衡性凸显,从三地间的差距来看,虽然京津冀三地的教育水平差距呈显著的逐年下降态势,但京冀之间的差距依然巨大。从表5.7可以清晰看出北京、天津、河北三地重点高校的分布情况,京津的双一流高校数量较多,而河北仅有一所。

表5.7 2018年京津冀双一流高校分布表　　　　（单位:所）

城市	世界一流大学	世界一流学科建设大学
北京	8	26
天津	2	3
河北	0	1

数据来源:京津冀三地2018年国民经济和社会发展统计公报。

三地在校生情况见表5.8。将每十万人口高校平均在校本专科生、研究生等生数进行比较,可直观看出京津冀教育发展较为不平衡,河北省高等教育资源数量较多,但是大而不强,质量不高。北京和天津的重点院校数量多,在校研究生数量多,北京平均在校研究生大约为河北省的22倍,而天津是河北省的6倍。分析以上数据,不难看出河北省与北京、天津高等教育尤其是研究生等高层次人才培养方面还存在较大的差距。

表 5.8　京津冀高等教育资源分布表

	北京	天津	河北
高校数	89 所	56 所	122 所
在校本专科生数	58.1 万人	52.33 万人	134.3 万人
本专科招生数	15.6 万人	15.27 万人	42.2 万人
本专科毕业生数	14.7 万人	13.88 万人	33.9 万人
在学研究生数	33.6 万人	6.81 万人	5.0 万人
招生研究生数	11.7 万人	2.48 万人	1.8 万人
毕业研究生数	8.7 万人	1.72 万人	1.4 万人
每十万人口本科、专科平均在校生数	2697 人	3361 人	1869 人
每十万人口研究生平均在校生数	1566 人	437 人	70 人

数据来源:京津冀三地 2018 年国民经济和社会发展统计公报。

第六章　京津冀城市群功能空间分布状态测评

　　京津冀城市群是中国重要的人口集聚区和经济增长极,如何推动城市群形成合理的功能空间分布,是打造以首都为核心的世界级城市群的关键所在。本章针对京津冀城市群功能空间公布不合理、经济功能与生态功能矛盾凸显、产业功能与城镇功能不匹配等功能结构不平衡现象,通过构建京津冀城市群功能空间状态指数及功能一体化模型,对该不平衡状态进行测评,并提出以功能结构优化引领空间结构优化、构建合理的功能结构体系、强化城镇功能、加强制度保障等措施,解决京津冀城市群功能结构时序不平衡、空间不平衡的问题。

第一节　城市群功能空间分布理论探究

　　京津冀城市群作为我国三大城市群之一,一方面,已经成为参与区域与全球竞争的重要空间载体,以首都为核心的世界级城市群正逐渐成长、成熟;另一方面,群内经济功能、交通功能、产业功能、城镇功能、生态功能在空间结构分布上的不平衡日益突出。由此引发如下思考:如何科学测评京津冀城市群功能空间分布的结构状态? 多重复合功能的空间分布差异有多大? 如何推动城市群形成合理的功能空间分布,以相对稳定和均衡的功能结构保障城市群的可持续发展和高质量发展？这些问题对于构建以首都为核心的世界级城市群具有重要的战略意义和现实价值。

一、城市功能空间分布问题研究

《雅典宪章》将现代城市功能定义为居住、工作、游憩与交通,随后的《马丘比丘宪章》明确提出城市功能复合的概念(张京祥,2005)。Masahisa Fujita(1997)研究发现,从20世纪70年代中期起,东京的传统制造业逐渐向太平洋产业带转移,取而代之的是总部管理、研发设计、金融商务等功能。Kolko(1999)、Duranton & Puga(2003,2005)、Bade 等(2004)分别对美国和德国进行研究,发现两国的城市专业化也在经历由部门专业化向功能专业化的转变,且城市功能专业化特征在城市群内更为明显。国内相关研究主要关注单一功能空间的形成机理和演化动力。涉及产业功能空间、服务功能空间(郭付友等,2015;申庆喜等,2016)、经济功能空间(李小建、樊新生,2006;胡毅、张京祥,2010)、交通功能空间(官卫华、姚士谋,2006;胡鞍钢等,2009),强调产业功能是城市空间结构重组的关键力量(吴殿廷等,2010;赵航,2011;徐维祥,2015),而京津冀城市群已经进入由梯度转移为主向城市功能转变为主的新阶段(张贵,2014)。部分研究涉及工业空间与其他单一空间的耦合关系(陈耀、周洪霞,2014;申庆喜等,2015),但并未涉及复合功能空间的耦合问题。

二、城市群功能空间分工的测评研究

在城市群功能空间的测评方面,除采用区位指数、分工指数、企业集中度系数、DO 指数、地区专业化系数等指标(Krugman,1991;Ellison,Glaeser,1997;Duranton,Overman,2005)外,Duranton & Puga(2005)首次采用城市功能专业化指数对美国的城市功能专业化水平进行了有效测评;闫程莉(2014)、刘浩(2016)、刘金雅(2018)、史雅娟(2017)等人分别从人口、就业、公共服务、经济、生态、产业等方面对城市群功能进行测评；马燕坤（2018）、徐泽（2018）分别从城市群城市功能分工强度和功能竞争力角度对京津冀城市群功能进行了分析和研究；赵勇（2012）采用城市功能专业化指数对中国城市群的功能专业化水平进行了测评；姜博（2009）等人利用人口、生产总值等指标对环渤海地区城市群外向服务功能进行了测评；邓春玉（2008）、王建军等（2011）对广东省的主体功能区空间均衡发展差异程度进行了分析比较。

三、城市群功能空间分布不平衡问题研究

空间经济学的"核心—边缘"理论成功解析了经济活动在多重力条件下呈现出的自组织过程，并对各种力量进行分类和加以度量，为探寻城市群空间布局不平衡的原因和演进过程提供了理论基础。但其无法有效安排要素集聚中心和经济地理中心经济活动的有序性，并不能为破解功能空间分布不平衡提出强有力的理论支持。C.Couch（2006）和 F.Gilli（2009）分别以利物浦和巴黎为对象，提出通过就业分散、产业转型，优化产业功能空间布局进而控制城市蔓延；R.Cervero（1996）、J.Cutsinger（2006）、T.W.Lester（2013）认为通过设计新的土地利用模式和转换城市工业用地等方式，可以实现城市的功能空间扩展；T.Yigitcanlar（2008）和 L.Poelmans（2010）分别构建了公共交通可达性模型、环境支持与城市扩展模型解决不平衡问题。

功能空间分布的不平衡及其破解在国内还是一个较为崭新的研究话题。已有文献在城市空间结构的内涵、演化动力、单一功能空间分布的现实状态等方面颇有建树，但在城市群功能空间分布领域，还有较大研究空间。已有研究多从产业、交通、经济等单一功能对城市群功能空间进行测评，缺乏对城市群复合功能空间整体系统的测评和优化；注意到交通拥堵、功能空间紊乱等城市群功能空间分布不平衡的不利影响，但对不平衡的本质及背后的深刻动因关注较少。本研究将从城市群的经济功能、交通功能、产业功能、城镇功能、生态功能等复合功能出发，通过构建城市群功能空间状态指数，对城市群功能空间

的不平衡状态进行测定和表达,并提出京津冀城市群功能空间实现相对平衡的具体对策。

第二节　城市群功能空间分布
状态指数模型的构建

一、城市群功能空间分布状态测评指标

城市群功能空间分布状态是指城市群的经济功能、交通功能、产业功能、城镇功能、生态功能等复合功能在区域空间内分布所形成的结构状态。因此,对城市群功能空间分布状态进行测评,不能从单一角度出发,应充分考虑城市复杂的、多样化的功能,而城市多样化的功能主要是在一定环境制约下,为城市发展、居民生活提供服务和支持。因此,本研究将城市群的经济功能、交通功能、产业功能、城镇功能、生态功能整合为三类功能,即生态功能、生产功能和生活功能,并选取 23 个二级指标构建城市群功能空间分布状态测评指标体系,具体指标及权重系数见表 6.1。

表 6.1　城市群功能空间分布状态测评指标及权重系数表

一级指标	一级指标权重	二级指标	二级指标权重	总权重
生态功能	0.333	城市绿地面积(公顷)	0.110	0.037
		建成区绿化覆盖率(%)	0.159	0.053
		工业二氧化硫排放量(吨)	0.145	0.048
		工业粉尘排放量(吨)	0.123	0.041
		生活垃圾无害处理率(%)	0.159	0.053
		环境空气质量综合指数	0.158	0.053
		工业废水排放量(万吨)	0.146	0.049

一级指标	一级指标权重	二级指标	二级指标权重	总权重
生产功能	0.334	人均 GDP(元/人)	0.140	0.047
		地均 GDP(元/平方米)	0.117	0.039
		GDP 增长率(%)	0.149	0.050
		规模以上工业利润总额(万元)	0.106	0.035
		客运量(万人)	0.104	0.035
		货运量(万吨)	0.134	0.045
		第三产业 GDP 占比(%)	0.148	0.049
		地方财政一般预算支出(万元)	0.104	0.035
生活功能	0.333	人均城市道路面积(平方米/人)	0.151	0.050
		人均拥有公共图书馆藏量(册/百人)	0.100	0.033
		每万人在校大学生数(人)	0.133	0.044
		医院、卫生院床位数(个)	0.140	0.047
		居民人均生活用水(吨)	0.111	0.037
		人均城乡居民生活用电(千瓦时)	0.112	0.037
		每万人共有公共汽车数量(辆)	0.148	0.049
		城镇基本养老保险参保人数(人)	0.105	0.035

二、测评指标权重的确定

城市群功能空间分布状态测评指标体系,既需要突出 3 个一级指标的关系,同时又要客观体现各二级指标的相对重要性,因此,采用主观与客观赋权相结合的方法。针对 3 个一级指标,使用德尔菲法对其进行赋值。通过德尔菲法,各专家认为城市群功能空间的生态功能、生产功能和生活功能相互制约、相互作用,当三者达到相对平衡状态时对城市群的发展是最有利的,因此 3 个一级指标的重要性相等,权重相等。针对二级指标,本研究选择熵值法进行权重的确定。熵值法的计算如下:

针对一个具有 m 个方案、n 个指标的指标体系,对于二级指标的权重进行计算。

第一步,对各指标数值进行无量纲化处理:

正指标:$x_{ij} = x_{ij}' / \underset{i=1\cdots m}{\mathrm{max}}(x_{ij}')$

负指标:$x_{ij} = \underset{i=1\cdots m}{\mathrm{min}}(x_{ij}') / x_{ij}'$

第二步,计算指标的熵值:$E_j = -\sum_{i=1}^{m}\left(\dfrac{x_{ij}}{x_i}\ln\dfrac{x_{ij}}{x_i}\right)$;其中,$x_i = \sum_{i=1}^{m} x_{ij}$

第三步,计算指标的权重:$\lambda_j = 1 - E_j/\ln(m)$;得到权重为每个一级指标下各二级指标的重要程度。

接下来还要进行归一化处理。

权重归一化处理:$\omega_j = \lambda_j / \sum_{j=1}^{n'}\lambda_j$,其中,$n'$为每个一级指标下二级指标的个数,得到的数值为每个一级指标下各二级指标的相对权重。最终将二级指标权重与一级指标权重相乘得到每个指标相对目标的总权重值。

在计算过程中,工业二氧化硫排放量、工业粉尘排放量、环境空气质量综合指数、工业废水排放量为负指标,其余均为正指标。

三、构建城市群功能空间分布状态指数模型

城市群功能空间分布状态测评涉及的指标较多,属于多目标决策问题,在进行决策时要充分考虑各项指标的优劣程度。在多目标决策分析中,TOPSIS法是一种接近于理想解的方法,该方法在考虑指标相对于最优理想解和最劣解距离的基础上,计算各评价对象与理想方案间的相对贴近度,从而对各评价对象进行排序与评价,该方法对数据分布、样本含量与指标数量没有严格限制,适用于多评价对象、多指标的多目标决策,因此,本研究选择该方法构建城市群功能空间分布状态指数模型。TOPSIS法计算如下。

针对一个具有 m 个方案、n 个评价指标的决策问题,首先对数据进行无量纲化处理:

$$a_{ij} = X_{ij} / \sqrt{\sum_{i=1}^{m} X_{ij}^2}, i = 1,2\cdots m, j = 1,2\cdots n$$

经过归一化处理后得到规范化矩阵 A。

根据规范化矩阵 A,得到最优解向量和最劣解向量。

最优解向量:$A^+ = (a_1^+, a_2^+ \cdots a_j^+ \cdots a_m^+)$

最劣解向量:$A^- = (a_1^-, a_2^- \cdots a_j^- \cdots a_m^-)$

其中,针对正指标,最优解:$a_j^+ = Max(a_{ij}), i = 1\cdots m$

最劣解:$a_j^- = Min(a_{ij}), i = 1\cdots m$

针对负指标,最优解:$a_j^+ = Min(a_{ij}), i = 1\cdots m$

最劣解:$a_j^- = Max(a_{ij}), i = 1\cdots m$

接下来计算各评价对象到最优解与最劣解的距离。

到最优解的距离:$d_1^* = \sqrt{\sum_{j=1}^{n} (a_{ij} - a_j^+)^2 \times w_{ij}}$

到最优劣的距离:$d_i^0 = \sqrt{\sum_{j=1}^{n} (a_{ij} - a_j^-)^2 \times w_{ij}}$

最后计算各评价对象与理想解的贴近度:$C_i^* = d_i^0 / (d_i^* + d_i^0)$,并以此作为城市群功能空间分布状态测评指数。

第三节 京津冀城市群功能空间分布状态测评

京津冀城市群,是与长三角、珠三角齐名的中国第三大城市群,是中国经济增长的"第三极",是中国北方经济规模最大、最具活力的地区。截至 2017 年底,京津冀城市群土地面积 21.8 万平方公里,占全国的 2.3%;人口 1.1 亿,占全国的 8%;GDP 总量达到 82559.4 亿元,占全国的 9.98%。

本研究选取京津冀城市群 13 个城市 2012—2017 年的面板数据,对功能空间分布状态进行测评。数据来源为 2013—2018 年《中国城市统计年鉴》及

《中国(生态)环境状况公报》。

一、京津冀城市群功能空间分布状态综合测评

如表6.2所示,京津冀城市群功能空间分布状态得分相对较低,且群内城市功能空间分布不平衡态势明显。京津冀城市群功能空间分布状态得分主要集中在0.136至0.746之间,其中,北京和天津2012—2017年空间分布状态综合指数平均分分别为0.666和0.567,得分相对较高,且五年内基本呈现出平稳发展态势;河北省11市城市群功能空间分布状态综合指数则得分普遍较低,其中,唐山、邯郸、邢台、保定2012年至2017年空间分布状态综合指数平均分均低于0.3,处于城市群功能空间分布状态综合测评排名的最后四位。

表6.2 京津冀城市群功能空间分布状态综合指数表

城市 年份	北京	天津	石家庄	唐山	秦皇岛	邯郸	邢台	保定	张家口	承德	沧州	廊坊	衡水
2012	0.542	0.411	0.280	0.269	0.458	0.349	0.210	0.314	0.510	0.516	0.464	0.304	0.314
2013	0.743	0.629	0.329	0.232	0.400	0.195	0.207	0.367	0.564	0.573	0.534	0.420	0.394
2014	0.746	0.607	0.294	0.184	0.400	0.312	0.210	0.314	0.428	0.488	0.554	0.393	0.344
2015	0.660	0.657	0.342	0.136	0.347	0.333	0.202	0.215	0.444	0.342	0.514	0.445	0.313
2016	0.621	0.561	0.387	0.325	0.355	0.275	0.357	0.304	0.402	0.374	0.405	0.340	0.276
2017	0.685	0.535	0.425	0.333	0.376	0.302	0.303	0.257	0.432	0.383	0.318	0.372	0.269

为更加客观反映出京津冀城市群功能空分布间状态指数的变化,绘制图6.1。

京津冀城市群功能空分布间状态的变化情况可分为三类。

(一)城市群功能空间分布状态维持较高水平发展

1. 北京

北京市2012—2017年城市群功能空间分布状态指数分别为0.542、0.743、

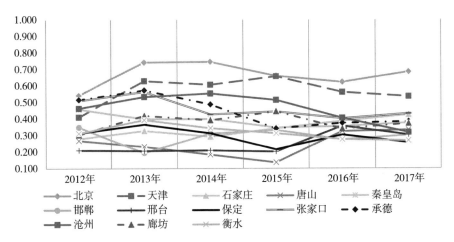

图 6.1　京津冀城市群功能空间分布状态指数变化图

0.746、0.660、0.621、0.685,每年的增幅分别为 37.12%、0.39%、−11.50%、−5.86%、10.22%。由数据可知,北京市的城市群功能空间分布状态指数得分均优于京津冀城市群各城市的功能空间分布状态指数,反映出在综合考虑生态功能、生产功能、生活功能基础上,北京具有较强的城市功能,整体状态最优。

2. 天津

天津市 2012—2017 年城市群功能空间状态指数分别为 0.411、0.629、0.607、0.657、0.561、0.535,每年的增幅分别为 53.00%、−3.57%、8.34%、−14.68%、−4.63%。由数据可知,天津市的城市群功能空间状态指数得分低于北京市,但相对于河北省各市,仍然具有较明显的优势,反映出在综合考虑生态功能、生产功能、生活功能基础上,天津具有较强的城市功能,虽然 2016年和 2017 年呈现下降的趋势,但天津市城市功能空间分布状态指数维持在 0.5 以上,维持平稳发展的态势。

(二)城市群功能空间分布状态变化频繁,但总体水平较高

1. 沧州

沧州市 2012—2017 年城市群功能空间分布状态指数分别为 0.464、

0.534、0.554、0.514、0.405、0.318,每年的增幅分别为 14.99%、3.76%、-7.18%、-21.12%、-21.51%。从数据可以看出,2014 年沧州市的城市群功能空间分布状态指数达到峰值,随后增速逐年下降,2015 年开始出现负增长,但平均值为 0.465。沧州市城市群功能空间分布状态指数波动剧烈,但总体状态较好。

2. 承德

承德市 2012—2017 年城市群功能空间分布状态指数分别为 0.516、0.573、0.488、0.342、0.374、0.383,每年的增幅分别为 11.04%、-14.84%、-29.99%、9.54%、2.43%。从数据可以看出,2013 年承德市的城市群功能空间分布状态指数波动巨大,出现过 11.04% 的增幅达到峰值,也出现过 -29.99% 的负增长跌落至谷底,因此承德市城市群功能空间分布状态指数基本呈现出波动变化,但整体在 0.45 上下波动。

3. 张家口

张家口市 2012—2017 年城市群功能空间分布状态指数分别为 0.510、0.564、0.428、0.444、0.402、0.432,每年的增幅分别为 10.52%、-24.07%、3.84%、-9.55%、7.44%。从数据可以看出,张家口市的城市群功能空间分布状态指数呈现出一年增长、第二年负增长交替出现的剧烈波动态势,但整体还是维持在较高水平,在 0.45 上下波动。

4. 秦皇岛

秦皇岛市 2012—2017 年城市群功能空间分布状态指数分别为 0.458、0.400、0.400、0.347、0.355、0.376,每年的增幅分别为 -12.78%、0.06%、-13.18%、2.12%、5.91%。从数据可以看出,2013 年秦皇岛市城市群功能空间分布状态指数得分出现了下降,2015 年出现 13.18% 的下降,2016 年、2017 年都出现一定幅度上升。因此,秦皇岛市城市群功能空间分布状态指数出现波动变化,但波动剧烈程度相比前三个城市较为平缓,同时值得注意的是其整体水平也和前三个城市出现一定差距,维持在 0.39 上下。

5. 廊坊

廊坊市 2012—2017 年城市群功能空间分布状态指数分别为 0.304、0.420、0.393、0.445、0.340、0.372,每年的增幅分别为 38.03%、−6.55%、13.33%、−23.60%、9.51%。由数据可知,廊坊市的城市群功能空间分布状态指数得分平均分为 0.38。2013 年,廊坊市的城市群功能空间分布状态指数出现上升趋势,随后 2014 年下降,2015 年上升,2016 年又出现了下降趋势且降幅巨大,2017 年又上升。由此可见,廊坊市整体功能状态较弱,且未来空间演化的方向不明。

6. 石家庄

石家庄市 2012—2017 年城市群功能空间分布状态指数分别为 0.280、0.329、0.294、0.342、0.387、0.425,每年的增幅分别为 17.25%、−10.70%、16.52%、13.04%、9.88%。由数据可知,石家庄市的城市群功能空间分布状态指数得分普遍偏低,平均分为 0.343,是第二梯队中功能空间分布的薄弱环节。具体来看,石家庄市的功能空间分布状态指数基本处于增长,只在 2014 年出现下降,2015 年开始又出现了一路上扬的局面,平均增幅为 13.12%,显示出强大的增长后劲。

(三)城市群功能空间分布状态不平衡且总体评分较低

1. 衡水

衡水市 2012—2017 年城市群功能空间分布状态指数分别为 0.314、0.394、0.344、0.313、0.276、0.269,每年的增幅分别为 25.64%、−12.57%、−9.24%、−11.56%、−2.78%。由数据可知,衡水市的城市群功能空间分布状态指数得分普遍偏低,平均分为 0.318,并且从 2014 开始,均出现负增长,年下降幅度平均为 9.03%。整体来看,衡水市生产、生活、生态功能的空间分布不平衡状态较明显。

2. 保定

保定市 2012—2017 年城市群功能空间分布状态指数分别为 0.314、0.367、0.314、0.215、0.304、0.257,每年的增幅分别为 16.75%、-14.36%、-31.40%、41.08%、-15.47%。从数据可以看出,2013 年保定市的城市群功能空间分布状态指数得分增加 16.75%,2014 年、2015 年出现负增长,且 2015 年负增长幅度较大,到了 2016 年保定市的城市群功能空间分布状态指数得分增加 41.08%,增幅最大,但 2017 年又出现了一定程度的下降。保定市城市群功能空间分布状态指数在 0.295 上下波动,不平衡状态明显。

3. 邯郸

邯郸市 2012—2017 年城市群功能空间分布状态指数分别为 0.349、0.195、0.312、0.333、0.275、0.302,每年的增幅分别为 -44.13%、60.08%、6.46%、-17.41%、9.89%。由数据可知,邯郸市的城市群功能空间分布状态指数和保定基本持平,平均分为 0.294。2013 年较之 2012 年得分出现了几乎"腰斩"的情况,好在 2014 年又恢复到平均水平,随后不断上下波动。

4. 邢台

邢台市 2012—2017 年城市群功能空间分布状态指数分别为 0.210、0.207、0.210、0.202、0.357、0.303,每年的增幅分别为 -1.70%、1.48%、-3.93%、77.19%、-15.06%。从数据可以看出,邢台市城市群功能空间分布状态指数得分普遍较低,平均值为 0.248,除了 2016 年有 77.19% 大幅度上升,其他年份得分相差不多,稳定在低水平区间。

5. 唐山

唐山市 2012—2017 年城市群功能空间分布状态指数分别为 0.269、0.232、0.184、0.136、0.325、0.333,每年的增幅分别为 -13.72%、-20.63%、-26.18%、138.77%、2.50%。从数据可以看出,唐山市平均得分 0.247,在京津冀城市群中垫底,同时 2015 年出现了最低值 0.136,虽然 2016 年唐山市的得分大幅度增加,增长幅度为 138.77%,但考虑其基数过低,并没有显著参考意义。

二、京津冀城市群三生功能空间分布状态测评

(一)2017年京津冀城市群各城市三生功能空间分布状态测评空间差异

为进一步探究京津冀城市群功能空间结构不平衡的根本原因,分析各城市在生产功能、生活功能、生态功能空间分布上的差异,本研究对 13 个城市2017 年的功能空间分布状态进行了测评,结果如表 6.3 所示。

表 6.3　2017 年京津冀城市群三生功能空间分布状态测评得分

	生态功能	生产功能	生活功能
北京市	0.510	0.733	0.813
天津市	0.502	0.505	0.597
石家庄市	0.501	0.465	0.309
唐山市	0.492	0.346	0.161
秦皇岛市	0.504	0.322	0.302
邯郸市	0.500	0.281	0.124
邢台市	0.501	0.353	0.056
保定市	0.502	0.129	0.139
张家口市	0.905	0.275	0.116
承德市	0.805	0.287	0.057
沧州市	0.502	0.380	0.072
廊坊市	0.506	0.446	0.164
衡水市	0.504	0.265	0.038

1. 生态功能空间差异

由图 6.2 可以看出,2017 年京津冀城市群各市的生态功能存在差异,张家口市以 0.905 分位居第一,承德市以 0.805 分位居第二,这两个城市的生态功能较强。唐山市(0.492)在京津冀城市群中生态功能最弱,其余城市的生态功能得分基本维持在 0.5 左右,这与 2015 年前形成鲜明对比,主要是缘于近年来京津冀各城市对生态环境的治理力度加大,生态功能有变好的趋势。

北京市和天津市的城市生态功能得分均在 0.5 以上,表明京津两地在城市生态功能方面表现良好,这与城市环境治理能力、政府政策扶持等均有关系。

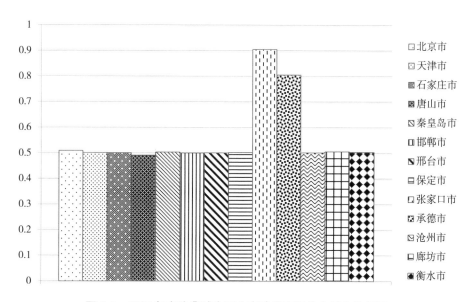

图 6.2　2017 年京津冀城市群生态功能空间分布状态差异图

2. 生产功能空间差异

由图 6.3 可以看出,2017 年京津冀城市群各城市的生产功能存在明显差异。其中,北京市以 0.733 的高分大幅度领先于河北省其他城市。京津冀城市群中,生产功能最强的城市得分是最弱城市的 5.68 倍,而且河北省大多数城市的生产功能明显弱于京津两市。

3. 生活功能空间差异

由图 6.4 可以看出,2017 年京津冀城市群各城市的生活功能存在明显差异。其中,北京市(0.813)、天津市(0.597)的得分明显高于河北省其他城市,河北省 11 个城市的得分均在 0.31 以下,生活功能明显不足。这表明京津冀城市群中大多数城市的生活功能较弱,人们在城市生活过程中得不到令人满意的基础设施使用感受。

综上分析,可以得出以下两点结论:一方面,北京、天津生产功能凸显且功

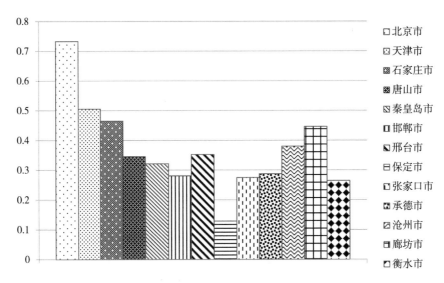

图6.3　2017年京津冀城市群生产功能空间分布状态差异图

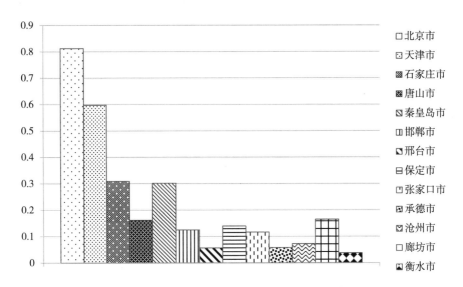

图6.4　2017年京津冀城市群生活功能空间分布状态差异图

能空间结构相对均衡。京津两市的生产功能和生活功能得分均较高,生产功能得分在京津冀城市群中分别位列第一和第二,生活功能得分位居第一和第二,生态功能得分与其他城市基本持平,三大功能空间结构相对均衡。另一方面,河北各市功能空间结构分布较不平衡。生态功能方面,张家口、承德以

0.905、0.805的高分居前两位；生产功能方面，除石家庄、廊坊外，其他九市得分均不足北京的一半，生产功能弱化是河北功能空间结构不平衡的重要原因；生活功能方面，河北各市与北京、天津存在着较大差距，除石家庄市外，河北省其他各城市的得分均不足北京市和天津市得分的一半，与京津两市存在明显的功能断裂。

接下来，综合城市生产、生活、生态复合功能，对京津冀城市群的功能状态进行分析，绘制图6.5。由图6.5可知，当城市群生产、生活、生态复合功能呈现均衡状态时，城市群的功能空间结构为等边三角形；当城市群生产、生活、生态复合功能不平衡时，城市群的功能空间结构应为非等边三角形，且三角形中的最小锐角度数越小，功能空间不平衡状态越严重；三角形的三线越趋向外围，三角形面积越大，说明城市群整体功能空间分布状态越好。京津冀城市群13个城市的生态功能—生产功能—生活功能三角形均为非等边三角形，表明各城市功能空间结构是不平衡的。

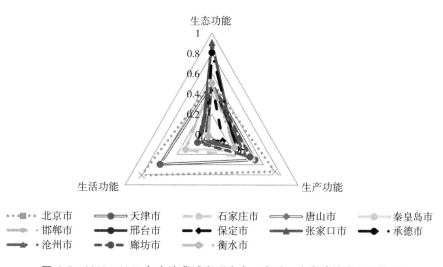

图6.5　2012—2017年京津冀城市群生产—生活—生态功能空间结构图

（二）2012—2017 年京津冀城市群各城市三生功能空间状态纵向测评

为进一步分析京津冀城市群功能空间结构的演化趋势,本研究运用上述方法对京津冀 13 个城市的生产、生活、生态功能进行测评,刻画出 2012—2017 年各城市功能空间结构分布状态,并通过聚类分析,将 13 个城市的功能空间结构分为四种类型。

1. 功能空间结构均衡型:北京

如图 6.6 所示,北京市在生态功能、生产功能与生活功能方面得分均较高,功能空间结构趋近于等边三角形,功能空间结构相对均衡;生产功能得分较高,2012—2017 年各年得分均超过 0.6,远高于河北各市;生活功能有波折向下的趋势,这主要是源于北京突出的生产功能,尤其是经济要素对人口的巨大虹吸效应,人口压力超出了资源、环境的承载能力,呈现出生产功能持续走强与生活功能持续下降的逆向发展态势,这也是影响北京功能空间结构均衡的重要原因。因此,北京需要加快疏解非首都功能、弱化生产功能,尤其是经济功能,进而引导人口合理流动,保持功能空间结构的相对稳定。

2. 功能空间结构动态均衡型:沧州

如图 6.7 所示,沧州市功能空间结构虽然整体得分相对于北京有差距,但其生态功能、生产功能与生活功能在 2012—2017 年间逐渐趋于均衡发展。需要注意的是,沧州的生产功能、生活功能逐渐提升后又迅速下降、生态功能也呈现出缓慢下降的态势,说明早期生产功能、生活功能的提升部分牺牲了生态功能,并且发展过程中产业结构偏重、产业层次偏低,导致可持续发展能力较差,这是影响沧州城市功能趋于均衡的重要因素。

3. 功能空间结构不平衡型

根据不平衡原因,这一类型又具体分为生产功能强市和生态功能强市

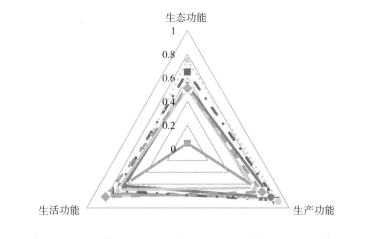

图 6.6　2012—2017 年北京市生产—生活—生态功能空间结构图

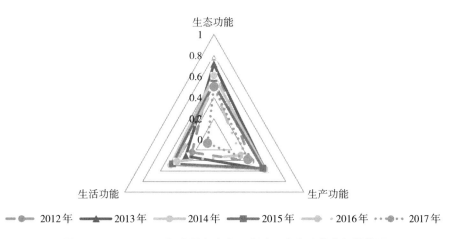

图 6.7　2012—2017 年沧州市生产—生活—生态功能空间结构图

两类。

（1）生产功能强市：天津、廊坊、石家庄

①天津市

如图 6.8 所示，天津市在 2012—2017 年城市功能空间结构演化中，生产—生活—生态功能空间结构图均为锐角三角形，特别是 2017 年呈现出的形状最为明显,最小的锐角均体现在生产功能上,生产功能的强化与生活功能、生态功能的弱化形成了鲜明的对照,功能空间结构不平衡。由此可知,在 2012—2017 年间,天津市的城市发展主要将优质资源投入经济发展中,而忽视了其他两个主体功能的建设。

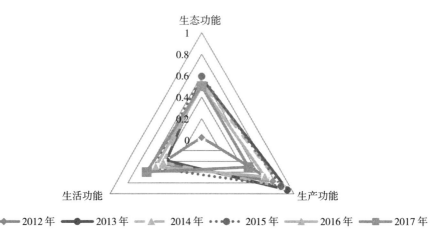

图 6.8　2012—2017 年天津市生产—生活—生态功能空间结构图

②廊坊市

如图 6.9 所示,廊坊市在 2012—2017 年城市功能空间结构演化中,生产—生活—生态功能空间结构图均为典型的锐角三角形,由三角形的形状来看,廊坊市在近些年的发展过程中功能空间结构分布不平衡较明显。具体来看,生产功能一直保持在较高的水平上,而且生态功能较平稳,得分维持在0.43—0.53 之间,而生活功能不足,得分仅为 0.05—0.21,表明 2012—2017年,廊坊市重点进行经济发展,忽视了生态功能及生活功能的建设。

③石家庄市

如图 6.10 所示,石家庄市在 2012—2017 年城市功能结构演化中,呈现出明显的生产功能强于生活功能和生态功能的态势,意味着在发展过程中,其优质资源也主要投入经济发展,忽视了其他两个主体功能的建设。生活功能和生态功能均较差,得分为 0.04—0.51 和 0.18—0.40。由此可知,石家庄市的功能空间结构分布不平衡较明显。

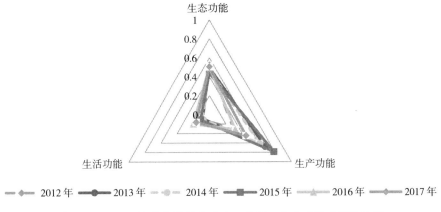

图 6.9　2012—2017 年廊坊市生产—生活—生态功能空间结构图

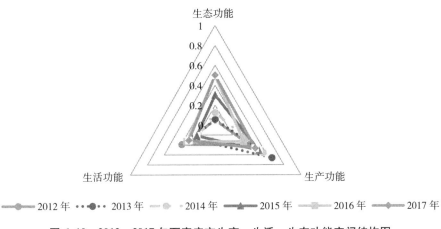

图 6.10　2012—2017 年石家庄市生产—生活—生态功能空间结构图

（2）生态功能强市：承德、张家口、秦皇岛

①承德市

如图 6.11 所示，承德市在 2012—2017 年城市功能空间结构演化中，呈现出明显的生态功能强于生活功能和生产功能的趋势。在近五年的城市发展过程中，生态功能得分均在 0.75 以上，表明其城市生态功能较强，但是其生活功能弱化较严重。通过以上分析可以看出，承德市虽然拥有良好的生态环境，人们能够在较好的自然环境中生活，但是其生活功能和生产功能不足，阻碍了城市综合功能的提升。

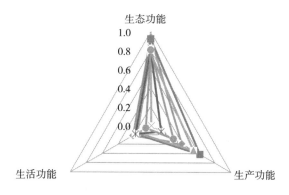

—◆—2012 年 —■—2013 年 —▲—2014 年 —✕—2015 年 —※—2016 年 —●—2017 年

图 6.11 2012—2017 年承德市生产—生活—生态功能空间结构图

②张家口市

如图 6.12 所示,张家口市在 2012—2017 年城市功能空间结构演化中,生态功能得分均在 0.9 以上,近几年均位于京津冀城市群之首,但是其生产功能和生活功能都表现较差,近几年来的生活功能得分最高为 0.341,最低为 0.116,生产功能得分最低仅为 0.085。从数据来看,张家口市的城市功能明显不平衡,没有充分利用生态优势发展城市经济,提高城市生活功能。

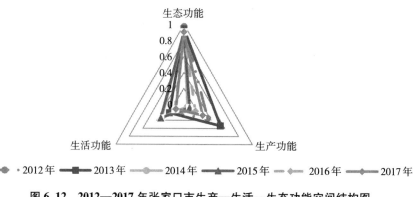

—◆—·2012年 —■—2013年 —●—2014年 —▲—2015年 —◆—2016年 —✕—2017年

图 6.12 2012—2017 年张家口市生产—生活—生态功能空间结构图

③秦皇岛市

如图 6.13 所示,秦皇岛市在 2012—2017 年城市功能空间结构演化中,城市功能空间结构图为非等边三角形,证明其城市功能不平衡。从结构图来看,在近几年的发展过程中,生态功能所对应的角为最小角度的锐角,显示出生态功能最强,从生态功能的得分来看,在0.504—0.750之间,一直维持在较优状态,主要是缘于其工业二氧化硫放量、工业粉尘排放量、生活垃圾无害处理率、工业废水排放量等指标表现良好,说明生态环境综合治理水平较高。但观测秦皇岛市城市功能空间结构三角形,生产功能对应的角度数较大,说明生产功能弱化较明显,若想提高城市功能,必须在生产功能和生活功能上加大建设力度。

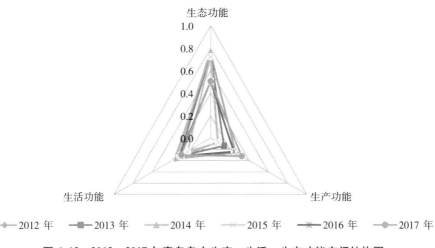

图6.13　2012—2017年秦皇岛市生产—生活—生态功能空间结构图

4. 功能空间结构低水平不平衡型

（1）邯郸市

如图6.14所示,在邯郸市2012—2017年城市功能结构演化中,生态功能、生产功能和生活功能发展相对较均衡,特别是2012年、2014年及2015年基本均衡,但是得分普遍偏低,各功能在各年份的得分均低于0.5,意味着功能发展出现了滞后问题。特别是在2016年和2017年,生产功能和生活功能得分均有大幅度下降,表明近年来,在生产功能和生活功能上不进反退,出现了低水平的不平衡状态。因此，探索邯郸市的城市功能阻碍原因，并有针对性改变现状，是其亟须思考的城市发展问题。

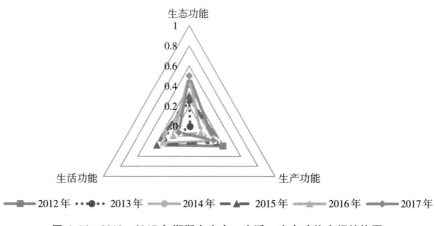

图 6.14　2012—2017 年邯郸市生产—生活—生态功能空间结构图

（2）保定市

如图 6.15 所示，在保定市 2012—2017 年城市功能空间结构演化中，呈现出生产功能、生态功能及生活功能发展水平低下的不平衡现象。从图形看，空间结构三角形面积较小，主要源于各功能得分均处于较低水平。在生态功能

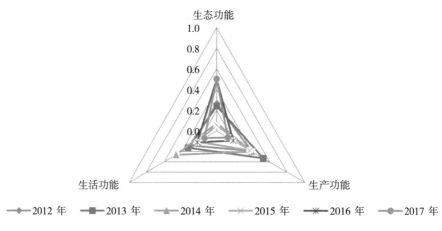

图 6.15　2012—2017 年保定市生产—生活—生态功能空间结构图

方面,2012—2015 年,得分最高为 2012 年 0.267,最低为 2015 年 0.057。2016
年后,生态功能逐渐转好。在生活功能方面,近几年的得分均在 0.54 以下,主
要缘于人均城市道路面积、人均拥有公共图书馆藏量、医院、卫生院床位数、城
镇基本养老保险参保人数等方面发展较落后,因此科教文卫以及基础设施方
面仍需要下大力气进行建设;在生产功能方面,应借着京津冀协同发展的东风
找准定位,改变生产现状,调整产业结构,突出重点发展。

(3)衡水市

如图 6.16 所示,在衡水市 2012—2017 年城市功能空间结构演化中,呈现
出功能空间水平逐渐降低的不平衡状态。从图形来看,2013 年相对较好,
2017 年生活功能和生产功能得分仅为 0.038 和 0.265,制约发展的原因主要
是生活功能的落后及生产功能的下降。因此,衡水市的发展必须在稳定提升
生活功能的同时,寻找生态功能和生产功能的提升路径。生活功能得分在
0.038—0.322 范围内,主要缘于其人均城市道路面积、人均拥有公共图书馆
藏量、每万人在校大学生数、医院、卫生院床位数、每万人共有公共汽车数量、
基本养老保险参保人数等指标在 13 个城市中均属于较落后状态,因此,衡水
市要重点加强城镇基础设施的建设,完善城镇功能,提高均等的公共服务

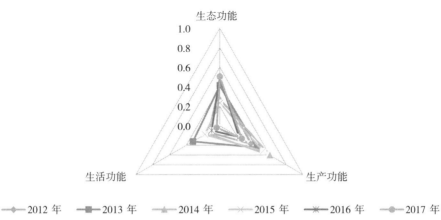

图 6.16　2012—2017 年衡水市生产—生活—生态功能空间结构图

水平。

（4）邢台市

如图 6.17 所示,在邢台市 2012—2017 年城市功能空间结构演化中,空间结构三角形面积较小,呈现为低水平不平衡型。2012—2015 年,生态功能得分在 0.1 以下,2016 年开始好转。2012—2017 年,生产功能得分在 0.129—0.353 范围内,生活功能得分在 0.056—0.399 范围内。发展过程中呈现出生态功能、生产功能、生活功能此消彼长的发展态势。因此,邢台市要提升环境综合治理水平,同时,居住向城区、新城、镇区、新型社区、中心村集中,农地向规模经营集中,使地区空间有序发展,生态安全得到保障。另外,生产功能较弱,主要是源于大部分城镇的工业化主要依靠自身矿产资源的开发,产业结构亟须调整,需要改变原有走重化工业发展的思路,创造更多的第二、三产业就业岗位,拉动农村居民进城,并提高农业产业化经营水平。

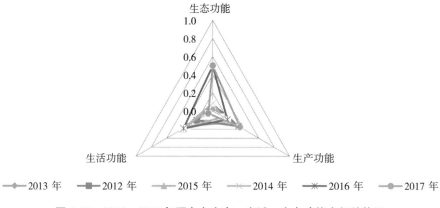

图 6.17　2012—2017 年邢台市生产—生活—生态功能空间结构图

（5）唐山市

如图 6.18 所示,唐山市在 2012—2017 年城市功能空间结构演化中,在生态功能、生产功能与生活功能方面得分均在 0.5 以下,处于较低水平的发展状态。具体看,2017 年功能三角形各方面发展情况均较 2012 年时的状态有所改善,但是,各功能指数得分仍均在 0.5 以下。特别是 2014—2015 年,三项功

能均处于下降状态,城市发展受到多方因素的共同制约。虽然唐山市的 GDP
数值较高,但其生产功能得分并不高,主要是缘于其 GDP 增长率、客运量、货
运量、第三产业占比等方面的表现与其他城市相比差距较大,且产业结构、能
源结构、经济发展方式还弱化了城市的生态功能,所以其整体的城市功能
较弱。

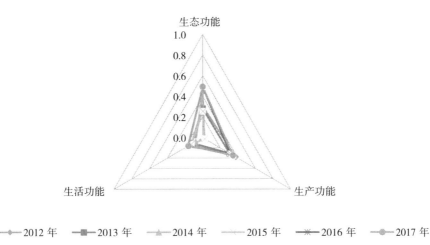

图 6.18　2012—2017 年唐山市生产—生活—生态功能空间结构图

第四节　京津冀城市群功能空间
分布差异性测评

京津冀协同发展需要京津冀三省(市)融为一体,成为一个具有经济互补
性和功能一体化的城市群,这是研究空间整合、功能整合与经济互补的基本遵
循。功能空间分布的不平衡与破解在国内还是一个较为崭新的研究话题。

城市地理学的研究表明,城市群中的城市和城镇在经济专业方面相互补
充,因此城市群内每个城市都比孤立的城市更具竞争力。所以城市群具有相
当大的区域凝聚力,在这一区域凝聚力中,各城市间的人口、组织和企业之间

的关系要优于传统的大都市边界界定的城市网络关系。城市群中不同城市实现经济互补的前提是各城市不仅要专门从事不同行业,同时还要表现出明显的空间相互作用,从而实现一体化,所以建立和发展这样一个城市群最主要的关系是企业间关系。多中心城市理论是空间科学的一个新范式,其前提是:界定空间科学的确切含义,明确城市区域经验内容的新特征,并与传统的空间理论和过程进行区分。本部分使用零膨胀负二项回归模型实证检验京津冀城市群内各城市间互补性是否存在,以及空间整合、功能整合与经济互补性的内在逻辑关系,以期解决京津冀城市群的三个相关方面的经济基础性问题:

(1)京津冀城市群在何种程度上作为一个空间整合实体进行运作?

(2)京津冀城市群在何种程度上作为一个功能整合实体进行运行?

(3)城市间的经济互补性(包含空间和功能整合性)是否存在于京津冀城市群?

功能空间分布的不平衡与破解需要关注以下三个方面:一是研究区域空间功能优化。指出空间功能应由相对单一的生产和居住功能向全方位的多功能转化,并加快实现区域空间的现代化。二是将北京非首都功能疏解作为解决空间分布不平衡的重要对策。北京的非首都功能就是首都属性对先天附带的城市功能所产生的负面影响,而疏解北京非首都功能实际上就是排除首都属性对城市发展的负面影响。先要厘清北京的首都功能、非首都功能以及经济功能三者之间的关系,再按照发挥市场决定作用和政府作用相结合的原则,形成以北京为核心的首都功能承载区。三是积极研究其他解决对策。比如从区域创新和政府干预等维度对解决城市群功能空间分布不平衡问题进行探索性研究。

城市群的空间整合、功能整合和经济互补是当今学术界较为关心的三个核心概念。城市群中各城市之间的空间整合缘于移动和通信技术的改善,这将进一步促进城市群内交通和信息的流动性,进而使得各城市形成更强有力的经济关系。如果与更多的具有不同经济功能的城市实现空间整合,那么城市群可以被认为是功能整合的实体,从经济意义上讲,这将要求组成城市群的各城市具有不同的经济功能,从而发挥不同的经济作用。例如,一个专门从事商业服务的城市将这些服务提供给一个专门从事劳动密集型产业的城市,反之亦然。总而言之,相关专业性(功能整合)的差异化以及经济主体之间的大量相关作用(空间整合)在经济上被定义为以经济互补为特征的城市群。

在早期研究中,多将一体化和互补性集中于一个城市内部,但是随着企业流动性和灵活性的增强,产品、服务、劳动分工的多样化,一体化和互补性可以扩大到更大的区域内进行。尽管在有关城市群的学术文献和政策文件中都涉及空间整合、功能整合和经济互补性概念,但是国内较少实证分析城市群内的匹配程度,本研究试图以零膨胀负二项回归模型分析京津冀城市群中空间、功能整合情况。

一、模型框架

(一)京津冀城市群的空间经济一体化分析——空间整合模型

《京津冀协同发展规划纲要》提出"一核—双城—三轴—四区—多节点—两翼"的空间格局,下面将验证京津冀城市群是否形成了基于企业关系的城市空间整合系统。当说到空间整合时会使用到一个较为严格的假设前提,即除了两个城市间的经济质量和距离之外,空间功能对城市群企业之间联系强度没有影响,如果京津冀城市群作为一个空间整合的城市体系发挥作用,那么城市群中企业关系的空间网络结构也仅由这两个变量决定。因此,空间整合的三个相关条件是:

(1)城市间的相互依赖性不应比京津冀城市群内部城市之间的相互依赖性强;

(2)京津冀城市群中不同子区域之间的相互依存度不应强于这些子区域内城市之间的相互依存度;

(3)在不同类型的城市依存关系中不存在明显的可观察层次。

本研究使用引力模型检验这些条件,多数学者认为空间相互作用可以使用该模型进行预测和解释。引力模型假设两个物体之间的引力大小(在本研究中是指不同城市之间的相互作用)取决于二者之间的质量和距离。具体来说,假设两个城市之间的相互作用强度与城市经济量正相关,与两个城市的距离成反比例关系,具体如式(1)所示:

$$g_{ij} = k \frac{M_i^{\beta_1} M_j^{\beta_2}}{d_{ij}^{\beta_3}} \tag{1}$$

其中,g_{ij} 表示引力大小,或者城市 i 和城市 j 之间的相互作用强度;k 表示比例常数;M_i 表示城市 i 的经济规模,M_j 表示城市 j 的经济规模;d_{ij} 表示两市之间的实际距离;β_1,β_2 和 β_3 为待估参数。文中城市 i 和城市 j 的经济规模分别以各城市的地区生产总值为替代变量,并在分析中将 M_i,M_j 的自然对数作为一个变量;距离以两城市之间的直线距离为准。所以对公式(1)两边取对数,得到:

$$\ln(g_{ij}) = \beta + \beta_1 \ln M_i + \beta_2 \ln M_j + \beta_3 \ln d_{ij} + \varepsilon_{ij} \tag{2}$$

空间相互作用应该以计数形式来进行处理,因为它们计算着两个城市之间各经济活动的流动频率,虽然这些数据通常被认为是连续的,通常不满足正态分布和同方差的基本假设,传统的线性回归模型的应用会导致低效、不一致和有偏的估计,因此,使用替代回归技术是更为合适的。最常用于计数的回归模型可能是泊松回归,通过最大似然估计方法来进行估算,在该对数线性模型中,所观测到的城市 i 和城市 j 之间的相互作用强度具有泊松分布特性,其条件均值(μ)是自变量的函数。具体来说:

$$p(g_{ij}) = \frac{\exp(-\mu_{ij}) \mu_{ij}^{g_{ij}}}{g_{ij}!} \text{,其中} \mu_{ij} = \exp(k + \beta_1 \ln(M_i M_j) + \beta_2 \ln d_{ij}) \tag{3}$$

为了纠正模型中的过度分散(其中条件方差大于条件均值)和数据中的过量零计数(其中零计数发生概率大于对泊松分布或负二项分布的预期),使用零膨胀负二项回归,可以作为泊松分布模型的一个推广,通常情况下,若不校正过度分散和过量零计数问题,则会导致一致且低效估计。零膨胀负二项回归模型考虑到两组潜在数据群的存在,一组数据具有严格的零计数,另一组数据具有非零计数概率。相应地,它的估计过程由两部分组成:

$$p(g_{ij} = 0) = \varphi_{ij} + (1-\varphi_{ij})\left(\frac{\alpha^{-1}}{\alpha^{-1} + \mu_{ij}}\right)^{\alpha^{-1}} \tag{4}$$

$$p(g_{ij}) = (1-\varphi_{ij})\frac{\Gamma(g_{ij} + \alpha^{-1})}{g_{ij}!\ \Gamma(\alpha^{-1})}\left(\frac{\alpha^{-1}}{\alpha^{-1} + \mu_{ij}}\right)^{\alpha^{-1}}\left(\frac{\mu_{ij}}{\alpha^{-1} + \mu_{ij}}\right)^{g_{ij}} \tag{5}$$

其中,$\mu_{ij} = \exp(k + \beta_1 \ln(M_i M_j) + \beta_2 \ln d_{ij})$;$\varphi_{ij}$ 表示严格零计数所占比例($0 \leq \varphi_{ij} \leq 1$);$\alpha$ 表示确定预测离散度的参数,因此允许条件方差超过条件均值。

零膨胀负二项回归模型(公式4)包含预测变量的 logit 回归,该回归测算在两个给定的城市之间没有相互作用的概率,公式(5)包含负二项回归,该回归为具有非零概率数组中每个计数的概率。过度分散的似然比检验用于检验负二项分布是否优于泊松分布。

为了用零膨胀负二项回归模型检验京津冀城市群的城市空间整合三方面具体条件,在模型中引入虚拟变量,以反映城市间经济互动的空间情况,即京津冀城市群内城市间建立的空间整合程度。将两个核心城市(北京、天津)和石家庄与城市群内其他城市分开分析,借鉴陆大道的地理界定,将北京与周边城市廊坊、保定、承德和张家口作为环首都圈,天津、沧州、唐山和秦皇岛作为环渤海圈,将河北省其他城市作为另一城市圈,并介绍以下几种相互依存关系(具体如图6.19所示),以便分析城市之间的空间相关性。

(1)每个城市内部经济关系(intra-nodal)。

a.完全处于城市内部的经济关系,也可以是该城市与其郊区之间的经济关系。

(2)中心城市与周边城市的经济相关性(within region)。

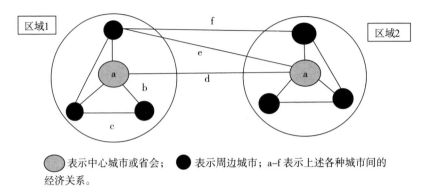

　　⬤ 表示中心城市或省会；　　⬤ 表示周边城市；a–f 表示上述各种城市间的经济关系。

图 6.19　不同类型城市相互依存的分类分析

b.城市群内的中心城市与其周边城市之间的中心——外围相互依赖关系（core-periphery）；c.中心城市外周边城市之间的相互交叉或依赖关系（criss-cross）。

（3）不同中心城市之间的经济相关性（between region）。

d.城市群的各中心城市间相互依赖性（inter-core）；e.城市群内某一中心城市与其他较远城市间的"中心—外围"相互依赖性（core-periphery）；f.除中心城市外其他城市的相互交叉或依赖关系（criss-cross）。

假设在上述关系中不同城市相互依赖的相对强度没有差异性。若京津冀城市群被认为是经济角度上空间整合的城市系统，那么城市群内城市间关系就由二者的经济质量和距离共同决定。

（二）京津冀城市群的功能一体化

虽然空间整合是城市互补性的前提条件，但是功能整合或分工的存在是另一个条件。京津冀城市群实现功能整合和经济互补的前提条件是城市群内各城市在经济专业化和功能方面存在一定差异性，所以本节内容是测试功能整合在京津冀城市群中是否存在。

因为本研究要同时测算京津冀城市群的空间整合与功能整合，所以应扩展空间整合使用的引力模型,并以功能整合为一项指标,当城市 i 和城市 j 之间的经济联系较多时,可以植入这样一个事实,即城市 i 的生产结构中包含城市 j 的其他方面互补专业化特征,例如,一个专门从事金融服务的城市向一个专门从事劳动密集型产业的城市提供这些服务,反之亦然。理论上,北京的商业服务专业化应该导致其他城市大量使用这些服务,尤其是当这些服务在其他城市中的专业性不足时;然后,除北京以外的其他城市也可有自己的专业化功能,并以此为基础强化与其他地区的贸易关系。在这种情况下,每个区域都受益于彼此的专业化,并且仍会有显著的相关作用。因此,城市不必对所有部门都具有专业化程度要求,但也可以凭借某一功能的专业化从城市群中获益。

如果城市群的空间整合与功能整合相吻合,那么就可以认为该城市群中存在经济互补性。本研究使用不同部门的区位熵方法来衡量城市的专业化,基本行业并不依赖于消费者的直接位置来选择其区位,因此这些行业的企业可以从附近城市的互补专业化中获利,由此对区位熵进行定义:

$$LQ_{ij} = \frac{E_{ij} / \sum_j E_{ij}}{\sum_j E_{ij} / \sum_{ij} E_{ij}} \qquad (6)$$

其中,E 表示城市 i 和城市 j 的就业人数或企业数量。如果 LQ 大于 1,表明这个行业在该地区的代表性相对较强;若小于 1,表明该行业在该地区的代表性较弱。区位熵是以就业和企业数量来表示的,二者之间的差异反映了各地区行业的平均规模。因目前尚不清楚企业专业化或就业的专业化是否与城市功能互补性相关,所以,在功能整合 FI 的指标中,对原城市和目的地城市之间的经济互动进行均等的衡量:

$$FI_{od} = \sum_j |LQ_{o_jE} - LQ_{d_jE}| + \sum_j |LQ_{o_jF} - LQ_{d_jF}| \qquad (7)$$

其中, LQ_o 代表原城市区位熵, LQ_d 代表目的地城市区位熵,E 代表就业,F 代表企业数量,j 表示该区域各行业。

二、实证结果及分析

(一)数据来源

考虑到数据的可获得性,本研究选取的时间跨度是 2003—2018 年,空间整合模型的原始数据均来自于《中国城市统计年鉴》和《中国交通年鉴》,其中各城市的生产总值以市区生产总值为准。因本研究的京津冀城市群内贸易情况的数据难以获得,所以以 2003—2018 年各省区间的铁路贸易额作为替代变量,同时两城市间距离以当年国际油价和距离为替代变量。

(二)京津冀城市群的空间整合模型分析

表 6.4 给出了零膨胀负二项回归模型对京津冀城市群间经济相关作用强度的估计结果。总体而言,离散系数(α)似然比检验显著性表明,零膨胀负二项回归模型是适合本研究的。如前所述,零膨胀负二项回归模型是由两部分组成的。负二项部分用于测量那些非严格零计数变量的估计;零膨胀或二元分量部分与 logit 回归相关,它预测观察相关变量是否属于"总是零"或"不总是零"。

表 6.4 京津冀城市群经济相关性的零膨胀负二项回归结果

		模型 1	模型 2	模型 3	模型 4
负二项部分	C	−3.68(20.20) ***	−3.47(20.70) ***	−4.19(33.70) ***	−4.73(14.60) ***
	$M_i M_j$	0.41(38.00) **	0.39(33.00) ***	0.61(41.90) **	0.69(31.10) **
	d_{ij}	−0.35(20.50) ***	−0.22(11.10) ***	−0.17(8.98) ***	−0.29(9.64) ***
	Within region	—	−0.36(5.69) **	·	—
	Core-periphery	—	—	—	0.33(2.00) **
	Criss-cross	—	—	—	0.26(1.01)
	Between region	—	−0.55(2.19) **	−0.28(2.16) **	—
	Inter-core	—	—	—	0.32(2.02) **
	Core-periphery	—	—	—	0.03(0.90)
	Criss-core	—	—	—	·
	离散系数(α)	−5.79 ***	−6.48 **	−4.34 ***	−4.38 **

续表

		模型 1	模型 2	模型 3	模型 4
零膨胀部分	C	−0.35(0.21)	−8.48(0.19)	−8.61(0.04)	0.59(1.06)
	M_iM_j	−0.25(5.88)**	−0.36(5.01)**	−0.32(3.31)**	−0.58(1.99)*
	d_{ij}	0.67(3.59)***	0.60(0.04)	0.12(0.07)	0.13(0.32)
	Within region	—	8.89(0.04)	·	—
	Core-periphery	—	—	—	−13.1(0.02)
	Criss-cross	—	—	—	−1.39(1.10)
	Between region	—	13.9(0.33)	11.1(0.27)	—
	Inter-core	—	—	—	−25.79(0.01)
	Core-periphery	—	—	—	−0.59(0.55)
	Criss-core	—	—	—	·

注：*** p<0.01；** p<0.05；* p<0.10；· 为基准变量。

通过对零膨胀部分的分析,发现在给定的四个模型中,两地距离只在模型1中具有显著性;只有经济规模变量是显著的,即显著增加了属于"总是零"组的概率。平均而言,在保持其他变量不变的情况下,两个城市间的联合经济规模增加1%,使属于非零组的可能性减少0.4%。也就是说大部分非相互作用发生在河北省小城市之间,且在这些区域内缺乏流动临界值。

下面,重点分析回归模型中的负二项部分。表6.4中的模型1是零模型,并且该模型仅包含两个变量即两地距离和两地的联合经济规模,京津冀城市群中两个城市之间的联合经济规模和两地距离应仅仅决定城市之间的交互强度,而其他类型的空间依赖不应发挥作用。结果表明经济质量与两个城市间的流动频率具有显著的正效应,即联合经济规模增加1%,引力强度会增加0.41%;而距离具有显著的反向相关性,当两地距离增加1%时,二者间的引力强度会减少0.35%。模型2检验了空间一体化的第一个条件,即城市间的相互依赖性不应比京津冀城市群内部城市之间的相关依赖强,换言之,空间互动程度不应超过城市群内部城市之间的互动程度。更具体地说,预测的城市群中心城市与周边城市的经济相关性比城市群不同中心城市之间的经济相关性低了15%,京津冀城市群的空间功能存在一定不平衡。模型3检验了空间整合的第二个条件,即京津冀城市群中不同子区域之间的相互依存度不应强于这些子区域内城市之间的相互依存度;在保持两个城市经济规模和距离不变的情况下,区域内城市间引力强度超过子区域间引力强度的30%,所以第二个条件也没有满足。模型4验证了空间整合的第三个条件,即不同类型的城市间相互依存关系不应该存在明显的可观测的层次结构。首先,以区域间交叉依存度为参照,能够比较不同类型城市依存度的相关强度,控制各城市的经济规模和距离;其次,利用Wald检验方式检验不同类型区域的相互作用强度是否显著存在不同结论。通过分析,发现空间整合的第三个条件也不能满足,结果显示北京和天津之间的核心相互依存度和区域内核心与外围相互依存度是较强的类型;区域间"中心—外围"相互依存和区域内纵横交错相互依存关系是较弱的类型。因此,由于检测需满足空间集聚的三个条件均不满足,所以京津冀城市群尚未作为一个整体在空间整合上充分发挥作用,存在一定的空间不平衡。

(三)京津冀城市群的功能一体化模型分析

表6.5给出了从零膨胀负二项回归模型得到的京津冀城市群内各城市之间经济互动估计量,并加入了功能整合指标,模型的零膨胀部分显示结果与表6.1所示结果相类似。

表6.5中的模型5表示零模型或者基准模型,即包括功能整合以及原城市与目的地城市之间的联合经济规模和两地距离等变量,结果显示功能整合对城市间的引力强度没有显著影响。模型6显示功能整合指标与经济规模交叉项与引力强度的负向相关性,这从一定程度上可以认为京津冀城市群内小城市之间的功能整合程度较弱,由于这些城市较小,不能单独容纳所有经济功能,需要周围城市存在一定功能互补性;而较大城市拥有一定的专业资源。模

表6.5 京津冀城市群中经济和功能一体化的零膨胀负二项回归结果

		模型5	模型6	模型7	模型8
负二项部分	C	-3.34(11.60)**	-8.50(6.69)***	-3.19(11.09)***	-8.80(3.68)***
	M_iM_j	0.51(33.10)***	1.11(5.80)***	0.61(2.10)***	1.11(3.78)***
	d_{ij}	-0.34(18.10)**	0.31(11.10)***	0.17(9.78)***	-0.33(4.67)***
	Within region	—	—	—	—
	Core-periphery	—	—	0.31(3.12)***	0.37(2.99)***
	Criss-cross	—	—	0.13(1.23)	0.34(1.76)*
	Between region	—	—	—	—
	Inter-core	—	—	0.42(2.52)**	0.12(1.67)*
	Core-periphery	—	—	0.11(0.17)	0.04(0.98)
	Criss-core	—	—	·	·
	功能整合	—	—	—	—
	△ 相对专业化	-0.08(1.11)	1.24(2.78)***	-0.08(1.18)	0.97(1.72)*
	△ 相对专业化 * 经济规模	—	-0.09(2.01)**	—	-0.08(1.21)
	离散系数(α)	-5.60***	-5.58**	-5.15***	-4.38***
零膨胀部分	C	-0.43(0.11)	1.12(0.77)	1.52(0.55)	4.16(0.76)
	M_iM_j	-0.29(3.99)***	-0.92(1.07)	-0.35(5.30)***	-0.77(1.23)
	d_{ij}	0.94(2.13)**	0.99(1.11)	-0.16(2.16)**	-11.1(0.00)
	Within region	—	—	—	—
	Core-periphery	—	—	-10.21(0.01)	0.78(1.09)
	Criss-cross	—	—	-0.92(0.55)	-16.2(0.01)
	Between region	—	—	—	—
	Inter-core	—	—	-9.89(0.01)	-0.23(0.23)
	Core-periphery	—	—	-0.07(0.45)	0.13(0.76)
	Criss-core	—	—	·	·
	功能整合	—	—	—	—
	△ 相对专业化	-0.31(0.34)	-0.37(0.76)	-0.37(1.01)	-0.99(0.65)
	△ 相对专业化 * 经济规模	—	0.15(0.54)	—	0.12(0.67)

注: *** p<0.01; ** p<0.05; * p<0.10; · 为基准变量。

型7和模型8中同时引入空间和功能变量,但引入的功能指标也只对较小的城市有意义,因此,京津冀城市群功能一体化效果还不显著。

三、结论

从理论上看,城市群内不同城市实现空间和功能的互补,不仅要求城市专门从事不同的产业,同时要求城市间有显著的空间相互作用,进而整个城市群表现出一体化。本研究通过实证分析,测评了京津冀城市群的空间和功能整合程度以及城市互补性的存在性,实证结果表明空间整合的三个条件并不能满足,所以京津冀城市群内存在一定的功能不平衡和空间不平衡。首先,在京津冀城市群内,城市内部的经济相互依存度强于城市之间的相互依存度;其次,子区域内城市之间的相互依存度强于这些子区域间城市之间的相互依存度;最后,京津冀城市群内,不同类型的城市之间的相互依存关系存在一定可观察的层次结构,并且中心位置占据主导作用。因此,可以说京津冀城市群还没有作为一个空间整体充分发挥作用。然后,在原有模型基础上引入了功能整合指标,该指标包含原城市和目的地城市之间的经济差异性,实证结果表明,京津冀城市群的功能一体化效果还不明显,所以,也就不存在由城市的空间和功能整合而形成的经济互补性。

推动京津冀城市群高质量发展,实现空间和功能整合,需要综合考虑城市发展的协调性、持续性和包容性,并保持城市群内各城市发展的层次性,据此,提出如下建议:首先,强化中心—外围城市的功能分工,城市决策者要充分认识到城市的要素禀赋,顺应功能分工模式,具体来说,将企业总部和研发部门以及生产性服务行业向中心城市北京或天津集聚,将中心城市变为区域经济发展的创意和思想中心,充分发挥中心城市的人力资本集聚效应和规模经济效益;河北省各城市可在生产制造方面发挥成本外部性优势,积极承接北京、天津转移出来的制造业,并利用中心城市的技术和知识溢出性,提高自身的技术效率和制造效率。其次,缩短城际间的"时间距离"。城际间的通勤时间是影响甚至支配城际联系强度的核心因素之一,建立完善的交通和通信网络,能有效缩短城际间的时间距离,不仅可以节约通勤人员时间,更能从一定程度上降低产品和各要素运输成本和在途时间,有效降低北京、天津和河北之间各市场中经济活动的交易成本,实现京津冀城市群空间整合和经济互补性。最后,推进城市群落后城市特色发展。河北省经济发展相对于北京、天津来说仍然有很大的提升空间,部分城市发展是城市群发展的重中之重,面临着加快发展、提升质量的多重任务,可在河北省建立多极支撑的现代化产业体系,破除省内产业单一的弊端,加快产业多元化发展,为其培育新的经济增长点。

第七章 京津冀城市群功能空间分布 不平衡的影响因素和根源

京津冀城市群功能空间分布存在产业功能重叠、城市发展滞后、交通拥堵等一系列不平衡现象。因此需要从现象深入本质,探寻导致不平衡的影响因素,为城市群功能空间相对平衡路径的设计提供参考。

第一节 分布不平衡的影响因素

区域内的经济、政治、社会因素,如要素成本、技术水平、城市发展以及行政力量都会影响到京津冀城市群功能空间布局,导致功能空间分布不平衡,这些影响因素可以从历史和现实中去寻找。

一、区域创新能力不平衡

2015 年出台的《京津冀协同发展规划纲要》将科技支撑城市群发展放在了一个非常重要的位置。通过比较各城市的创新投入和创新产出,发现京津冀区域创新存在不均衡的问题。

(一)创新投入差距较大

京津冀城市群在 2017 年的科学技术支出方面,河北省内支出最多的是石家庄,但仅占北京科技支出的 2.8%,最少的张家口只占北京科技支出的 0.57%(见表 7.1)。

表 7.1　2017 年京津冀城市群科技支出和教育经费支出　(单位:万元)

城市	科技支出	教育支出
北京	3617191	9645817
天津	1159606	4352701
石家庄	100610	1676709
唐山	71110	1337546
秦皇岛	30410	508832
邯郸	50523	1163136
邢台	24803	897944
保定	44738	1445318
张家口	20821	799876
承德	21410	663827
沧州	46063	1220731
廊坊	66840	969083
衡水	31181	561044

数据来源:《中国城市统计年鉴 2018》。

2017 年,全国研发经费支出 17606.1 亿元,京津冀三地支出 2490.4 亿元。其中,北京研发经费支出占全国的比重为 8.97%,占京津冀的比重为 63.4%;河北省研发经费支出 452 亿元,占京津冀的比重为 18.1%,占全国的比重为 2.6%;天津市的研发经费与河北省基本一致。这说明在京津冀城市群中北京的创新投入占了很大比重。

河北省内研发经费投入不均衡,其中石家庄、唐山和保定研发经费投入排在前三位,占全省的比重分别为 28.3%、18.2% 和 16.5%,石家庄经费支出占京津冀的 5.1%,占北京的 8%;投入最少的市为张家口市,占河北省的比重为 1.3%,占京津冀的比重为 0.25%(见图 7.1)。

2017 年,全国的研发经费投入强度是 2.13。2010 年以来,北京和天津的投入强度有降低的趋势,京津冀三地研发经费投入强度之间的差距有所减少,

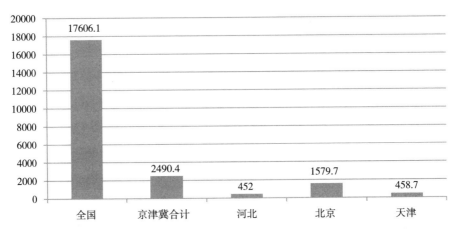

图 7.1　2017 年京津冀三地研发经费支出统计图（单位：亿元）

数据来源：《河北省经济年鉴 2017》。

但是河北省研发经费的投入强度由于增加的不多，与京津两地相比仍有明显的差距，而且也没有达到全国的平均水平。虽然天津研发经费投入的强度比全国的平均水平要高，但是跟北京相比差距仍然很大。在河北省内，只有石家庄、廊坊和保定这几个城市的研发经费的投入强度高于省内的平均水平。这表明河北省区域创新投入差距较大，处于不平衡的状态（见表 7.2）。

表 7.2　京津冀三地研发经费投入强度比较

年份	河北	北京	天津
2010 年	1	7.49	3.22
2017 年	1.33	5.64	2.47

（二）创新效率较低

从专利申请数和授权数来看，京津冀城市群的整体数量是增加的。2018年，全国专利申请 432.3 万件，授权量 244.7 万件。其中，京津冀三地的专利申请数量为 39.4 万件，授权数量为 82.97 万件，分别占全国数量的比例为

9.1%和33.9%。北京专利申请数量21.1万件,授权数量为12.3万件,其中申请的发明专利有10.9万件,授权数量为4.8万件,有效发明的专利增加了17.5%,达到了24.1万件。天津市的专利申请数量为9.9万件,授权量为5.47万件,其中分别包括发明专利和有效发明专利5626件和3.21万件。河北省申请专利的数量为8.4万件,授权数量为5.2万件,比上年分别增加了36.7%和46.8%(见图7.2)。①

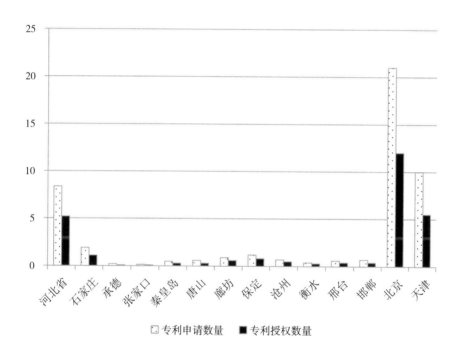

图 7.2　2018 年京津冀地区专利申请和授权情况统计图(单位:万件)

数据来源:京津冀 13 市 2018 年国民经济和社会发展统计公报。

从图 7.2 中可以看到,在河北省内专利的申请和授权数量最多的城市是石家庄市,分别是 1.9 万和 1.1 万件,两项指标最少的是承德市,分别为 0.69 万件和 0.49 万件。石家庄市的专利申请数量和授权数量分别是承德市的 9.96 倍和 9.74 倍;北京专利申请数量是河北省全省专利申请数量的 2.5 倍,

①　数据来源:京津冀三地 2018 年国民经济和社会发展统计公报。

是承德的 108 倍,在授权数量方面北京是承德的近 105 倍。

如图 7.3 所示,2018 年,全国技术合同成交总额 17697 亿元,京津冀技术合同成交总额合计 6183 亿元。其中,北京市签订了 82486 项各种类型的技术合同,合同成交额达到了 4957.8 亿元;天津市签订的各种技术合同总共有 11315 项,合同成交额为 725 亿元,比上年增加了 10.2%,技术交易额达到了 553 亿,增长 11.3%;河北省技术合同成交总额突破 500 亿元,增速很快但总量仍然很低,总量只占全国的 2.8%,占京津冀的 8%,占北京的 10%。①

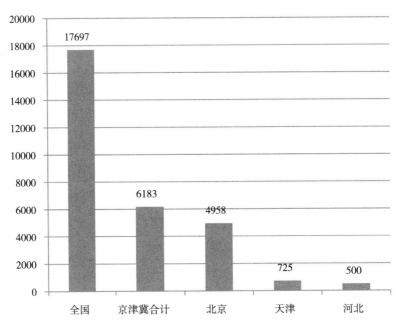

图 7.3 京津冀三地 2018 年技术合同成交额统计图(单位:亿元)

数据来源:京津冀 13 市 2018 年国民经济和社会发展统计公报。

(三)创新资源共享程度较低

北京市是我国最重要的经济、政治、文化和科技中心,拥有中关村国家自

---

① 数据来源:京津冀三地 2018 年国民经济和社会发展统计公报。

主创新基地、大量国家重点实验室、国家临床医学和工程研究中心等一系列大型科技创新平台。反观河北省,总共拥有 5 个国家级别的技术创新中心、7 个国家工程研究中心以及 10 个国家重点实验室,国家级的创新平台很少,与京津两地的差距显著。

自京津冀协同发展战略实施以来,三地在产业、交通、生态环保等方面协同发展的步伐逐步加快,三地协同创新成效也很明显,截至 2018 年底,中关村国家自主创新示范区与津冀共建了 11 个协同创新共同体,天津有 2 个,河北省有 9 个,分别位于秦皇岛、曹妃甸、张北、满城、正定、怀来、保定、承德、雄安新区,①这些协同创新共同体,在京津冀三地创新驱动以及产业协同方面发挥了一定的支撑和促进作用。

但上述已建的协同创新共同体主要集中在环京区域或发展欠佳的新兴区域,并非河北发展较好的成熟地区,河北省较滞后的产业承接能力导致中关村企业较少向这些地区转移,创新共同体的进展达不到预期,创新人才和成果没有形成有效的流动。2015—2017 年的数据显示,京津冀三地联合设立的基础研究合作项目仅有 47 个立项,资助经费 870 万元。2018 年京津技术交易额共计 5683 亿元,其中河北省的交易总额占三个地区的 8.8%,吸纳北京和天津技术交易额 204 亿元,同比增加 24.6%,表明京津创新资源向河北省聚集有所加速,但是河北省吸纳的交易额总量,在京津交易额总量中只占 3.6%,京津冀间技术市场发育不足。②

通过以上分析可知,京津冀城市群内的创新投入与产出存在着明显的差异,京津冀三地科技创新能力呈现明显的梯度差异,特别是河北省的科技创新能力在三地中是个短板,在产业配套、人才支撑、公共服务、营商环境等方面的承接能力明显不足,大多数北京市高端创新要素资源跨区域向南方城市进行

---

① 李勇军:《京津冀区域发展与治理研究》,人民日报出版社 2020 年版,第 137 页。

② 数据来源:《京津创新资源加速向河北聚集,去年技术交易额达 204 亿元》,2019 年 3 月 1 日,https://kjt.hebei.gov.cn/www/xwzx15/hbkjdt64/175168/index.html。

异地转化,转移到河北省的很少。区域创新能力不平衡,在一定程度上制约了京津冀城市群进一步协同发展。

二、要素分布不均衡

区域内的要素禀赋是协同发展的基础,不同的城市群在要素禀赋上的异质性导致其区域协同发展的基底不同、难度不一。以下从劳动力、资本、土地等生产要素的异质性来分析京津冀城市群要素禀赋情况。

(一)传统生产要素分布不均衡

从城市建设用地来看,京津冀内各城市的建设用地面积及其占市区面积比重大小不一,说明土地要素的供给不平衡(见表7.3)。

表 7.3 2017 年京津冀城市群城市建设用地情况

城市	城市建设用地面积 (平方公里)	城市建设用地占市区 面积比重(%)
北京	1465	8.93
天津	995	8.38
石家庄	266	11.85
唐山	237	5.03
秦皇岛	132	6.19
邯郸	174	6.52
邢台	103	0.83
保定	183	7.13
张家口	100	2.29
承德	72	5.75
沧州	83	45.36
廊坊	69	23.63
衡水	71	4.57

资料来源:《中国城市统计年鉴2018》。

2018 年,天津全社会就业人口 896.56 万。其中,外来就业人口 359.78

万,比 2017 年增加 1.6 万;城镇就业人口 714.21 万,比 2017 年增加 4.1 万。
河北省的就业规模逐渐扩大,到了 2018 年,全省就业人员共有 4196.1 万人,
比 1978 年多了一倍,年平均增长率为 1.7%。其中,有 1324 万城镇就业人员,
是 1949 年的将近 30 倍,年平均增长率为 4.5%;新增 87 万城镇就业人员,城
镇失业率为 3.3%。以上数据表明,三地的劳动力资源禀赋分布不均衡。[1]
2018 年京津冀城市群在岗职工人数见表 7.4。

表 7.4　2018 年京津冀城市群在岗职工人数比较　　（单位:万人）

城市	在岗职工平均人数	
	全市	市辖区
北京	754	754
天津	231	231
石家庄	87	63
唐山	67	47
秦皇岛	27	21
邯郸	55	33
邢台	33	13
保定	67	36
张家口	28	15
承德	23	10
沧州	39	13
廊坊	39	22
衡水	21	9

资料来源:《中国城市统计年鉴 2018》。

2018 年,北京市的一般公共预算达到了 5785.9 亿元,住户的存款余额达
到了 32507.8 亿,全年的社会固定资产投资同比减少了 9.9%。天津市的一般
公共预算为 2106.19 亿,其中有 1624.84 亿元是税收收入,按照可比口径来计

---

① 数据来源:京津冀三地 2018 年国民经济和社会发展统计公报。

算,固定资产投资同比减少了 5.6%,这里面不包括农户的固定资产投资。河北财政收入 5585.1 亿元,住户的存款余额为 40355.6 亿元,全社会的固定资产投资同比增加了 5.7%。①

(二)创新资源分布不均衡

京津冀城市群科技创新资源富集,但城市群的创新资本、创新主体大多聚集于北京和天津,特别是北京聚集了大量的人口、科技、教育、文化等资源要素,河北省内的技术要素禀赋较小(见图 7.4)。在我国的高校院所中,北京市和天津市的数量一直遥遥领先,科研力量非常强大,两地拥有的高等院校分别为 91 所和 56 所,在我国的 985 高校中,北京市有 8 所,天津市有 2 所;在我国的 211 高校中,北京市有 26 所,天津市有 4 所,河北省唯一的 211 院校还在天津。

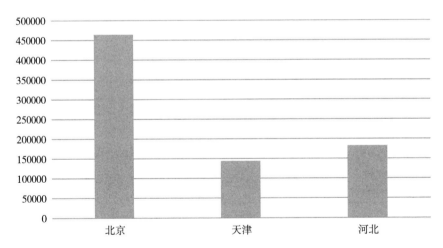

图 7.4 京津冀城市群 2019 年研发人员空间分布图(单位:人)

资料来源:《中国科技统计年鉴 2020》。

2019 年,平均每 100 万人拥有的高等院校数,北京为 4.25 所,天津为

---

① 数据来源:京津冀三地 2018 年国民经济和社会发展统计公报。

3.73 所,而河北省只拥有 1.61 所。① 京津冀城市群创新人才空间分布极化现象也是较明显的,由 2019 年研发人员区域分布可知,北京是名副其实的人才高地,其拥有研发人员 464178 人,是天津的 3.23 倍,是河北的 2.53 倍(见7.4)。

此外,京津冀三省市在普通小学生师比、普通中学生师比、教育经费占财政支出的比例以及人均财政教育经费等方面也存在较大差距(见图 7.5)。

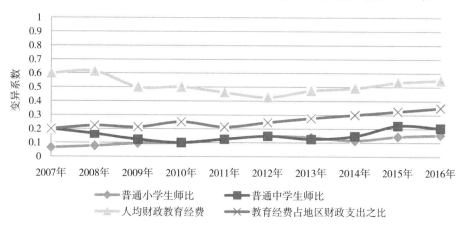

图 7.5　京津冀三地基础教育资源分布图

数据来源:京津冀三地 2017 年统计年鉴。

(三)公共服务资源分布不均衡

京津冀是我国公共服务资源最为密集的地区,但空间分布较不平衡,在北京和天津这两个地区聚集了大量的优质公共服务。河北省的公共服务水平跟这两个地区相比有很大的差距,主要是由公共资源的分配不均造成的。

河北省拥有的高校、医院和医疗机构总量虽然较多,但其优质教育和医疗资源数量远远少于京津。在医疗保健资源方面,三省市存在较大差异,截至2017 年,北京市在卫生医疗机构、人均执业医师数量、人均医院床位等方面都

① 数据来源:京津冀三地 2019 年国民经济和社会发展统计公报。

强于津冀地区,优势明显。在北京市的常住人口当中,执业医师数为 5.1 个/千人、5.38 张床位/千人,天津的执业医师数为 2.76 个/千人、4.14 床位/千人,河北执业医师数为 2.78 个/千人、4.2 张床位/千人(见图 7.6)。

图 7.6　京津冀三地医疗卫生资源分布图

数据来源:京津冀三地 2017 年统计年鉴。

在京津冀三个地区的城市中,互相之间经济联系的方向大体上跟沿线的交通设施保持一致,其中跟高铁路线的相似度更高。北京、天津相对于其他城市的交通体系已经相对完善,然而在城市群中,却没有形成一个完善发达的内部交通网,京津与河北之间仍存在高速铁路公路"断头路"的现象,在众多的跨区域国省干线中,也有较多的瓶颈路段。另外在建设港口方面,天津市和河北省的唐山市之间存在竞争关系,河北省内虽然城市众多,但是不同的城市之间交通网络体系还不够完善,比如在承德和张家口、承德和秦皇岛之间,到目前为止还没有可以直达的列车。

三、城市治理水平较滞后

京津冀城市群内城镇化水平和城镇化质量参差不齐,三地间公共服务水平差距较大。大多数城市的生活功能和生态功能较滞后,面临着交通拥堵、空气污染等问题,治理遇到了一定挑战。

（一）城镇化水平差距较大

2018 年北京市的城镇化率为 86.5%，天津为 83.15%，两地已经进入高度城镇化阶段，河北与京津两地差距明显。

河北省的常住人口 7556 万，其中有城镇人口 4264 万、农村人口 3293 万。在 2017 年的常住人口中，城镇化率达到了 55%，到 2018 年涨到了 56.43%，可以看到省内的城镇化率明显提高，但是跟全国 59.58% 的平均水平相比，还有一定的差距。在整个河北省内，只有唐山、石家庄和廊坊这几个市的城镇化率高于全国水平，达到了 60% 以上（见图 7.7）。

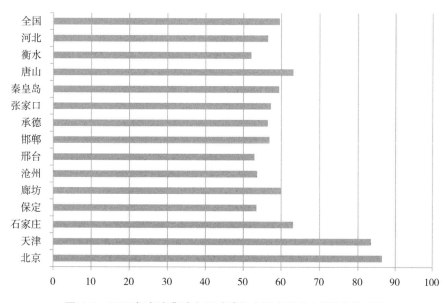

图 7.7　2018 年京津冀城市群城镇化水平空间分布图（单位：%）

数据来源：京津冀 13 市 2018 年国民经济和社会发展统计公报。

我国最开始的城镇化劳动力机制，是跟计划经济体制联系在一起的，其驱动靠的是国家的行政力量。有的地方过于强调大城市的发展，开放了城镇户口，把乡改成镇，把农民变成了居民，这种随意的做法有很大的盲目性。重建轻管的问题很普遍，城市功能提升落后于城市规模扩大，出现了房价上涨、社会保障能力不足、用地粗放、交通拥堵和环境污染等各种问题。

(二)社会服务设施不完善

住房、医疗卫生、社会保障、文化体育、教育以及环境保护等都属于基本公共服务的范畴。传统城市化的发展只关注农村人口向城市转移的数量,忽略了他们应享有的服务,仅仅是城市人口数量增加和人们工作地得到了转移,然而医疗卫生、教育、住房、养老等问题都没有得到解决,只是在空间上实现城镇化。

城市群内部的社会保障制度在社会救助、医疗和养老等各个方面都存在不均衡的问题。截至2018年,北京市职工的最低工资为每月2120元,城乡居民的生活保障为最低每月1000元,最低失业保险保障为每月1536元,均高于河北。河北的保障标准低但保障人数却高于京津,这表明河北实现广覆盖率比较困难,而且存在比较严重的贫困问题,所以更需要加强与京津地区经济合作。在2007年以后失业保险参保比率最高达0.9以上,社保差异显著(见图7.8)。

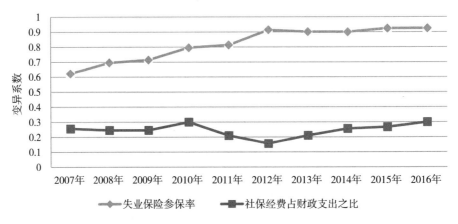

图 7.8 京津冀三地社会保障资源统计图

数据来源:京津冀13市2017年国民经济和社会发展统计公报。

要深化城市群的功能,需要依赖各城市间一体化的交通体系和基础设施。便利的交通体系使区域之间和区域内部的联系加强,突破行政区划的界限,让资源可以在各个城市之间自由的流通,让区域合作和一体化突破距离的约束,将城市之间的联系变得更加密切。但目前京津冀交通一体化方面存在路网布局和交通方式衔接短板。

区域经济发展过程中一个历史性的难题就是发展经济和保护环境之间的矛盾,经济的发展固然重要,但是一个和谐稳定的生态环境也是非常重要的。京津冀城市群的生态环境问题较严峻,但区域内生态环境保护的市场机制不健全。京津冀地区在地理位置上,处于我国北方农业和牧业的过渡区域,面临着极大的生态压力。整个地区最显著的生态问题就是水资源的匮乏,制约了该地区的可持续发展。人均水资源为 286 立方米,远远低于国际人均水平,即使有南水北调这样伟大的工程,对于该地区的缺水问题也不能从根本上加以解决。京津冀地区多年来地下水的采用已经严重超标,而且已经出现了地面坍塌的安全隐患,因此该地区的地下水开采已经很难再持续下去。另外由于工业的发展,地下水资源被污染,也使得该地区的饮用水面临安全问题。除此之外,京津冀地区不断减少的水资源,让整个地区的湿地面积减少,生态系统的平衡遭到破坏。除了水资源之外,该地区还缺乏土地资源,北京市平均每人的耕地面积为 0.17 亩,天津市为 0.83 亩,与全国平均水平相比差距较大。在北京和天津这两个城市存在人多地少的问题,土地资源已经到了被开发的极限,后备的土地资源不足。

(三)城乡发展不平衡

京津冀地区有着明显的二元经济特征,城乡发展差距明显,主要表现在两个方面:城市和乡村之间的不平衡与农村内部的不平衡。城市和乡村之间的不平衡,主要表现在公共产品供给不平衡、居民收入不平衡、劳动力不平衡、资源流动不平衡和经济体制的改革不平衡等方面。[1] 农村内部发展的不平衡主要表现在政治、经济、社会、文化等层面。

① 马晓河:《统筹城乡发展要解决五大失衡问题》,《宏观经济研究》2004 第 4 期。

城乡发展不平衡主要表现为河北与京津的城乡不平衡、京津冀各区域内部的城乡发展不平衡。

由图 7.9 可知,京津冀三地在城镇和农村人均可支配收入方面存在一定差距。2018 年,河北省的城镇居民人均可支配收入为 32997 元,上涨了 8%;城镇居民的人均可支配收入为北京的 48.53%,天津的 76.78%。另外,河北省的农村居民人均纯收入达到了 14301 元,上涨了 8.9%,农村居民人均纯收入相当于北京的 52.96%、天津的 60.83%。河北省的居民人均消费支出为 16722 元,上涨了 8.3%。根据常住地来区分,城镇居民的人均消费支出为 22127 元,上涨了 7.4%;农村居民的人均消费支出为 11383 元,上涨了 8%。①

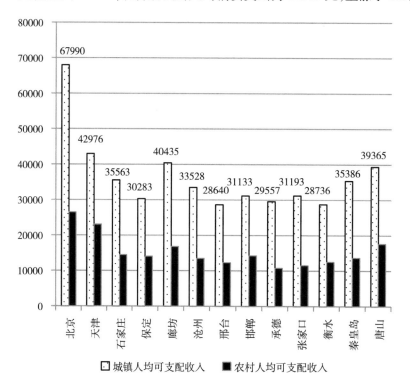

图 7.9　2018 年京津冀城乡居民人均可支配收入统计图(单位:元)

数据来源:京津冀 13 市 2018 年国民经济和社会发展统计公报。

---

①　资料来源:《2018 年河北省国民经济和社会发展统计公报》。

一般情况下认为城乡关系的最佳状态为城乡收入比1.4∶1,但三地城乡经济发展明显不平衡,在2018年京津冀的城乡收入比中,北京市为2.57∶1,天津市为1.86∶1,河北省为2.35∶1(见图7.10)。

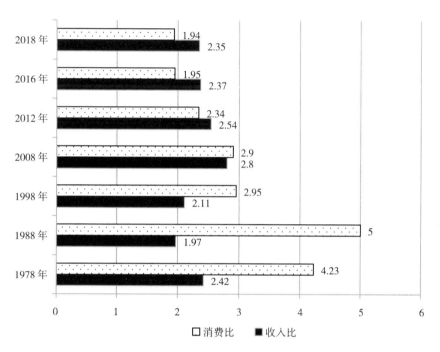

图7.10　河北省城乡居民收入比和消费比择年比较

数据来源:《河北省经济年鉴2018》和《河北省国民经济和社会发展统计公报2018》。

城乡之间的基本公共服务差距比较大。城镇政府在技术、公共服务的财政支出方面有着较强的能力,而乡镇政府在这方面的能力比较弱,缺乏医疗和社会保障方面的支出。城镇的公共服务设施比较齐全,而农村的交通设施建设、人居环境等方面与城镇相比存在较大差距。近年来,财政向农村虽有倾斜,让农村得到了一些专款补助,基本实现"村村通",但乡村公路窄、差、弯的问题依然存在,另外在集中供水、垃圾处理、污水处理、坑塘沟渠整治、村庄绿化、人畜混居方面都存在一些问题。

随着城镇化和工业化的发展,大量的农民开始进城找工作或者下海经商,导致农村的人才、资金和土地资源大量流出,农村生产力缺乏骨干,使得农村出现了空壳的现象,主要表现为土地空废化、主体老弱化、基础设施老化、人居环境差等特征,导致乡村发展活力不足。

四、体制机制障碍

除了受要素分布、城市发展、技术水平的影响,市场机制和协同发展机制的弱化以及运行机制不顺畅也是导致京津冀城市群功能空间不平衡的重要影响因素。

(一)协调机制运行不畅

京津冀协同发展的国家战略是对京津冀城市群内部协同发展最大的政策支撑和推动,2015年出台的《京津冀协同发展规划纲要》和一系列相关文件,为京津冀协同发展指明了目标、方向及思路。目前珠三角城市群建立了区域合作行政首长联席会,长三角城市群也建立了长三角经济协调委员会、长三角地区主要领导座谈会、长三角地区合作与发展联席会等较为完善的协调体制,为城市群内部的协同发展提供了重要支撑。

城市群发展涉及多重行政关系,城市群中各城市都有独自的行政管辖权,城市间具有明确的行政边界,自我保护过度的地方政府使区域间市场相互开放水平较低,导致跨区域合作治理的难度较大,阻碍了资源要素的合理流动、产业转移和生态协同治理。京津冀城市群与其他城市群的显著区别在于京津冀城市群有复杂的行政关系,而且行政区域划分和经济区域划分重合,在边界分割的地方城市空间联系松散,利益与宏观战略存在矛盾的关系,区域的合作受到限制。京津冀城市群内各自为政态势较突出,而且行政级别上的差别明显,要素单向流动和相互流动不畅的问题显著。

协调机制包括两个层面。一是区域间协调,也就是京津冀三地横向的协调。尽管有着三地共同参与规划,但是区域间的制度协同难度较大,协调频率和重大事项的协调度不够,实施过程中存在多规不合一、各行其是的问题。二是相关部门在京津冀三地的横向协调。目前京津冀协同发展中涉及产业、交通、生态职能的相关部门横向协同较多,京津冀交通一体化已取得明显的成效,但有些功能诸如公共服务功能的实质性协调机制仍然没有建立起来,当前阻碍京津冀协同发展的大问题是三地公共服务资源和水平的差距。① 产业功能的协同力度也有待加大,长期以来各个城市基于地方利益,各自根据经济需要制订发展方案,未从整体来考虑,导致区域内产业发展缺乏统一规划,产业同构现象较严重,合作关系小于竞争关系是城市之间明显存在的问题。比如,在我国的京津高速和京津唐高速沿线上,就有着 10 多个国家级高新技术产业开发区,而且这些开发区的距离都不是很远,如北京亦庄和天津武清区这两个国家开发区之间,距离仅有 10 公里左右,开发区内也存在产业布局趋同的问题。

(二)市场机制功能弱化

长三角、珠三角的高速发展已经证明:区域经济的发展离不开市场的作用。在京津冀地区的资源配置过程中,因为有着大量的国有经济,所以起主导作用的是行政力量。京津冀城市群在行政级别上差异大,三地存在不对等关系。中心城市的行政级别高于周边地区的次级城市,有更多的资源优势和政策支持,在经济发展中处于支配地位,造成资源要素过度向中心城市集中和规模不经济等问题。

京津冀城市群的功能分工受到行政分割的影响,降低了城市群的空间分工程度。自从实施财政分灶后,地方收入和支出难以分离。制造业的转移一定程度上降低了城市的财政收入和经济增长,出于地方自身利益的思考,城市政府会干预企业的外迁转移,通过使用经济和行政的手段来想办法留住这些

---

① 陆小成:《以空间重构开启首都发展新航程》,《中国城市报》2019 年 9 月 9 日。

企业,由于大城市有着雄厚的财力支持,更有能力阻止企业的自由迁移,以致阻碍了产业结构的优化升级,这也导致城市间功能分工形成较难。北京一直在发展服务业并压缩工业,但除了将首钢搬到河北曹妃甸,其余工业并没有大规模地转移到外地,而是在市内进行分散布局,如机械、电子等主导产业聚集到了亦庄产业园区,这种产业政策的导向只是产业的空间分布发生了变化,产业功能并未发生根本变化。

城市群发展从根本上来讲要依靠市场力量,但行政色彩浓厚必定影响市场作用的发挥,京津冀城市群经济协同水平较低与其经济市场化程度较低密切相关。由于行政区域划分不同,使得要素流动存在制度和信息障碍,且成本较高,区域之间还存在不同程度的商品市场分割,因此无法实现资源共享,不能建立共同的人才资源市场、产权交易市场等。区域间市场机制的不健全难以促进资源的合理配置,不利于区域内的要素流动。教育、医疗等公共服务行业的竞争机制不完善,阻碍资源从核心城市向周边城市流动。京津冀协同过程中应顺应城市群发展的规律,让市场引导企业、个人和地方合理配置资源。

（三）整体空间规划滞后

区域整体的规划是区域协同发展的灵魂所在,成熟的世界级城市群大都有自己的专门机构负责城市群的整体规划,如美国的大都市圈的发展规划就是通过美国区域规划协会制定的,而且美国全国尺度的规划已经有百年历史,早在1908年,美国就协调各州开展过全国尺度的规划工作。长三角城市群内部的协作历史较长,已摸索实施出较多专项的合作制度及机制,主要包括城市群发展规划、城市经济协调会以及领导座谈会,有着较好的协同制度安排,现在国家已经把长三角一体化升为国家战略,也就是说已经进入制度合作的阶段,在政策和制度支持方面均优于国内其他城市群。

《京津冀协同发展规划纲要》及系列政策出台之前,京津冀城市群长期缺乏区域性、整体性规划及落实机制,城市间很难实现长期有效的协同发展,城市功能定位几经变迁,各个城市强调经济功能而忽视生态功能、城镇功能的现实,导致城市发展在一定程度上处于相对无序的状态。区域发展战略方面,我国政府为了促进区域的协调发展,制定并实施了大量的发展战略,比如说东北振兴、西部大开发、产业转移示范区等,但是这些战略中,缺乏有关京津冀区域整体发展的规划。一直到 2014 年,中共中央提出了京津冀协同发展的国家战略,2017 年,又提出规划建设雄安新区,京津冀城市群总体功能定位和发展方向才日渐明晰。

第二节　分布不平衡的根源

城市功能的地域选择是城市空间,京津冀城市群的产业功能重叠等一系列不平衡现象,其根源是城市群内部功能结构不平衡和城市群规模结构不平衡。

一、城市群功能结构不平衡

京津冀各城市的功能没有进行合理的分工,城市内的发展模式不是理想状态下的错位互补模式。城市群的功能结构不平衡,尤其是经济功能、公共服务功能的非均衡分布、产业功能的重叠与同质化,是导致功能空间分布不平衡的重要根源。

(一)城市分工不合理

合理的区域分工体系是衡量城市群发育成熟程度的核心指标,城市群内的分工与合作也是城市间协同供给的推动方式。

从城市职能分工来看,世界级城市群都有明确的产业定位,而且形成了错位发展格局。比如,在美国东北部大西洋沿岸的城市群内,纽约的金融、贸易和文化产业比较发达;费城的工业产业比较发达,在美国东海岸地区有着发达的钢铁、造船和炼油产业;巴尔的摩的国防、冶炼和有色金属产业比较发达;波士顿的文化教育和科技产业比较发达,有哈佛、麻省理工等世界著名的高等院校;华盛顿聚集了国际货币基金组织、世界银行等全球性金融机构。在我国,长三角地区的上海、南京、杭州、宁波和舟山等城市间存在良好的分工,城市群功能分工比较均衡。

但长期以来,京津冀城市群分工不够明确,产业布局统筹有待提高,在确定发展方向方面缺乏专业分工和区域协作,出现了很多城市发展导向趋同的现象,比如都将未来的发展重点确定为战略性新兴产业,发展金融经济、总部经济、会展经济等,使重复建设和无序竞争成为城市规划面临的问题。京津之间并没有密切的分工协作关系,彼此之间的竞争关系大于合作关系,没有很合理的市场和劳动力分工的功能性结构,而且关系定位不明确,对区域经济起不到明显的带动作用。京津冀城市群内只有北京的分工指数始终大于1,分工情况较好。除北京、天津外,其他城市职能结构相似度高,不利于特色产业的发展,制约着各城市的经济社会发展,在一定程度上影响了城市群的空间开发效率和秩序。

(二)产业同构现象较严重

长时间以来,京津冀的产业同构现象较严重,这是因为区域资源利用和开发、基础设施的设计建设、产业发展方向和城市功能的定位等方面没有准确的协调和分工,而是呈现大而全的综合特征。天津的主要产业是制造业,北京的主要产业是服务业,河北各城市大多集中于电煤水供应业和公共服务业,相似度较高,有着大量的重复,天津与河北之间的产业同构要比北京和河北之间更严重。

相关研究显示,京津冀的产业结构体系具有较高相似度的特点,还没有形成明确的分工协作模式。例如,河北和北京、天津和北京、天津和河北之间的产业同构系数分别为 0.37、0.61 和 0.81。① 北京和天津两个城市之间产业的互补性和差异性,跟波士华城市群比起来还有较大的差距,造成这种现象的主要原因是城市功能过于繁杂,没有明显的分工和协作。高新技术产业在北京和天津两个城市占据着主导地位,其发展的重点几乎都是电子、医药和信息产业,并且这些产业之间没有明确合理的分工,几乎是齐头并进地发展。

天津不仅是北方最大的工业中心,还是全国非常重要的工业城市,其第一产业主要是养殖和种植业,以城郊型农业为主;第二产业主要有电子信息、航空、石油、医药、装备制造等,并且在全国范围内遥遥领先;第三产业主要是外贸和金融产业。河北省的第一产业主要是粮棉产业;第二产业主要是汽车制造业、煤炭、建材、机械制造、新能源、石油化工、轻工和医药等;第三产业中占比较高的是外贸产业。从中可以看到,在河北省的城市中,有超过一半把发展的重点放在了化学品制造、冶炼行业,而且分工也不够合理。河北和天津在钢铁、化工和能源等行业中有着大量的趋同现象,存在激烈的竞争。

京津冀城市群内部产业同构现象较严重,导致资源的浪费。城市群产业间的关联性也不是很强,缺乏合作基础,不利于京津冀城市群的长足发展和进步。

(三)城市功能协同效应较差

城市具有经济功能、交通功能、产业功能、城镇功能、生态功能等复合功能,京津冀城市群无论是城市间还是各城市内部功能差异明显,没能形成良好的协同效应,城镇功能、生态功能和产业功能普遍较弱,进而抑制了经济功能的发挥。

---

① 数据来源:《为美好而来,大运河智慧中心国家级战略实施》,2021 年 1 月 21 日,https://bj.leju.com/news/2021-01-27/10426760024193733276646.shtml。

北京是全国的科技创新中心,天津是部分高端制造业的聚集地,河北各市以重化工业和农业为主。从产业链条来看,北京位于产业链的最高端,天津位于产业链的中间,河北位于产业链的低端。从表面上看一个完整的产业链似乎已形成,但这种产业链的关联度较低,分工还处于初级状态,并未形成如长三角城市群那样紧密的联系。区域产业价值链联动匹配性较弱,在不同程度上出现了分离的趋势,城市之间的资源要素共享性不是很强,没有形成组团发展的模式。

大城市经济功能过度强化,北京至今仍是我国北方甚至是全国的经济中心,在这种情况下,作为我国传统的重工业城市,天津市的经济地位在整个北方地区就不容易体现出来。近年来,随着周边昌平和通州等区域的发展,对北京市中心的居住压力起到了缓解作用。但是产业功能的转移并没有跟上脚步,在很多新兴起的区域中,只吸引了就业人口,而没有吸引常住人口。而新兴区域中的大部分居民,都要经过长距离的通勤去上班,这也是北京市目前交通拥挤的一个最主要原因。

二、城市群规模结构不合理

城市群规模结构是否合理,不仅关乎人口的流动和资源的配置,还影响到区域内经济的发展速度和人们的生活水平。在一个合理的城市群中,大、中、小城市都应该发挥自身的作用,相互联系、相互作用,缺一不可。

(一)城市群规模结构不完整

2018年,北京市常住人口达到了2154.2万,其中包括1863.4万的城镇常住人口;天津市的常住人口为1559.6万,城镇人口为1296.81万;石家庄市排在第三位,有1095.1万的常住人口,城镇人口为691.7万(见图7.11)。

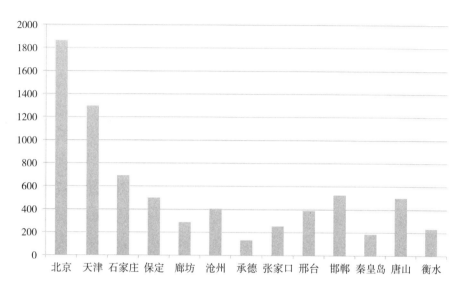

图 7.11　2018 年京津冀城市群城镇常住人口空间分布图（单位：万人）

数据来源：《中国城市统计年鉴 2019》。

依据 2014 年国务院发布的城市规模划分标准①，京津冀地区 13 个地级以上城市和 20 个县级市中，有超大城市 2 个，占城市数量的 6%；特大城市为 0；Ⅰ型大城市 3 个；Ⅱ型大城市 4 个，占城市数量的 24.24%；其余 20 个县级市中定州市属于Ⅱ型大城市，剩下的 19 个县级市属于中小城市，占城市数量的 57.58%，此外，河北省还有Ⅱ型小城市和镇共计 800 多个（见表 7.5）。

表 7.5　2017 年京津冀城市群城镇规模等级分布表

城市等级	等级规模	城市名称	数量
超大城市	1000 万人以上	北京、天津	2
特大城市	500 万—1000 万人		0

---

①　资料来源：2014 年 11 月国务院《关于调整城市规模划分标准的通知》：50 万人口以下的城市为小城市，其中 20 万—50 万人为Ⅰ型小城市，20 万人以下为Ⅱ型小城市；50 万—100 万人为中等城市；100 万—500 万人为大城市，其中 300 万—500 万人为Ⅰ型大城市，100 万—300 万人为Ⅱ型大城市；500 万—1000 万人为特大城市；1000 万人以上为超大城市。

城市等级		等级规模	城市名称	数量
大城市	Ⅰ型大城市	300万—500万人	石家庄、邯郸、唐山	3
	Ⅱ型大城市	100万—300万人	保定、沧州、邢台、定州	4
中等城市		50万—100万人	衡水、张家口、廊坊、秦皇岛、承德、沧州、晋州、新乐、遵化、迁安、武安、南宫、涿州、高碑店、泊头、任丘、河间、霸州、三河、深州、辛集	20
小城市	Ⅰ型小城市	20万—50万人	沙河、安国、平泉、黄骅	4
	Ⅱ型小城市	20万人以下	—	—

从京津冀三地的城市人口规模看,虽然北京市和天津市是两个超大型的城市,但京津之间并不完全处于同一个规模等级上,其他城市之间的人口规模也有很大的差别。真正算得上是一等规模的城市只有北京,而天津只能是第二等级,这两个超大城市在地理位置上的高度集聚,导致整个北京和天津地区人口过度集中,而周边城市的人口规模过小。位于第三等级的城市有石家庄、邯郸和唐山,位于第四等级的城市有保定、沧州、邢台、定州,衡水、秦皇岛、廊坊、承德、张家口等20个城市位于第五等级,沙河、安国、平泉、黄骅等城市处于第六等级。在京津冀城市群中,核心的超大城市规模过大,而大城市和特大城市的数量非常少,整个城市体系呈现出来的规模是两头大、中间小,规模结构呈现哑铃的形状,在超大城市和中小城市之间,没有大城市作连接,出现了中间坍塌的现象,大中小城市之间的规模结构也不能衔接,与理想的金字塔形状有很大的出入。城市结构的断层,造成了城市群的两极分化,使超大城市的辐射带动作用不能完全发挥出来,从而造成了京津冀地区中小城市没有后劲的局面。在整个京津冀地区,虽然有很多的小城市,但是由于大城市和超大城市有着超强的聚集能力,导致周边中小城市发展能力不够,而超大城市和大城市并没有很好地带动周边中小城市的发展,这就导致整个京津冀区域出现了大量的中小城市,却没有一些规模稍大的大城市,由此削弱了京津冀地区城市

体系的系统性,各个城市之间相互协作的能力不强,整个城市系统不够高效合理。

(二)经济联系强度较低

在京津冀区域内,北京和天津是京津冀城市群 11 个城市的首选联系城市,在空间位置上非常接近,并且在生产总值和人口规模方面,两个城市的发展水平都非常高,周边城市的生产总值却很低,而且跟核心城市的距离比较远,彼此之间也没有很强的经济联系。河北各市的联系不足,一般邻近的城市联系会更多一些,张家口和承德的联系首选是北京,秦皇岛与唐山联系较多,邯郸与邢台联系较多。

与长三角和珠三角城市群相比,京津冀城市群呈现出"京津"双核结构,缺少次级的核心城市。而长三角城市群呈现出上海、苏州、无锡和杭州多点并存的特征。在联系范围和紧密度上,京津冀城市群在交通、经济发展等支撑下,内部的城市联系有明显增强的趋势,但联系仍是松散的,网络化特征不明显。而在长三角地区,已经有了非常密集的内部联系网,内部联系多样化特征突出,城市群内协作的程度优于京津冀城市群。

另外由于城市间人口数量分布不均衡,使得大城市经济飞速发展,北京市人口流动强度最大,辐射能力最强,天津次之,其他城市的对外辐射扩散能力明显很弱。北京和天津这两个城市之间的距离比较近,作为首位城市和次位城市,二者之间不仅没有产生理想的协同作用,反而形成了一种竞争的局面,相互之间争夺资源,导致周边城市不仅没有享受到辐射作用,反而由于相互之间的竞争造成的虹吸作用,减慢了周边城市的发展速度。

三、核心城市极化效应较大

核心城市过于强大,会导致资金、人才和技术的单向流动。北京作为京津冀区域最大的经济增长极,当极化效应过程太长或远远大于扩散效应时,会形成要素流动的洼地和人才集中的高地,体现在经济方面最明显的结果就是各城市间发展差异日益显著,形成了北京的"单中心"格局。

(一)城市间经济落差较大

近年来,京津冀城市群各个城市的经济发展水平在上升,但是不管是从经济的总体规模还是人均经济发展水平来看,城市群内部的发展水平差距都比较大,经济结构在空间上呈现出一种以北京为核心,逐渐向周边递减的趋势。京津冀各城市之间在经济发展、生活水平和公共服务等方面存在差距。

2018 年,京津冀地区的生产总值总共为 8.5 万亿元。其中,北京市的生产总值为 30320 亿元,第一、二、三产业的增加值分别为 118.7 亿元、5647.7 亿元和 24553.6 亿元;天津市的生产总值为 18809.64 亿元,第一、二、三产业的增加值分别为 172.71 亿元、7609.81 亿元和 11027.12 亿元;河北省的生产总值为 36010.3 亿元,第一、二、三产业的增加值分别为 3338 亿元、16040.1 亿元和 16632.2 亿元。[①] 1999—2017 年京津冀三省市的生产总值变化情况见图 7.12。

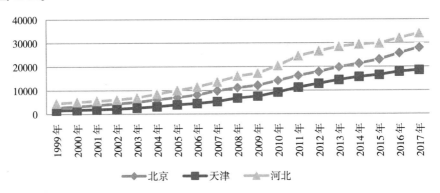

图 7.12 京津冀地区的生产总值统计图(单位:亿元)

数据来源:2000—2018 年《北京统计年鉴》《天津统计年鉴》《河北经济年鉴》。

---

① 资料来源:京津冀三地 2018 年国民经济和社会发展统计公报。

京津冀三地中河北省生产总值最高,但河北省内 11 个地市的生产总值与京津相比存在明显的落差(见图 7.13)。从总量来看,北京市的生产总值为 3 万亿元,石家庄市和唐山市的生产总值都为大约 6000 亿元,而承德市的生产总值只有 1481.5 亿元,北京市的生产总值是唐山市的 4.4 倍、天津市的 1.6 倍、石家庄市的 5 倍,承德市的 20 倍。在 2014 年,京津冀地区的生产总值占全国的 10.4%,到 2018 年下降到了 9.5%。

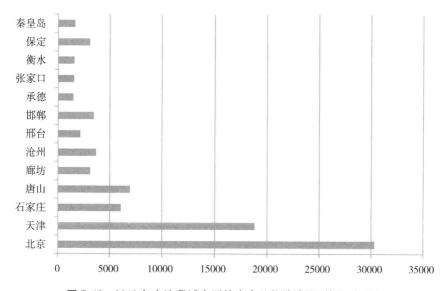

图 7.13　2018 年京津冀城市群的生产总值统计图(单位:亿元)

资料来源:京津冀三地 2018 年国民经济和社会发展统计公报。

从三地的生产总值占城市群的生产总值的比重来看,2014 年占比分别32.1%、23.7%、44.3%,2018 年分别为 35.6%、22.1%、42.3%,[①]北京市有所上升,天津市和河北省则是下降了,京津冀三地的经济发展差距呈现拉大的趋势。

从人均经济水平来看,我国人均 GDP 从 2002 年的 7632 元提高到 2018年的 64644 元,京津冀地区人均生产总值呈不断增长的趋势,但差距较大。1952 年,京津冀三地的人均生产总值分别是:北京市 165 元,天津市 298 元,

---

① 资料来源:《中国统计年鉴 2019》。

河北省 125 元,三地差距不大。到了 1965 年,北京市是 509 元,天津市是 560
元,河北省是 180 元,河北省和京津的差距明显增大。改革开放以后,河北省
已经逐渐缩小了和京津的发展差距,但是近几年来,区域内的经济发展差距却
出现了扩大的趋势。2012 年,北京市与河北省的人均生产总值之比为 2.39,
2018 年却增加到了 2.96;自从 1997 年以来,天津市和河北省的人均生产总值
之比逐年上升,1997 年比值为 2.16,2018 年比值增长到 2.53(见图 7.14)。
2018 年,北京市的人均生产总值为 14 万元,天津市为 12 万元,而河北省仅为
北京市的 34.1%、天津市的 39.6%。河北省内人均生产总值最高的城市是唐
山市,为 8.76 万元,超过了全国的平均水平。北京和天津这两个地方的人均
经济发展水平,分别是唐山市的 1.6 倍和 1.4 倍。①

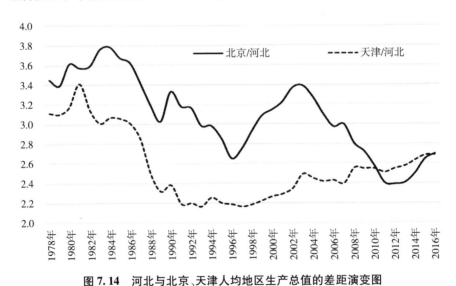

图 7.14　河北与北京、天津人均地区生产总值的差距演变图

数据来源:http://www.stats.gov.cn/。

　　2018 年,京津冀三个地区的人均可支配收入分别是 62361 元、39506 元和
23446 元,比上一年分别增加了 9%、6.7% 和 9.1%。河北省增速明显,但总量
与津冀差距较大。我国的城镇居民人均可支配收入,在 2017 年达到了 39251

---

　　①　资料来源:1979—2017 年《北京统计年鉴》《天津统计年鉴》《河北经济年鉴》。

元,农村人均可支配收入为14617元。北京市的城镇居民人均可支配收入为67990元,河北省是32997元,占北京的48.53%(见图7.15)。河北省内超过全国平均水平的只有廊坊市和唐山市,北京市的城镇居民人均可支配收入是天津市的1.6倍,廊坊的1.7倍。[①]

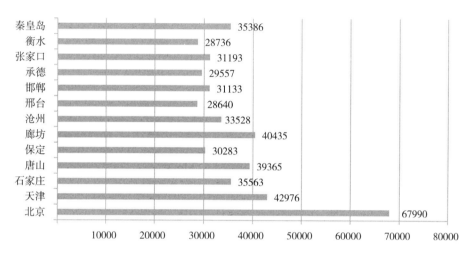

图7.15　2018年京津冀城市群城镇居民人均可支配收入统计图(单位:元)

资料来源:2018年京津冀13市国民经济和社会发展统计公报。

(二)产业结构梯度差异较大

根据产业结构的变动和升级,美国经济学家钱纳里认为:在工业化中期阶段,大部分产业都是资金密集型的,有着大量的资金需求;在工业化后期阶段,第一产业和第二产业都有了较高水平的发展,第三产业进入高速发展时期,对区域内经济发展作出巨大贡献,新兴的服务产业如信息、金融、广告等发展最快。

2018年,京津冀地区三次产业结构比例为4.3∶34.4∶61.3,在各地产业结构中,北京是0.4∶18.6∶81,天津是0.9∶40.5∶58.6,河北是9.3∶44.5∶46.2。[②] 根据钱纳里的理论,北京已经进入后工业化的阶段,主要以服

---

①　资料来源:京津冀三地2018年国民经济和社会发展统计公报。

②　资料来源:京津冀三地2018年国民经济和社会发展统计公报。

务业为主,天津市正在由工业化后期向后工业化时期过渡,河北目前还处在工业化发展的中后期,重工业仍旧是其主导产业。2017 年河北的三次产业比例为 9.2∶46.4∶44.2,到 2018 年,三次产业结构比例为 9.3∶44.5∶46.2,呈现出"三、二、一"的理想结构,第三产业对经济增长作出的贡献第一次超过了第二产业,这表明河北省的产业结构得到了优化升级。一方面,产业结构的转型升级取得一定成就,装备制造业的增加值超过了重工业,战略性的新兴产业增长速度也超过了传统的产业,高新技术产业取得了很大的进步。另外,不断扩大的消费需求也在很大程度上拉动了经济增长。京津冀三个地区的产业结构有非常明显的梯度差,北京的产业结构为"退二进三",天津为"接二连三",河北"培二育三",产业梯度差异较大不利于城市群内产业转移(见图 7.16)。

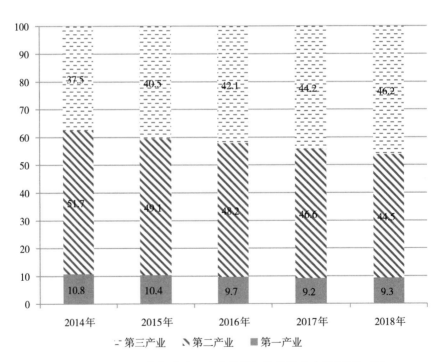

图 7.16 2014—2018 年河北省三次产业增加值比重分布图(单位:%)

数据来源:《河北省 2018 年国民经济和社会发展统计公报》。

生产性服务业在北京高度聚集,而天津和河北的生产性服务业发展则比较落后。另外,河北的 GDP 在 2018 年增速为 6%,在全国范围内排位较靠后,河北的财税来源主要是传统行业,其服务业对经济发展作出的贡献,与北京和天津比起来仍然有较大的差距。总之,在河北的产业结构中,传统的重工业仍占有较大比重,在调整产业结构、治理污染、转变生产方式和提高产能方面仍然面临巨大的压力。在新旧动能转换的过程中,旧有增长模式的退出是波动性的,制约新旧动能转换的体制机制障碍依旧存在,新增长点的发力并不稳固,新动能尚未完全覆盖第一、二、三产业,以新技术、新产业、新产品、新业态、新模式为标志的新经济尚在培育中,具有较强创新能力的产业集群和高端产业链的形成需要一定时间。

(三)城市辐射能力较低

增长极通过各种手段将经济要素聚集在一起,这个聚集过程就是极化,反之是扩散。经济增长极通过扩散效应和极化效应对区域经济活动产生影响,即在增长极不断扩大的同时,也在努力地寻找向外扩散的方式,从而对整个区域的经济发展起到带动作用。

从京津冀和长三角两大城市群的对比来看,北京和上海均是国家级的辐射带动中心,但京津冀城市群的城市流强度要低于长三角地区。长三角城市群是以梯度的形式向外扩散的,除上海市起绝对辐射作用外,苏州等次区域中心的城市流强度也较好,使得长三角城市群能够通过多点辐射带动整个区域发展。而在京津冀地区,城市群有较严重的断层现象,整个地区呈现出非常突出的"双核"辐射格局,石家庄和唐山虽然是次级中心,但其对外辐射服务能力并不强,城市群尚未形成多点带动的局面。

北京、天津两个城市的发展规模和质量远远超过周边其他城市。超大城市北京市和天津市,跟其下级的城市比起来,经济技术和发展水平遥遥领先,难以把经济增长的能量通过城市规模等级体系由上向下传递到中小城市,这种局面不仅使大城市的功能和作用发挥受到了限制,也对大城市的辐射带动作用造成了不利影响,使得经济要素向大城市自身过度聚集。北京对外辐射主要是消费、人口辐射,不能像长三角城市群和珠三角城市群那样,核心城市的发展会带动周边城市的发展。由于北京和天津这两个城市有着过强的聚集功能,不能很好地带动周边中小城市的发展,造成了周边中小城市经济落后的局面,对京津冀地区经济的协调发展起着制约作用。

河北的各个城市和北京、天津相比,不管是经济发展水平还是公共服务,基础设施都有着较大的差距。河北的城市体系对北京和天津两个城市的依赖性非常强,省内没有一个辐射带动全省经济发展的中心城市,能跟北京和天津相比。石家庄和唐山等次区域中心带动能力始终不强,中小城市聚集人口的能力比较弱,不能吸纳大量的劳动力,公共服务设施落后,因为行政壁垒,各个城市间的合作也受到了阻碍,在这种情况下,即使北京和天津的发展质量在空间上有所溢出,也不能带动河北省内其他城市发展质量的显著提升。

第八章　京津冀城市群功能空间分布
相对平衡的路径设计

京津冀城市群的协同发展,需要在新发展理念的引领下,明确城市群功能定位,通过体制机制的创新,优化城市功能结构,完善城市规模体系,逐步提高城市治理水平,实现城市群功能空间分布的相对平衡,以加快京津冀世界级城市群的建设步伐和质量。

第一节　相对平衡的基本原则和优化方向

京津冀世界级城市群的打造和高质量建设,是兼具世界规格与中国气派的世界级城市群。功能空间的调整和结构优化,同样要兼顾世界标准和中国实际,尤其是京津冀城市群的实际。这个实际的基本遵循之一,就是《京津冀协同发展规划纲要》对京津冀城市群的功能定位、对京津冀三地的功能定位。

一、基本原则

(一)复合功能集成与单一功能优势互补的原则

城市具有经济功能、交通功能、产业功能、城镇功能、生态功能等复合功能。世界级城市群具备持续的人口聚集态势、明显的功能圈层结构、网络多中心的服务体系。京津冀的城镇体系成熟、城际交通供给和公共服务完善任重道远，其特殊的人口规模和建设密度意味着更艰巨的区域与城市的治理难度。

《京津冀协同发展规划纲要》对京津冀城市群的定位是建立世界级城市群，对三地也分别进行了定位。结合城市群的功能定位和世界级城市群的功能空间特征，京津冀城市群与群内各个城市基本都应兼备产业功能、交通功能、城镇功能与生态功能，并通过政策优化、民间协会和市场机制，最大程度集成上述四类单项功能，实现复合功能效益的最大化，空间规划的调整和优化应以功能为先。

京津冀三地应极化和丰富自身特色功能：将北京打造成全国科技创新高地，就要在科技创新这个功能上极化，引导和支持北京积聚和利用高端创新资源，打造我国技术创新总部聚集地、科技成果交易核心区和创新型人才聚集中心。通过疏解非首都功能，加快一般制造业产业的外迁和产业结构调整，相应地带动就业人口以及城镇功能的调整。天津要围绕"研发"来增强技术底蕴和创新资源，进一步加快全国先进制造研发基地建设。创新驱动、智能转型、绿色发展，带动高端产业和人才的聚集，产业功能和城镇功能得到进一步优化。河北要紧紧抓住北京非首都功能集中承载地的功能定位，积极承接北京外迁产业，着力在创新发展、城市治理、公共服务等方面先行取得突破。为了实现生态环境支撑区的定位，加大环境治理力度，促进制造产业结构转型升级，特别是张承地区作为生态涵养区，以筹办2022年北京冬奥会为契机，加快推动张北地区绿色发展，发展旅游业等一批绿色产业。

（二）顶层设计和地方实践相结合的原则

地方发展意愿不一致、考核机制不完善、行政级别不对等、成本分担机制和利益分享机制不健全等问题，使得各地在合作中往往基于自身利益的考虑，对跨区域合作方面有强烈的愿望却缺少实际行动，因此需要通过中央政府的顶层设计来打破区域协调发展中的制度障碍。

2015 年,国务院发布的《京津冀协同发展规划纲要》定位了京津冀城市群的发展目标,京津冀协同发展的顶层设计大致已完善,目前转入全面落地实施阶段。在京津冀三地政治经济地位不对等的情况下,需要中央政府出面协调,在京津冀协同发展领导小组之下,针对产业、交通、城镇、生态等功能设立专门的京津冀规划部门,制定统一的产业、城镇人口、交通、生态发展规划和方案。

区域协同发展过程中,除了依靠中央的顶层设计破除体制机制的束缚外,还需要地方发挥各自的首创精神,在协同发展实践中积累成熟经验和模式,形成防范系统性、区域性风险以及中央顶层设计与地方先行先试的良性互动机制,从而形成更多可以效仿和广泛推行的创新型成果。在产业发展和转移方面,地方要充分发挥市场机制的力量,促进要素合理流动和聚集,实现产业功能空间的进一步优化。

（三）非均衡协调发展原则

城市群是一个大系统,涵盖了多个不同等级的城市,各城市在经济社会发展的历史基础、区位条件、交通设施、自然资源等方面存在差异。在新时代背景下,城市群协调发展必须建立在共同的区域价值观之上,按照非均衡协调发展的原则带动城市群差异化发展。

在经济空间结构上,河北省的生产总值远远落后于北京和天津,区域内形成了虹吸效应,影响其经济发展的要素在北京和天津周边布局。在京津冀三地政治经济地位不对等的情况下,城市群内不可避免地会存在"行政区经济",这会导致一些体制机制障碍,制约区域生态共建共享、要素有序流动和资源优化配置,地方政府无法冲破制度障碍时就需要中央政府出面协调。在《京津冀协同发展规划纲要》中,明确提出京津冀要协同发展的目标。城市的产业、交通、城镇、生态等功能空间的优化也要立足于城市群协调发展,各地要在主观意识上改变"一亩三分地"的自我发展模式,通过合作共赢的方式消除不同城市间的行政壁垒,建立健全适合城市群协调发展的制度环境以及空间载体。

各个区域在京津冀城市群建设中承担着不同的功能,有的区域需要承担更多生态安全屏障的功能,有的区域则被赋予人口和经济集聚区的功能。结合《京津冀协同发展规划纲要》中三地各自的功能定位,实行城市群差异化发展政策,各城市要明确在城市群中的区域分工,结合城市经济社会发展基础、已有资源条件、交通设施和区位优势,使其应有的功能发挥出来,才能体现城市群的整体优势。京津冀协同创新发展,还需要进一步深化体制机制改革,建立区域协调发展机制,如跨区域的生态补偿机制、财税利益分享机制等。

二、优化方向

京津冀城市群在政策引导驱动方面有非常大的优势,《京津冀协同发展规划纲要》为该区域的协同发展作出了科学全面的引导,这是其重要的驱动。实现京津冀城市群功能空间的相对平衡,其根本方向是:这种功能空间结构,是一个兼具世界规格和中国现实的功能结构,是有效支撑世界级城市群可持续发展的功能结构,是有利于加快建设世界级创新平台和增长极的功能结构。可参照世界级城市群的成功经验,形成具有自己特色的功能空间格局,打造世界级创新平台和经济增长极。

(一)兼具世界规格和中国特色

城市群承载着一个国家的实体经济。法国地理学家戈特曼于1961年提出了世界级城市群的概念,我国的"十一五"规划中,首次正式提到了城市群这一概念。世界级别的城市群,有着城市高度密集和区域内人口规模巨大的特点,各个城市之间在分工协作、优势互补方面有着紧密的联系,其控制力和影响力体现在经济、政治、文化等各个领域,是一个国家和地区经济最关键、最活跃的区域。

京津冀协同发展的目标是建立以首都为核心的世界级城市群,打造中国经济的第三极。京津冀城市群已初具形态,但内部经济发展存在"断崖式"差距,经济总量比较大,但人均生产总值远低于长三角城市群和珠三角城市群,与世界级城市群也有较大差距。此外,城市群产业结构不均衡、分工协作不畅、区域科技创新能力不平衡不充分等问题也较突出。在城市规模体系上出现断层,内部城镇化发展不平衡,没有形成合理梯度的城镇体系。除北京、天津这两个中心城市以外,甚至没有一个特大城市,最有希望成为特大城市的石家庄与京津差距明显。城市群内县城数量多、规模小,导致城市发育程度普遍偏低,城市密度不高。此外,城市群人口空间分布极化较严重,人口不断向北京和天津两个核心城市集聚,造成资源环境关系紧张。

京津冀城市群和波士华城市群相比,都是首都城市群,在地理条件和空间结构上都非常相似,因此可以借鉴波士华城市群的发展经验。借鉴波士华城市群的"点—轴"发展模式,推动京津冀城市群进行"京—津—雄"三核带动式的发展。借鉴波士华城市群职能分工明确、产业错位发展的经验,遵循城市群功能定位,建立京津冀城市群功能互补的产业结构系统。

(二)有效支撑世界级城市群可持续发展

区域协调发展作为世界各国、各区域共同追求的发展目标,以优化经济社会资源的空间配置结构为主要目的,促使其空间结构相对有效。[1] 从理论上来说,区域协调发展包含以下几个方面的内容:一是各地区的居民收入保持在合理的差异范围内;二是各个地区的公共服务均等化;三是区域之间要优势互补、互惠互利;四是经济发展要和社会、自然的发展相和谐。这是贯彻新的发展理念、进行现代化经济体系建设的重要组成部分。世界级城市群通过政策支持和顶层设计,能够持续进行城市群内的产业结构调整和空间布局重组,具

---

[1]　张学良、林永然:《都市圈建设:新时代区域协调发展的战略选择》,《改革》2019年第2期。

备科学的空间规划、强大的交通功能、优化的产业功能、完备的城镇功能、可持续的生态功能。

目前我国经济发展已经由重视速度转变为重视质量,同时也提出了区域协调发展的新要求。京津冀地区的协调发展虽然有所成就,但区域发展不平衡不充分的问题仍然是发展中的重要问题。[①]"十四五"期间是我国基本实现社会主义现代化的关键时期,区域经济的高质量协调发展问题将是影响我国社会主义现代化建设的关键问题,新时代国家的重大发展战略之一就是实施区域的协调发展战略。《京津冀协同发展规划纲要》中明确提出京津冀要协同发展的目标,要根据三地的现实发展条件,走合理分工、优化发展的路线。

党中央在 2018 年明确指出,要对京津冀地区的区域合作机制进一步进行完善,让资源在区域内进行无障碍的流通,市场要在资源配置的过程中发挥决定性作用,使各种生产资源的流动更加自由,并集中到优势地区,使资源的配置效率得到提升。城市群功能结构的优化也离不开生态环境的支持,贯彻可持续发展的理念和原则,谋求经济与人口、资源、环境、社会的协调,使产业发展和城镇化进程同人口的规模、资源的配置利用、生态环境的保护等协调一致,实现城市群经济社会可持续发展。要加强对生态功能强的地区的保护力度,这样才能生产出更多的生态产品,从而达到生产空间更加集约高效,生活空间更加适宜居住,生态空间更加山清水秀。

(三)加快打造世界级创新平台和增长极

创新是一个国家和地区经济社会发展的根本动力,从地区层面来看,区域经济增长极和创新增长极在地理空间上高度重合。从国际世界级城市群的发展经验来看,以纽约、伦敦、东京、波士顿等为代表的城市群,通过政策支持和

---

① 孙久文、李恒森:《我国区域经济演进轨迹及其总体趋势》,《改革》2017 年第 7 期。

引导,调整区域产业结构和空间布局,实现产业链、创新链、资本链的深度融合,成为全球创新空间发展的引领者。①

我国已经进入依靠创新驱动空间高质量发展的阶段,2019年中央经济工作会议提出构建全国高质量发展的新动力源,推进京津冀协同发展,打造世界级创新平台和增长极。京津冀区域作为中国第三大经济增长级,创新要素快速集聚,新的主导产业快速发展,已进入创新驱动发展阶段,既要求较高水平的区域经济发展实力,也要求较高水平的区域科技创新能力。目前京津冀创新共同体的进展并不如预期顺利,区域创新能力呈现明显的梯度差异,特别是河北省科技创新能力在三地中是个短板。目前三地创新人才和成果没有形成有效的流动,京冀已建的协同创新共同体主要集中在环京区域或发展欠佳的新兴区域,河北省较滞后的产业承接能力导致中关村企业较少向这些地区转移。区域创新能力差距深刻影响区域经济差距,京津冀城市群距离世界级创新平台还有较大差距。

京津冀城市群具备成长为世界级创新平台和增长极的条件,需要基于"全国创新驱动经济增长新引擎"的定位,借鉴全球创新空间发展经验,结合国家创新驱动发展战略和区域协调发展战略,推进科技体制改革与区域经济社会改革同步发力,探索协同性创新模式,优化创新环境,构建创新产业体系,汇聚创新人才,引导创新要素实现空间均衡分布,构建合理的京津冀区域创新梯度,消除创新能力的极化现象,充分激发创新的发展动力,力求打造世界级创新平台和增长极。

第二节　相对平衡的基本着力点

京津冀城市群功能空间不平衡突出表现在两个方面。一方面是功能分布

---

① 赵峥、王炳文:《全球创新空间发展:多尺度探索与中国路径》,《中国发展观察》2019年第11期。

的时序不平衡。各城市的复合功能空间状态波动明显,2016 年前多数城市的复合功能空间状态有下降趋势,2016 年开始出现上升趋势,这与京津冀协同发展战略的实施、环保领域率先突破有密切的相关性。另一方面是功能分布的空间不平衡。北京功能空间结构相对稳定,天津、石家庄、廊坊等城市生产功能较强,承德、张家口、秦皇岛等城市的生态功能较强,保定、邢台、衡水、唐山等城市的复合功能空间失衡较严重。未来京津冀城市群功能空间相对平衡的基本着力点应放在:优化功能空间分布,聚焦生态功能提升、着力生产功能优化、着眼生活功能均等,实现功能空间结构相对平衡。

一、以功能结构优化引领空间结构优化,实现二者的同向均衡

京津冀城市群空间布局的基本遵循是"一核—双城—三轴—四区—多节点—两翼"的空间结构,但对各个城市的功能结构,尤其是在打造世界级城市群中的功能结构并未明确,功能结构的不平衡,尤其是经济功能、城镇功能以及公共服务功能的非均衡分布、产业功能的重叠与同质,是引致京津冀城市群空间分布不平衡的重要根源。未来京津冀城市群功能空间的优化,必须以功能优化引领空间优化,实现功能结构与空间结构的同向优化和均衡。尤其是作为首都的北京,要明确区分作为城市的复合功能和首都的核心功能的边界范畴,加快疏解非首都功能、集聚首都功能;其他城市,则要通过强化生态功能、交通功能和城镇功能,特别是要以公共服务均等化为抓手,建立"反磁力中心",吸引北京的经济要素尤其是产业要素外溢,促进京津冀城市群内部产业功能错位、协同发展,以产业功能的空间优化促进交通功能、城镇功能和生态功能的协同优化。在现有单一核心的空间格局中,高起点规划、高标准建设雄安新区,将有可能打破现有空间结构,使雄安新区成为京津冀城市群的又一核心,破解因单一依赖北京核心城市而造成的被动发展局面。

二、构建合理的功能结构体系，优化城市群空间布局

京津冀城市群功能空间结构差异较大，城市内功能间结构不平衡、城市间功能结构不平衡表现突出，尤其是城镇功能、生态功能、产业功能普遍较弱，进而抑制了经济功能的发挥。应根据京津冀打造世界级城市群的需要和国家对京津冀城市群的功能定位，建立协调联动的空间功能结构，科学划定京津冀城市群内各类城市的核心功能和非核心功能，同向强化各个城市的生产、生活、生态功能，按照生态功能、生产功能、生活功能将京津冀城市群空间划分成人口、经济、公共服务设施、生态等方面依次递变和有序推进的功能空间发展圈层。张家口和承德在持续提升生态功能的同时，以交通功能和产业功能的提升为抓手，着力提升经济功能和城镇功能，将绿水青山变成金山银山；唐山要借势"京冀共建曹妃甸协同发展示范区"的契机，凭借其丰富的资源和发达的交通网络体系，着力于产业结构转型升级，强化经济功能、生态功能和生活功能，打造环渤海新型工业化基地。

三、打造城市网络体系，增强城市间区域功能协同效应

京津冀城市群功能空间发展的不平衡，在于以城市功能为代表的城市化经济体传统上都非常依赖于地方经济规模，依照传统的集聚经济理论，与大城市相比，中小城市不太能够充分利用规模经济发展自己，这就必然导致京津冀城市群功能空间的不平衡。因此，在平衡京津冀城市群空间功能的过程中，不仅要考虑到区域内城市功能的重新分布和提升，同时要着眼于城市间区域功能的网络连接，重视各功能主体间的连通性，构建起世界级城市群相对应的城市网络体系，为中小城市争取到更广阔的发展空间和更充足的发展资源，使得中小城市能够随着城市网络的发展，获得更多的城市功能空间。另外，京津冀城市群在发展过程中，应当主动将生态功能、生产功能和生活功能三者有机地结合在一起，融入城市网络体系构建中来，而不是孤立地、静态地发展三大功能，做到以提升生态

功能为基础，以优化生产功能为途径，以增强生活功能为目的，做到三大功能网络化，网络体系功能化，增强城市间区域功能的协同效应。此外，将京津冀城市群空间功能嵌入国家区域功能中来，增强京津冀城市群的全国乃至世界的竞争力。

四、明确生态功能区的补偿与发展机制，使城市群和城市生态系统协调发展

京津冀城市群中生态功能区内由于拥有大量的非经济区域，造成生态功能区内经济发展动力不足，同时，推动生态功能区发展的外部补偿机制广受争议，进一步造成了区域间的经济发展不平衡。因此，需要探索生态功能区发展与补偿的新机制。一方面，重构生态功能区的补偿机制，将市场补偿机制引入生态功能区保护中。根据京津冀城市群生态功能区实际情况，采用土地开发权转让等方式，建立可转移发展权制度，使生态功能区也能享有原本不具备的经济发展收益，从而促进区域协调发展。另一方面，明确生态功能区的发展机制，将城市群发展纳入城市生态系统发展中。摒弃以往单纯的"为了保护而保护"的落后发展观念，建立"对生态系统合理利用，就是最好的保护"发展新理念，在积极发展绿色产业过程中，恰当地嵌入旅游观光、休闲度假、都市农业等功能，使城市群内生产、生活功能的发展与生态功能的强化形成闭环。

五、强化城镇功能，补齐公共服务的短板

京津冀城市群公共服务非均等化、非均质化问题较突出，各城市生活功能差异明显。在疏解北京非首都功能、调整城市群空间布局的过程中，一方面是北京优质的公共教育资源、公共医疗卫生资源、社会福利和公共环境，另一方面是河北参差不齐的公共服务产品、落后的公共服务水平，城镇生活功能，尤其是公共服务功能的断崖式、畸形分布，成为阻滞北京人口疏解、提高河北吸引力的关键环节，也是京津冀城市群功能空间结构性不平衡的关键点。京津冀城市群城镇功能，尤其是公共服务功能的空间优化，需要把握两个原则。一

是以实现区域内整体功能优化为引领,厘清京津冀三地的责任边界。包括独立承担的责任、相互合作承担的责任和责任分担机制,如脱贫攻坚、污染防治、水源涵养、生态补偿等。二是充分发挥市场在公共服务供给中的独特作用。鉴于河北与京津的财政落差,对河北而言,短期内提升公共服务功能,要根据公共服务产品的性质,积极引入市场力量和社会资本,同时抓住北京非首都功能疏解契机,双轮驱动,补齐河北公共服务的短板。

六、加强制度保障,促进区域要素流动

京津冀城市群的人口、资金、信息等要素流动主要以市场力量为引力,但单纯靠市场机制已经出现了区域功能不平衡的现象,因此,合理的要素流动仍需要政府等主体的有效干预。目前,虽然《京津冀协同发展规划纲要》对京津冀城市群的空间规划已有阐述,但是缺少针对城市功能空间布局优化调整的操作层面的内容。京津冀城市群功能空间的优化,需要政府和行业协会从区域空间布局出发,明确城市群中各城市的功能定位,从政策、制度、规定等多角度加快京津冀各城市的产业转移衔接,制定相关协同指导目录,搭建区域信息交流共享平台,加强省际、城市间的功能协调。

第三节　相对平衡的路径设计

做好城市群功能定位,因势利导地推动功能空间在城市群内跨越行政边界实现相对平衡,是京津冀城市群协同发展的需要,更是高质量打造世界级城市群的必然要求。

一、优化城市群功能结构

现阶段,京津冀各城市所发挥的城市功能与顶层设计之间存在较大差异。北京、天津发挥的功能多于顶层设计中预先规划的功能数量,其余大部分城市

则没有完全发挥出预先规划的城市功能,抑或是发挥的城市功能与预先规划的功能不尽相同。京津冀三地应遵循顶层设计的功能定位,并结合本地特色和实践,对功能空间结构进行再优化,进而实现京津冀产业—交通—城镇—生态—复合功能的动态均衡。

(一)践行城市群功能定位

借鉴发达国家城市群发展的经验教训,结合京津冀区域建设条件,对城市进行合理布局,确定城市功能定位,推进"规划同编、产业同链、交通同网、金融同城、信息共享、科技同兴、生态同治"。

1. 国家对京津冀城市群的定位

2014 年,《国家新型城镇化规划(2014—2020 年)》中将京津冀城市群的建设作为主要内容,"以建设世界级城市群为目标";2015 年,《京津冀协同发展规划纲要》明确了城市群 4 个功能定位:以首都为核心的世界级城市群、区域整体协同发展改革引领区、全国创新驱动经济增长新引擎、生态修复环境改善示范区。2017 年,《北京城市总体规划(2016 年—2035 年)》再次明确"发挥北京的辐射带动作用,打造以首都为核心的世界级城市群"。

京津冀城市群作为推动我国经济发展以及参与国际经济合作的重要平台,应充分发挥自身的研发优势和首都优势,建设以北京为核心的世界级城市群,成为全国的创新中心、文化中心和政治中心。持续进行技术开发以及对研究成果的深化,为城市群内部的高新技术企业发展提供帮助,培育更多以高新技术为基础的产业开发区。在优化城市群空间结构过程中,应根据打造京津冀世界级城市群的目标,建立具有联动性质的空间功能架构,将城市群各城市所具有的非核心功能以及核心功能进行区分。针对城市多项功能,即生态功能、交通功能、生活功能以及生产功能进行强化。以此为根据,将京津冀城市群空间区分为多个方面,如人口、经济、公共服务、生态等空间,形成有序发展的新格局。

2. 城市群对各城市的定位

城市群内部各城市规模等级不同,比较优势不同,需要对内部各个城市进行不同的功能定位,协调城市间的关系,防止相互之间的恶性竞争。京津冀城市群对一省两市的定位各明确了4个功能;北京的定位是全国政治中心、文化中心、国际交往中心、科技创新中心;天津市的定位是北方国际航运核心区、改革开放先行区、全国先进制造研发基地以及金融创新运营示范区;河北省的定位是京津冀生态环境支撑区、全国现代商贸物流重要基地、产业转型升级试验区以及新型城镇化与城乡统筹示范区。

"城市群的空间布局规划"是实现城市群产业协作、生态协同、公共基础设施以及交通设备互联互通的基础,使城市群能够尽快实现空间上的协同发展。多中心的城市空间结构是京津冀未来绝大多数城市要遵循的发展规律,各城市应该充分利用各自的比较优势,错位发展。

北京继续围绕"研发"来增强技术底蕴和创新资源,提升首都核心功能。经济功能、产业功能要与科技创新中心结合起来,有序疏解非首都功能,支持中关村科技创新资源向津冀的有序转移,发挥北京的辐射带动作用,与天津、河北的交界地区要加强统一规划和政策。天津继续提升海空两港枢纽功能,加快立体化交通网络建设,完善现代化航运服务体系,以国际视野和颠覆性思维打造自贸试验区改革升级,充分发挥"金融创新运营示范区+中国(天津)自由贸易试验区"的复合优势。把握经济发展新动能,进一步加快全国先进制造研发基地建设,发展智能科技产业,培育壮大新一代信息技术、新材料等十大高端产业集群。河北省服务北京非首都功能疏解,坚守资源环境生态红线,推进京津冀生态建设联动,落实好大气污染防治,加快建设区域生态屏障。发挥区位交通和资源优势,发展壮大商贸物流业,改造提升传统产业,培育壮大战略性新兴产业,建设雄安新区中关村科技园等国家级创新平台,实现京津冀三地功能互补。

（二）优化产业功能空间

工业化与城市化互为依托,又相互促进,城市化推动产业进一步发展,产业发展会反过来促进城市治理和城市功能的进一步完善。城市群功能结构的优化要根据城市发展现状及未来发展方向实现工业化和城市化的双向促进。

1. 积极发展符合城市功能定位的产业

首都北京身为国际交流、科技创新、文化以及全国政治中心,应重点发展高新技术、文化创意以及高端服务产业。针对可以影响到国家政治、经济以及军事等方面的先进技术进行重点发展;对城市的文化水平以及具有资本化、专业化、效率化、智力化的高端服务产业进行相应提升;加快疏解一般性生产制造等非核心功能。天津港作为国内唯一具备三条通道的陆桥港口,具有得天独厚的优势,为避免与首都北京空间布局相同,可以设立区域型综合物流基地,使之成为东北亚的物流枢纽,实现复合型物流产业的发展;建立内陆无水港网络系统,并带动内陆地区的发展。河北省地势西北高、东南低,地貌复杂多样,山地、平原、高原、丘陵以及盆地类型多,资源丰富,可利用资源主要发展采掘、加工和农副产品生产。但因过度挖掘以及加工产业排出的有害垃圾较多,使得京津冀地区的环境质量下降。对此,河北省应采取有效措施,提升生态涵养功能,积极发展太阳能等生态环保产业。

在协调京津冀一省两市共同发展的进程中,雄安新区作为新的区域经济增长极,内部的生态环境、经济发展、城乡发展以及资源环境等方面协调发展,可加快提升河北省域的经济社会发展水平,缩小与京津两市的经济社会发展差距,为京津冀城市群高质量发展,从而向世界级城市群转化提供支撑。

2. 构建功能互补的产业结构体系

由前述分析可知,京津冀城市职能结构趋同现象较为严重,大部分优势产业为制造业,突出职能结构也较为相似,产业同构现象不利于产业合作。若想推动京津冀之间的协同发展就需要通过多样性原则实现产业之间的相互促进,在相同条件下进行合理竞争以及发挥自身优势,与对方协作达成共赢效果。对京津冀产业结构的优化不能只考虑单个省市,还需要从整体角度出发,对服务业、农业以及工业在国内经济架构中所占比例采取一定措施进行完善。

一省两市根据《京津冀协同发展规划纲要》确定自身的产业定位,结合自身的区域、产业、资源等优势,规划产业发展蓝图。通过政府积极引导产业合理分工,在空间上提高产业集聚程度,形成良好的产业布局。京津冀城市群应坚持产业错位发展,在三地互补发展过程中,北京主要发展高新技术、金融管理、文化创意以及现代物流等产业,天津则主要发展汽车、电子、石化、航空、造船、制药、仓储等产业,河北省则主要致力于发展钢铁、医药、石化、建材、装备制造、纺织等产业。

3. 引导区域产业梯度转移

京津冀城市群产业梯度差异大,"一城独大"的特征比较明显,在发展过程中,京津冀既要协调发展,也要通过产业转移分解疏散北京的非首都功能,激发环京津城市的发展活力,形成合理分工、互惠互利的合作共赢局面,实现经济社会的可持续发展。

京津两大城市加快产业转型,积极落实产业错位发展路线图,有序疏解北京的非首都功能,大力度推进城市群内城市之间产业的高效对接合作。在疏解过程中要实现主要城市的联动,特别是河北省要培育提升城市的产业承接能力,承接首都部分优质产业的转移。为形成有序的城市分工体系,应加快区域的开放融合发展,加快产业协同发展的步伐。在优化产业布局的基础上打造具有区位特色、结构合理的产业集群,同时引进新的适合京津冀地区发展的产业,促进产业优化升级。产业转型升级并不是把核心城市不要的、落后的产业转移到辐射区,而是城市群内各城市要形成协同创新的共同体。

(三)提高城市综合承载能力

城市是一个多功能的综合体,生产功能、流通功能、科研功能、交通功能、教育功能、文化功能、居住功能、娱乐功能等一应俱全。① 城市化的快速发展需要城市自身承载能力的增强并互相配合,不同城市或地区各要素承载力不同,城市群内多数城市应有的基础设施及配套功能无法较好满足人们的基本生活,城市规划建设和管理水平不高,城市改造建设的任务还较繁重。如交通拥堵几乎在每个城市都是一个比较严重的问题,各个城市在早高峰、晚高峰期间出现不同程度的堵车情况。其他诸如生活设施不当,卫生、教育、服务、住房体系滞后等,给居民工作生活带来许多困扰。

要充分发挥京津冀各自优势,以区域规划顶层设计为引领,根据三地的功能定位,解决好城市空间规划、规模结构、产业布局、服务设施、交通体系和生态环境等重大问题,在社会发展领域根据城市间人口流动和社会发展的实际需求,进行配套基础设施、公共服务和相关政策的有效对接,推动城市群同城化生活圈的实质性深化及城市功能的有序分工重组,实现京津冀人口—城镇—产业—交通—生态的动态均衡。

二、完善区域空间布局

城市群发展需要符合城市发展规律,尽可能地保证城市群规模结构、空间格局协调发展。京津冀城市群目前属于双中心,大、中型城市较少,城市规模比例不平衡,应以功能结构优化引领空间结构优化,实现二者的同向均衡。以优化核心城市功能为重点,进一步优化产业结构和功能布局,实现大、中、小城市协调发展,提高城市发展的内涵质量。

(一)打造若干充满活力的都市圈

都市圈由起核心作用的中心城市加上周边中小城市组成,是城市群的重

---

① 蓝志勇:《雄安"新城"与京津冀城市群发展战略展望》,《国家行政学院学报》2018 年第 1 期。

要支点,是"城市—都市圈—城市群"空间尺度的重要一环。① 纽约、东京等城市群的发展经验表明都市圈有助于扩大城市群中心城市的辐射能力,实现中心城市与周边城市基础设施一体化、公共服务共享、产业分工协作、市场统一、环境和人口融合。

京津冀协同发展可以实行团组式发展,通过打造若干个都市圈,作为城市群功能承载的基本单元引领城市群的发展,即以北京为核心的包括雄安新区、廊坊、保定、承德、张家口的首都都市圈;以天津为核心的包括沧州、唐山、秦皇岛的海洋都市圈;以石家庄为核心,包括邢台、邯郸、衡水的冀中南都市圈。

首都都市圈主要面临着城市治理、产业功能布局、基础设施衔接等问题,可着力加强科技研发,打造科技创新示范中心,加快科技创新成果转化基地和创新承接平台建设;推动通信、交通等基础设施同城化发展,实现医疗、养老、教育等基本公共服务均等化;加大生态环境联防联治联控,打造京津冀生态安全屏障和国家生态文明先行示范区。海洋都市圈拥有沿海和沿港的区位优势,要主动融入"一带一路"国家战略和环渤海合作大格局,优先发展海洋和港口经济,重点发展港口物流等产业,促进港产城互动发展,打造开放型经济引领区和战略性增长极。冀中南都市圈以内陆交通干线为主,应强化先进制造业发展和科技成果产业化发展,增强农副产品供给功能,形成交通沿线的城镇密集带,打造京津冀协同发展战略腹地和城乡统筹发展重要示范区。

(二)强化首位城市地位

首位城市的有力引领,是城市群参与全球竞争的共同特征。如美国东北部大西洋沿岸城市群、英国中南部城市群,均具有多中心网络化的特征,都有一个领袖级的首位城市,表现出超高的网络联系能级,首位城市纽约和伦敦是

---

① 张学良、林永然:《打造现代化都市圈,推进新型城镇化》,《经济日报》2019 年 2 月28 日。

最具有"为全球提供高端服务"和"在全球布局生产和缔造产业链"能力的城市,引领区域内的城市结节成网,参与全球竞争。

北京是我国的首都,同时也是京津冀城市体系的首位城市,人口规模和生产总值规模在京津冀城市体系中最大。《京津冀协同发展规划纲要》明确了北京、天津及河北三省市的功能定位,以及疏散或承接产业转移的方向和类型。

因此,首位城市的打造要和文化功能、国际交往功能、科技创新的功能紧密结合,对其产业结构进行优化升级,形成创新引领、技术密集、价值高端的经济结构,强化北京的国际交往功能,打造高端国际交流平台,打造成世界级创新增长极。要对首都的现有产业、交通、城镇、生态功能进行调整,适当疏解北京中心城区非核心功能,利用经济、政治等优势,发挥自身辐射作用,增强对周边地区的辐射带动力,实现京津冀的实质融合。按照《京津冀协同发展规划纲要》要求,北京未来重点疏解的产业为公共服务功能、部分第三产业以及事业性机构,即教育医疗、区域性物流基地以及企业总部。

(三)建设反磁力中心

长期以来,河北省内由于缺乏一定数量的大城市,省域内大量人口与资源要素流向北京、天津两个城市,导致了京津两个城市的人口数量、环境资源以及交通等方面出现拥堵的问题,也降低了河北省中部地区的发展潜力。北京作为京津冀协同发展的核心,从经济凝聚力等指标看,其极化效应明显大于辐射效应,辐射作用并未完全发挥出来。

推进京津冀城市群协同发展,仅仅依靠核心城市的辐射及京津的带动是远远不够的,还应通过建立新的经济增长极作为反磁力中心。未来可以北京、天津、雄安新区为核心,以唐山和石家庄等中等规模的城市为副中心,对产业在区域空间上的布局进行完善,发挥核心城市的辐射带动作用,推动整个城市群的经济发展。通过打造首都都市圈、海洋都市圈、冀中南都市圈,调整产业功能、人口承载功能,建设与北京相近的公共服务功能、交通功能和更强的生态功能,打造宜居宜业的优质生活圈,引领城市群的发展。首都都市圈加强科技研发和成果转化基地、功能承接平台建设;海洋都市圈可大力发展沿海经济,加速推进建立天津北方经济中心的地位,积极承接金融机构、行政事业机构、科研教育、医疗机构和现代服务业等北京非首都功能的疏解;冀中南都市圈基于其原有工业及制造业的基础和资源优势,积极承接资源导向型产业、区域性物流和商贸基地、先进制造业等产业转移。

雄安新区于 2017 年 4 月 1 日正式成立,是打造世界级城市群的重要措施,标志着京津冀协同发展步入一个全新的历史阶段,将为京津冀产业、交通和生态领域的合作确立新的标杆,也为京津冀协同发展开启新的篇章。雄安新区建设的目标是承接北京非首都功能、优化区域空间布局,在功能定位上要同北京中心城区、城市副中心有所分工,实现错位发展。作为产业升级和创新驱动的新经济带,要充分发挥雄安新区对冀中南乃至整个河北的辐射影响力,缩小河北与京津两市的经济社会发展差距,加快京津冀城市群向世界级城市群的转化速度。通过培育雄安新区这一新的区域增长极,将有可能成为京津冀城市群的又一核心城市,能够弥补河北省内部不具有发达城市的缺陷,改变以往的河北资源要素向京津单向流动集聚的整体态势,降低京津两市的人口、环境以及交通等压力,且促进周边人口、技术与资金等要素资源向雄安新区集聚,带动雄安新区周边区县的发展,进而推进京津冀空间格局的优化。

(四)形成多中心网络型城市格局

各大城市群的发展历程表明,大城市和中小城市可以实现共同发展、互为支撑。因此,在一个城市体系中,规模等级城市的数量应该是正金字塔形;而不同的规模等级之下所包含的城市数量和人口数量,应该是倒金字塔形的。大、中、小城市的数量要控制在一个合理的范围,数量太多或者太少,对城市体系结构规模的优化都不能带来有利影响。每个超大城市以几个大城市作为依托,每个大城市又有若干个中等城市作为支撑,中等城市则要以众多小城镇为底板。[1] 但大城市宜保持一个适当的规模,其数量不能过多或太少,一般保持在 5 个左右比较合理。如果大城市的数量过多,会对周边小城市产生较强的虹吸作用,抑制小城市的发展,也会造成对资源要素的竞争,不能实现资源优化配置利用。

京津冀城市群处于网络型城市群形成的初期,多年来城市规模不断演变,目前基本形成了以京津为中心的"双城"城市空间格局,但城市规模体系存在明显"断层",大城市数量偏少,中小城市数量虽然偏多但规模整体偏小,且一直发展十分缓慢。由于京津冀区域面积较大,"双城"难以完全带动周边区域的发展,群内河北部分城市经济实力较弱。同时,以北京为首的核心城市功能过于集聚导致了"大城市病"等一系列城市问题。要注重核心城市"点"的高度集中和生产、生活"面"的水平分散的这种空间分散和内在联系相结合的有机整体,培育多中心结构。因此要加速新型城镇化建设促进中小城市发展,大中小城市协调发展,努力构建分工合理的城镇体系,实现城市等级规模结构扁平化、梯度化,促进京津冀多中心网络型城镇分布格局的形成。

应按照"一核、三城、三带、多节点"的空间结构,优化空间布局、发展智慧交通、构建人才平台,着力建设京津雄创新三角区,领航京津冀世界级城市群的建设。"一核",是指将北京作为京津冀城市群的核心,优化提升首都核心功能、解决首都"大城市病"以及对非首都功能进行有效疏解。"三城"是指雄安新区、首都以及天津,作为带动京津冀城市群向世界级城市群发展的主要引擎。"三带"指北京与天津、北京与雄安新区、天津与雄安新区之间的联动,是京津冀协同创新的主体框架。"多节点"即发展若干个中小城市。从河北省内大城市、中小城市和小城镇的空间布局优化入手,扩大城市规模,构建布局合理的城镇体系。未来重点提升石家庄、唐山、保定、邯郸等大城市的经济质

---

① 仇保兴:《编制<京津冀城市群协同发展规划>的方法和原则》,《城市发展研究》2015 年第 1 期。

量,实现向北京和天津特大城市的转变与接轨。以雄安新区、保定、廊坊等为核心,作为疏解非首都功能和京津产业转移的重要承载地,吸引京津冀人才转移,建设一批规模合理、生态宜居的卫星城市,使城市群发展呈现由点至线、由线至面的立体化均衡发展,推动网络型城市群的发展。

三、提升城市治理能力

京津冀城市群功能空间的相对平衡,还需要提升城市的治理水平,使城市具备科学规划能力、有效协调能力和综合治理能力,通过优化公共服务功能,推动京津冀基本公共服务均等化,加强基础设施领域深度合作,完善区域治理结构,提高城市综合承载能力。

(一)科学规划能力

城市规划是城市未来发展的宏图,是城市建设和管理的依据,也是合理统筹城市布局和城市建设项目的总体计划,能够促进城市的各组成要素在空间上的合理组合和相互协调。适度超前的空间规划可以适应未来发展的需要,要建设好城市,就必须有一个统一的、科学的城市规划。

城市发展速度的快慢、管理水平的高低,取决于城市规划是否具有超前性、科学性、特色性,城市规划要结合区位条件、自然资源、历史和现状,确定城市的性质、规模和布局。要坚持经济、社会、自然、生态相一致的原则,产业发展、交通建设、生态维护等要与城市规模的扩大相匹配,能维持城市的综合承载力,有利于城市的可持续发展。

(二)有效协调能力

"协同发展"突出了在协调发展基础之上的一个"同"字,即更加注重同步、共同、均等内涵。自2014年习近平总书记提出把京津冀协同发展作为重大的国家战略实施以来,三地对协同创新给予了充分重视。京津冀产业、交通、生态环境一体化是京津冀协同发展的一部分,应出台相应治理措施,强化交通、生态联防联治长效合作机制。

探索建立区域协调合作机制。目前京津冀三地仍存在行政格局固化的问题,行政边界会带来相应的经济边界和创新边界。城市群的13个城市在产业、就业、交通、医疗、教育等领域都存在较大差异,北京、天津等城市的"大城市病"日益凸显,而其他中小城市又存在发展不足的问题。由于经济社会发展中的"边界效应",当前区域协同发展规划主要依靠中央政府的顶层设计以及相关政策,三地从地方利益出发,对协同发展规划的贯彻执行存在力度不够的现象,加上城市管理机制不健全,几年来京津冀城市群在交通、生态等方面的协同进展较大,但在产业、科技创新等方面的协同进展较为缓慢。所以京津冀城市群规模结构的优化,不能仅仅依靠城市体系自由发展,更需要政府宏观调控来规划与布局,在规划和建设城市体系方面建立统一的决策管理机制,突出三地的有效协调能力。

设立专门的跨区域合作治理机构。长三角城市群已经建立了长三角经济协调委员会、长三角地区主要领导座谈会、长三角地区合作与发展联席会等较为完善的协调体制,为城市群内部的协同发展提供了重要支撑。京津冀城市群除可尝试在国家层面设立组织体系以外,还可以组织具有权威性的城市群建设委员会,设立跨区域的产业指导委员会,或城市群协同发展资金,推动京津冀城市群整体发展及可持续发展。

（三）综合治理能力

完善区域治理结构,是推进区域合作和分工、提高资源空间配置效率的内在要求。京津冀城市群公共服务功能的空间优化,需要将市场在公共服务功能供给中的作用完全施展出来。因为河北省与北京以及天津等发达城市之间的经济差距较大,若想在较短的期限内对公共服务功能进行优化,就需要从客观角度上对其产品特性进行解析,积极引入市场力量和社会资本,并把握住北京疏解非首都功能的机遇,促进自身发展。以京津冀城市群的内部区域功能优化作为指导,厘清三地的责任边界,明确自身应当承担的责任。

完善以中心城市为主枢纽的交通体系,打破现有的交通障碍,促进建造津冀港口群的进展速度。提升区域一体化运输服务水平,以城市群的核心城市北京为中心、以北京和天津为重要轴线、以石家庄和秦皇岛为次级轴线建立城市群内部的城际交通网络。在河北省以石家庄为主要核心,利用唐山、秦皇岛及天津等沿海港口的区位优势,将其作为城市群内部城市的主要连接节点,使其以北京和天津为中心,打造科学合理的城市群网络交通建设系统。

城市群功能结构优化时必须考虑生态环境保护,贯彻可持续发展原则,谋求经济与人口、资源、环境、社会的协调发展,使产业和城镇发展同人口的转移、资源合理利用、环境保护协调一致,实现经济社会可持续发展。京津冀城市群应使用经济手段、法律手段以及行政手段共同治理生态环境,促进生产空间、生活空间和生态空间合理布局、协调发展。为保证京津冀城市群在向世界级城市群发展的过程中能够满足发展需求且不会对未来发展需求造成危害,就需要提升对自然资源的使用功效,并对此进行针对性的技术研究。提高能源利用效率,通过产业的转型升级以及发展可再生能源,抛弃现代具有高污染性质的相关产业,转变能源使用结构,发展风能、太阳能、水能和地热等可再生能源,与传统能源相互配搭,解决可再生能源的不稳定性问题。在《联合国气候变化框架公约》中,我国提出到2030年将整体能源结构中低碳燃料的比例提升至20%,2030年碳强度比2005年下降60%—65%。据此,京津冀城市群必须转变生产和消费方式,遵守绿色发展理念,建立低碳绿色示范区等。为了京津冀地区的长远发展,应对如何有效利用水资源以及防止水资源污染等制定相应策略且加以实施。在广大的农村地区,应重视农村污染问题、还原自然生态环境,同时建立生态补偿机制发展农业循环经济。

四、推进体制机制创新

城市群的发展涉及不同的行政区域,包括众多的利益主体,京津冀城市群各城市间协同效应较差,从根本上说是由于政府行政干预过度导致的体制机制问题。京津冀协同发展需要破除体制机制约束,打破地区之间的行政障碍,同时强化城市群主体地位,促进群域内城市间的良性合作,形成区域经济发展的合力和新动力。

(一)优化政府职能

区域经济发展过程中,市场以及政府都是重要环节,城市群的形成离不开市场与政府的双重作用。回顾国内城市化的发展历程,可以看出,城市群发展涉及不同层级的地方行政主体,行政边界和市场边界不清晰是城市群发展不平衡的重要原因。

京津冀协同发展正向纵深推进,改革已进入深水区,面临的难题也开始接踵而至。仅靠中央顶层设计是远远不够的,因此,要充分发挥宏观经济调控、公共管理和公共服务、区域发展规划、区际联系等职能。区域各级政府之间也应主动进行计划、研究以及提出相关发展建议,积累成熟经验和模式,形成中央顶层设计与地方先行先试的良性互动机制。目前,京津冀城市群在产业联动发展、区域协同创新、交通一体化、生态联防联治、城市群建设、高质量发展等方面有不少实践探索。例如,区域产业联动发展方面的中关村产业发展模式等,需要及时总结已有的成熟经验和模式。除此以外,还应对相关发展数据进行整理,并针对已有问题进行优化后,在更大范围内进行复制推广,加快各区域的发展速度。

城市群功能分工与区域协调发展离不开统一、开放、规范的共同市场的支撑。明晰政府和市场的边界,不断发挥市场机制的内生作用,防止中心城市通过行政手段过度吸引小城市的要素资源。让市场机制在要素流动、资源配置、产业链和生态链重构中起决定性作用。例如,雄安新区的建设是国家战略,是政府行为,在其建造初始阶段需要国家政府的支持。初始阶段过后,雄安新区就需要坚持市场在资源配置中起决定性作用。

(二)创新要素流动机制

要素的自由流动是城市群发展的经济基础,京津冀协同发展以来,协同创新已经取得初步成效。在创新平台、技术转移以及创新体系方面都有了一定成果。例如,创新平台方面,各高校之间经过协调已经组成了具有创新性质的发展同盟。技术转移方面,对北京非首都功能进行疏解的体制已经完成,国务院已就京津冀和石保廊创新批复了改革方案,增加了北京的辐射力且带动了周边城市的发展。创新体系方面,京津贯通河北的创新服务体系已经建立。但由于创新产出等具有滞后性,京津冀城市群创新协同发展的效果还未完全体现出来。

行政壁垒多,资源要素的流动成本就高。现阶段存在的空间分割、行政分割以及市场分割造成创新要素流动受到限制。应从区域空间规划方面入手,明确城市群中各城市的功能定位,对北京的非首都功能进行疏解,搭建京津冀区域共享平台,如经济、技术、房地产以及农产品等共享信息平台,在完善京津冀城市体系过程中实现三地错位互补发展。搭建多方面共建、共享、共用的公共平台,对于京津冀城市群的协同发展具有十分重要的意义。

加快资源要素市场化进程,是实现京津冀协同发展、优化京津冀城市群空间结构的必然要求。推进创新要素市场的区域一体化,实现由行政定价向市场定价的转变,避免低效配置以及要素错配事件的发生。依托城市群内丰富的创新资源,建设京津冀城市群协同创新共同体,破除科技创新的"孤岛效应",促进京津冀区域创新资源的合理配置和开放共享,对城市群之间的协同发展起到推动作用。构建技术引进、消化、吸收和再开发的高效运行机制,建设创新型城区和具有国际影响力的区域产业创新中心。

（三）创新利益协调机制

城市群跨区域合作治理的本质是实现利益共享。利益协调机制是指各城市为了同一目标进行跨区域合作，借此达到共赢目的。长三角城市群较早地开展了跨省水环境生态补偿、税收分成和财政转移支付等，并为防止因经济利益发生争执现象，事先就拟定了关于协作以及商讨的方案，在不会对自身造成损失的前提下，对长三角城市群的协同发展起到了促进作用。

目前，京津冀城市群的协同发展过程仍处于摸索阶段，前期的分享、分摊和补偿机制较缺乏。因此关于城市群内部将零售业以及其他行业向周边城市进行转移、疏解北京非首都功能的计划进展十分缓慢。2014年以后，京津冀逐步对城市群内部的环境治理以及产业转移的创新利益协调机制进行相应完善，但仍存在一些问题需要解决。在资源要素配置时，应建立合理的成本分担机制、利益协调机制和收益共享机制。除此以外，还需发挥企业、行业和民间组织的协调作用。

协同发展的内涵涉及地区发展水平相当，经济社会良性互动，人口、资源与环境和谐，居民生活水平差距缩小，公共服务共享程度较高等。在共生理念下与周边城市协同发展，以优化空间布局为目标，推进京津冀城市群功能区连片化建设。打破"一亩三分地"的思维惯性，以城市群整个区域的协同发展为根本价值取向，如跳出京津发展京津，以发展河北推动发展京津，达到以点带面的计划目标。吸取国内外城市群发展过程中利益协调的经验，除了建立政府协商对话机制，还可成立常态化各级政府间联席会议，在平等谈判和协商等措施基础上实现利益协调。

参 考 文 献

一、中　文

（一）专著

[1]姚士谋:《中国城市群》,中国科学技术大学出版社 1992 年版。

[2]朱英明:《城市群经济空间分析》,科学出版社 2004 年版。

[3]王铮:《地理科学导论》,高等教育出版社 1993 年版。

[4]陆大道:《区域发展及其空间结构》,科学出版社 1995 年版。

[5]吴良镛:《京津冀地区城乡空间发展规划研究》,清华大学出版社 2002 年版。

[6]吴良镛、吴唯佳:《"北京 2049"空间发展战略研究》,清华大学出版社 2012 年版。

[7]樊志:《京津冀都市圈区域综合规划研究》,科学出版社 2008 年版。

[8]王光、张还吾:《当代中国的北京(下)》,当代中国出版社 2009 年版。

[9]肖元:《当代中国的天津(下)》,当代中国出版社 2009 年版。

[10]石虹、严兰绅:《当代中国的河北(下)》,当代中国出版社 2009 年版。

[11]王长华:《河北文学通史(第一册)》,科学出版社 2010 年版。

[12]王其藩:《社会经济复杂系统动态分析》,复旦大学出版社 1992 年版。

[13]陈雯、孙伟、袁丰:《长江三角洲区域一体化空间:合作分工与差异》,商务印书馆 2018 年版。

[14][德]阿尔弗雷德·韦伯:《工业区位论》,李刚剑等译,商务印书馆 2010

年版。

[15][德]约翰·冯·杜能:《孤立国同农业和国民经济的关系》,吴衡康译,商务印书馆 2010 年版。

（二）期刊论文

[1]仇保兴:《编制〈京津冀城市群协同发展规划〉的方法和原则》,《城市发展研究》2015 年第 1 期。

[2]张恩泽:《京津冀协同创新共同体的构建与实施路径》,《中国商论》2019 年第22 期。

[3]罗植:《中国三大城市群经济发展质量的区域比较——基于全要素生产率及指数的评价分析》,《企业经济》2019 年第 11 期。

[4]蒋敏娟、张弦:《新时代京津冀协同发展及影响因素研究——基于整体性治理关键变量的分析框架》,《行政论坛》2019 年第 6 期。

[5]陈立泰、蔡吉多:《城市群创新能力的区域差距及空间相关性分析》,《统计与决策》2019 年第 22 期。

[6]屈庆超:《数据上的京津冀产业链布局》,《北京观察》2019 年第 11 期。

[7]柳天恩、田学斌:《京津冀协同发展:进展、成效与展望》,《中国流通经济》2019年第 11 期。

[8]田学斌、陈艺丹:《京津冀基本公共服务均等化的特征分异和趋势》,《经济与管理》2019 年第 6 期。

[9]任宏、李振坤:《中国三大城市群经济增长的影响因素及其空间效应》,《城市问题》2019 年第 10 期。

[10]刘金、姚敏:《哈长城市群城市规模分布及其演进机理研究》,《城市》2019 年第 10 期。

[11]孙斌栋、王婷、刘鹏飞:《中国城市群空间结构演化的影响因素分析——基于铁路客运的功能联系视角》,《人文地理》2019 年第 5 期。

[12]孟祥林:《城市群内中心地的功能互补与等级有序的差异化发展——兼论京津冀多层次多中心城市体系的建构》,《上海城市管理》2019 年第 5 期。

[13]杨震、荣玥芳、田林等:《京津冀城市网络协同发展分析及雄安新区人口规模研究》,《干旱区资源与环境》2019 年第 12 期。

[14]王玉海、张鹏飞:《京津冀协同发展的空间重构与城市间结构效应分析》,《理论与现代化》2019 年第 5 期。

［15］王利伟：《京津冀距离建成世界级城市群有多远——基于熵值模型方法》，《宏观经济研究》2019 年第 9 期。

［16］丁亮、宋小冬、钮心毅：《城市空间结构的功能联系特征探讨——以上海中心城区为例》，《城市规划》2019 年第 9 期。

［17］马世发、艾彬、念沛豪：《基于主体功能空间引导的城市增长形态模拟》，《城市规划》2019 年第 9 期。

［18］叶振宇：《京津冀协同发展的重要进展、现实困难与政策建议》，《河北师范大学学报（哲学社会科学版）》2019 年第 5 期。

［19］詹军、韩飞：《哈长城市群城市规模分布与演变特征研究》，《牡丹江师范学院学报（社会科学版）》2019 年第 4 期。

［20］范玉凤、郝聪、马宇博：《基于网络化空间模型的京津冀城市群空间布局优化分析》，《改革与开放》2019 年第 16 期。

［21］范擎宇、杨山：《协调视角下长三角城市群的空间结构演变与优化》，《自然资源学报》2019 年第 8 期。

［22］毕胜、彭树远、张冉冉：《基于城市功能的城市发展质量测度分析》，《中国高新科技》2019 年第 15 期。

［23］毕胜、孟真、彭树远等：《京津冀城市群城市发展质量的时空演变分析》，《中国高新科技》2019 年第 13 期。

［24］赵航：《产业集聚效应与城市功能空间演化》，《城市问题》2011 年第 3 期。

［25］陈柳钦：《城市功能及其空间结构和区际协调》，《中国名城》2011 年第 1 期。

［26］梁晨晨、何昊天：《京津冀城市群多中心化现状研究》，《环境与发展》2019 年第 6 期。

［27］巫细波、赖长强：《基于 POI 大数据的城市群功能空间结构特征研究——以粤港澳大湾区为例》，《城市观察》2019 年第 3 期。

［28］吕文静：《我国城市群协调发展的政策演变、规律总结及发展趋势》，《开放研究》2019 年第 3 期。

［29］赵培红、杜朋奇：《京津冀世界级城市群建设进展研究》，《统计与管理》2019 年第 6 期。

［30］朱光远：《京津冀地区创新能力评价及提升路径研究》，《创新科技》2019 年第 6 期。

［31］锁利铭、廖臻：《京津冀协同发展中的府际联席会机制研究》，《行政论坛》2019 年第 3 期。

[32]金鹿、王玲:《京津冀建设世界级城市群的发展阶段与对策研究》,《天津经济》2019年第5期。

[33]范玉凤、刘子杨、马宇博:《基于网络化空间模型的京津冀城市群空间布局优化研究》,《商业经济研究》2019年第9期。

[34]张立鹏:《新时代京津冀协同发展如何推进(下)》,《投资北京》2019年第5期。

[35]黎文勇、杨上广:《城市群功能分工对全要素生产率的影响研究——基于长三角城市群的经验证据》,《经济问题探索》2019年第5期。

[36]汪洋:《天津海河中游地区城市功能及空间发展模式研究》,《智能城市》2019年第8期。

[37]马奔、薛阳:《京津冀城市群城镇化质量评价研究》,《宏观经济研究》2019年第4期。

[38]薛亮:《世界重要城市群管窥》,《上海人大月刊》2019年第4期。

[39]中国人民银行营业管理部课题组:《中国三大城市群城市经济引力测度及对京津冀协同发展的启示》,《金融论坛》2019年第4期。

[40]尚永珍、陈耀:《功能空间分工与城市群经济增长——基于京津冀和长三角城市群的对比分析》,《经济问题探索》2019年第4期。

[41]阎东彬、范玉凤:《京津冀城市群功能空间失衡状态测度及治理对策》,《河北大学学报(哲学社会科学版)》2019年第2期。

[42]静晨曦:《雄安新区对京津冀发展的影响——基于城市群发展角度》,《山西农经》2019年第4期。

[43]张静:《京津冀地区城市功能变迁的历史考察》,《河北广播电视大学学报》2019年第1期。

[44]刘胜:《城市群空间功能分工带来了资源配置效率提升吗?——基于中国城市面板数据经验研究》,《云南财经大学学报》2019年第2期。

[45]刘玲、韩红莲:《京津冀城市群城市规模分布及演进机制研究》,《经济论坛》2019年第2期。

[46]王德利、王岩等:《中国城市群城镇规模分布演变特征及规律分析》,《生态经济》2019年第2期。

[47]张贵、刘霁晴、李佳钰:《以京津雄创新三角区领航京津冀世界级城市群建设》,《中共天津市委党校学报》2019年第1期。

[48]张子霄、吕晨:《京津冀城市群与波士华城市群空间结构对比分析》,《湖北社

会科学》2018 年第 11 期。

[49]丁波、阎东彬、司秋利:《京津冀城市群空间格局优化研究》,《农村经济与科技》2018 年第 21 期。

[50]郭帅新、林久人:《上海市城市空间功能结构研究综述》,《南都学坛》2018 年第 6 期。

[51]丁波、王健、杨孟阳:《基于协同发展的京津冀城市群空间格局研究》,《河北企业》2018 年第 11 期。

[52]王振坡、朱丹、王丽艳:《区域协同下京津冀城市群城市综合承载力评价》,《首都经济贸易大学学报》2018 年第 6 期。

[53]齐讴歌、赵勇、白永秀:《城市群功能分工、技术进步差异与全要素生产率分化——基于中国城市群面板数据的实证分析》,《宁夏社会科学》2018 年第 5 期。

[54]王德利、杨青山:《中国城市群规模结构的合理性诊断及演变特征》,《中国人口资源与环境》2018 年第 9 期。

[55]张楚楚、肖超伟:《北非城市空间结构与功能的演变》,《国际城市规划》2018 年第 4 期。

[56]何欢、杨君:《基于空间相关和热点分析的城市功能区建设用地集约利用研究——以益阳市中心城区为例》,《国土资源情报》2018 年第 8 期。

[57]柳敏、穆晓东等:《基于生态服务功能保护的城市生态空间划定方法研究——以三亚市为例》,《城乡规划》2018 年第 4 期。

[58]吴敏、吴晓勤:《基于"生态融城"理念的城市生态网络规划探索——兼论空间规划中生态功能的分割与再联系》,《城市规划》2018 年第 7 期。

[59]胡安俊、孙久文:《京津冀世界级城市群的发展现状与实施方略研究》,《城市》2018 年第 6 期。

[60]纪爱华、陈玉光:《我国大城市空间结构与功能协调性分析——以上海市为例》,《江淮论坛》2018 年第 3 期。

[61]徐泽、张建军、李储等:《基于生态位的京津冀城市群空间功能竞争力研究》,《中国农业资源与区划》2018 年第 4 期。

[62]马燕坤:《京津冀城市群城市功能分工研究》,《经济研究参考》2018 年第 21 期。

[63]陈梦筱:《京津冀城市群经济空间联系研究》,《经济研究参考》2018 年第 21 期。

[64]张佳海:《中国城市体系等级规模结构研究》,《经贸实践》2018 年第 5 期。

[65]河北省发展和改革委员会宏观经济研究所课题组:《京津冀世界级城市群发展研究》,《经济研究参考》2018年第15期。

[66]崔娟敏、季文光:《基于城市功能定位的耕地空间布局研究——以北京市为例》,《甘肃农业》2018年第5期。

[67]刘菁华、李伟峰、周伟奇等:《京津冀城市群扩张模式对区域生态安全的影响预测》,《生态学报》2018年第5期。

[68]肖金成、申现杰、马燕坤:《京津冀城市群与世界级城市群比较》,《中国经济报告》2017年第11期。

[69]李磊、张贵祥:《京津冀城市群发展质量评价与空间分析》,《地域研究与开发》2017年第5期。

[70]徐维祥、张凌燕:《城市功能与区域创新耦合协调的空间联系研究——以长江经济带107个城市为实证》,《地理科学》2017年第11期。

[71]李焕焕:《关于京津冀城市群的空间格局分析——基于协同理论的视角》,《山西财税》2017年第8期。

[72]宋英杰、郭巍:《日本首都圈建设经验对京津冀城市协同发展的启示》,《山西农经》2017年第10期。

[73]方创琳:《京津冀城市群一体化发展的战略选择》,《改革》2017年第5期。

[74]高素英、张烨等:《京津冀城市群空间结构测度与优化路径选择》,《商业经济研究》2017年第9期。

[75]祖健、李诚固:《工业空间视角下城市功能空间关系特征与机理的个案研究》,《经济纵横》2017年第2期。

[76]阎东彬、赵苒琳、王立斌:《京津冀城市空间布局的政策设想和优化方案》,《北方经济》2017年第2期。

[77]马燕坤:《城市群功能空间分工形成的演化模型与实证分析》,《经济管理》2016年第12期。

[78]孙阳、姚士谋、张落成:《长三角城市群"空间流"层级功能结构——基于高铁客运数据的分析》,《地理科学进展》2016年第11期。

[79]刘晨、桑春等:《京津冀城市群发展的时空演变特征初探》,《城市建筑》2016年第31期。

[80]安树伟、闫程莉:《京津冀与世界级城市群的差距及发展策略》,《河北学刊》2016年第6期。

[81]周伟:《波士华城市群对京津冀协同发展的借鉴意义》,《经济研究参考》2016

年 52 期。

[82]王桂芹、李云飞:《湘潭城市主要功能空间演变与驱动机制分析》,《中外建筑》2016 年第 8 期。

[83]张静:《京津冀城市群空间格局现状及优化策略》,《合作经济与科技》2016 年第 6 期。

[84]申庆喜、李诚固等:《2002—2012 年长春市城市功能空间耦合研究》,《地理研究》2015 年第 10 期。

[85]赵勇、魏后凯:《政府干预、城市群空间功能分工与地区差距——兼论中国区域政策的有效性》,《管理世界》2015 年第 8 期。

[86]盖赛哲:《京津冀城市群规模结构分析》,《河北企业》2015 年第 8 期。

[87]王振坡、翟婧彤等:《京津冀城市群城市规模分布特征研究》,《上海经济研究》2015 年第 7 期。

[88]陆大道:《京津冀城市群功能定位及协同发展》,《地理科学与进展》2015 年第 3 期。

[89]余航、周泽宇、吴比:《城乡差距、农业生产率演进与农业补贴——基于新结构经济学视角的分析》,《中国农村经济》2019 年第 10 期。

[90]程恩富、王新建:《京津冀协同发展:演进、现状与对策》,《管理学刊》2015 年第 1 期。

[91]黄南、李程骅:《产业发展范式创新、空间形态调整与城市功能变迁——基于现代产业体系的城市转型研究》,《江海学刊》2015 年第 1 期。

[92]肖金成、李娟、马燕坤:《京津冀城市群的功能定位与合作》,《经济研究参考》2015 年第 2 期。

[93]祝辉、张晋晋、安树伟:《城市群发展状态的测度研究——以京津冀城市群为例》,《工业技术经济》2014 年第 9 期。

[94]鲁继通、祝尔娟:《促进京津冀城市群空间优化与质量提升的战略思考》,《首都经济贸易大学学报》2014 年第 4 期。

[95]贾若祥:《京津冀城市群发展的思路与对策》,《中国发展观察》2014 年第 7 期。

[96]陈玉娇:《基于功能互补的产业空间结构升级研究——以中原城市群为例》,《市场论坛》2014 年第 4 期。

[97]安景文、毕胜、梁志霞:《京津冀城市群空间联系研究》,《商业经济研究》2019 年第 23 期。

[98]郭荣朝、宋双华、刘合拴:《城市群功能结构升级路径探析》,《科学经济社会》2009 年第 2 期。

[99]赵伟、余峥:《中国城市群集聚辐射效应测度》,《城市问题》2017 年第 10 期。

[100]张敏:《城市群的功能、结构及发展动力》,《经济与社会发展》2009 年第 4 期。

[101]罗雅丽、张常新:《村镇空间结构理论研究综述》,《经济研究导刊》2009 年第 12 期。

[102]邓棋、罗丹、李宏芸:《四川省城市群空间结构演变特征及机制》,《内江师范学院学报》2017 年第 10 期。

[103][法]佩鲁:《增长极概念》,《经济学译丛》1988 年第 9 期。

[104]郭荣朝、宋双华、苗长虹:《城市群结构优化与功能升级——以中原城市群为例》,《地理科学》2011 年第 3 期。

[105]吴建楠、程绍铂、姚士谋:《中国城市群空间结构研究进展》,《现代城市研究》2013 年第 12 期。

[106]郭荣朝、苗长虹:《城市群生态空间结构研究》,《经济地理》2007 年第 1 期。

[107]安树伟:《近年来我国城镇体系的演变特点与结构优化》,《广东社会学》2010 年第 6 期。

[108]郝俊卿、曹明明:《产业集聚作用下的城市群空间结构研究——以关中城市群为例》,《生态经济(学术版)》2013 年第 1 期。

[109]赵璟、党兴华:《城市群空间结构演进与经济增长耦合关系系统动力学仿真》,《系统管理学报》2012 年第 4 期。

[110]赵勇、白永秀:《中国城市群功能分工测度与分析》,《中国工业经济》2012 年第 11 期。

[111]张敏:《城市群的功能、结构及发展动力》,《经济与社会发展》2009 年第 4 期。

[112]刘胜等:《城市群空间功能分工与制造业企业成长——兼议城市群高质量发展的政策红利》,《产业经济研究》2019 年第 3 期。

[113]黎文勇、杨上广:《城市群功能分工对全要素生产率的影响研究——基于长三角城市群的经验证据》,《经济问题探索》2019 年第 5 期。

[114]魏小芳等:《基于"三生功能"的长江上游城市群国土空间特征及其优化》,《长江流域资源与环境》2019 年第 5 期。

[115]马燕坤、张雪领:《从国际产业分工到城市群城市功能分工的文献述评》,

《区域经济评论》2018 年第 6 期。

［116］徐磊、董捷、陈恩:《基于"三生"功能的长江中游城市群国土空间利用协调特征》,《水土保持研究》2018 年第 2 期。

［117］郭荣朝、苗长虹:《城市群结构优化与功能升级研究》,《中州学刊》2010 年第 4 期。

［118］景建军:《山东半岛城市群的功能联系与结构优化》,《经济地理》2006 年第 3 期。

［119］米鹏举:《城市群空间结构与区域治理模式的协同演化——以珠江三角洲城市群为例》,《未来与发展》2019 年第 6 期。

［120］黄妍妮、高波、魏守华:《中国城市群空间结构分布与演变特征》,《经济学家》2016 年第 9 期。

［121］邓元慧、欧国立、邢虎松:《城市群形成与演化:基于演化经济地理学的分析》,《科技进步与对策》2015 年第 6 期。

［122］王伟、吴志强:《中国三大城市群空间结构集合能效测度与比较》,《城市发展研究》2013 年第 7 期。

［123］曾鹏等:《中国十大城市群空间结构特征比较研究》,《经济地理》2011 年第 4 期。

［124］童中贤:《我国中部地区城市群的空间整合》,《城市发展研究》2010 年第 8 期。

［125］汤放华等:《城市群空间结构演化趋势与空间重构——以长株潭城市群为例》,《城市发展研究》2010 年第 3 期。

［126］张祥建、唐炎华、徐晋:《长江三角洲城市群空间结构演化的产业机理》,《经济理论与经济管理》2003 年第 10 期。

［127］江静、刘志彪:《商务成本:长三角产业分布新格局的决定因素考察》,《上海经济研究》2006 年第 11 期。

［128］宋吉涛、方创琳、宋敦江:《中国城市群空间结构的稳定性分析》,《地理学报》2006 年第 12 期。

［129］康江峰:《"关天城市群"空间结构的缺陷及其功能优化》,《理论导刊》2014 年第 1 期。

［130］齐讴歌、赵勇:《城市群功能分工的时序演变与区域差异》,《财经科学》2014 年第 7 期。

［131］潘芳、田爽:《美国东北部大西洋沿岸城市群发展的经验与启示》,《前线》

245

2018 年第 2 期。

　　［132］曹邦宇、姚洋洋：《美国城市群服务业空间布局研究》，《当代经济管理》2013 年第 8 期。

　　［133］秦尊文：《美国城市群考察及对中国的启示》，《湖北社会科学》2008 年第 12 期。

　　［134］吕斌、张忠国：《美国城市成长管理政策研究及其借鉴》，《城市规划》2005 年第 3 期。

　　［135］房国忠、刘贵清：《日美城市群产业空间演化对中国城市群发展的启示》，《当代经济研究》2009 年第 9 期。

　　［136］刘贵清：《日本城市群产业空间演化对中国城市群发展的借鉴》，《当代经济研究》2006 年第 5 期。

　　［137］王国明、李夏苗、胡正东：《国内外典型城市群交通网络特性对比分析》，《计算机应用研究》2012 年第 1 期。

　　［138］程晓曦：《荷兰城市改造与复兴的三个阶段与多种策略》，《国际城市规划》2011 年第 4 期。

　　［139］尤尔根·罗斯曼、惠晓曦：《荷兰的城市演变》，《国际城市规划》2008 年第 1 期。

　　［140］年福华、姚士谋、陈振光：《试论城市群区域内的网络化组织》，《地理科学》2002 年第 5 期。

　　［141］赵学彬：《巴黎新城规划建设及其发展历程》，《规划师》2006 年第 11 期。

　　［142］刘健：《从巴黎新城看北京新城》，《北京规划建设》2006 年第 1 期。

　　［143］阎东彬、王蒙蒙：《京津冀城市群功能空间的动态分布及差异性分析》，《经济问题》2020 年第 3 期。

　　［144］陶希东、黄(王丽)：《国际大都市新城建设经验及其对上海的启示》，《上海经济研究》2005 年第 8 期。

　　［145］周正祥、张桢祺：《长江中游城市群可持续发展对策研究》，《中国软科学》2016 年第 11 期。

　　［146］石敏俊：《京津冀建设世界级城市群的现状、问题和方向》，《中共中央党校学报》2017 年第 4 期。

　　［147］丁成日、孟晓晨：《美国城市理性增长理念对中国快速城市化的启示》，《城市发展研究》2007 年第 4 期。

　　［148］李娣：《欧洲西北部城市群发展经验与启示》，《全球化》2015 年第 10 期。

[149]孙斌栋等:《中国城市群空间结构的演化与影响因素——基于人口分布的形态单中心——多中心视角》,《地理科学进展》2017年第10期。

[150]汪行东、鲁志国:《粤港澳大湾区城市群空间结构研究:从单中心到多中心》,《岭南学刊》2017年第5期。

[151]关威:《以高新技术产业链协作引领京津冀区域高质量协同发展》,《中国工程咨询》2019年第6期。

[152]毕翼、孙彤:《日本东海道城市群发展及其对沈阳的借鉴意义》,《沈阳师范大学学报(社会科学版)》2010年第1期。

[153]闫程莉、安树伟:《中国首都圈中小城市功能的测度与分类研究》,《改革与战略》2014年第4期。

[154]刘浩、马琳:《1992—2013年京津冀地区经济发展失衡的溢出效应》,《经济问题探索》2016年第11期。

[155]刘金雅等:《基于多边界改进的京津冀城市群生态系统服务价值估算》,《生态学报》2018年第12期。

[156]史雅娟、朱永彬、黄金川:《中原城市群产业分工格局演变与功能定位研究》,《经济地理》2017年第11期。

[157]姜博、修春亮、赵映慧:《环渤海地区三大城市群外向服务功能测度与比较》,《人文地理》2009年第4期。

[158]邓春玉:《基于主体功能区的广东省城市化空间均衡发展研究》,《宏观经济研究》2008年第12期。

[159]王建军、吕拉昌:《基于县域基本单元的广东省主体功能区空间发展研究》,《农业现代化研究》2011年第3期。

[160]肖金成等:《国家空间规划体系的构建与优化》,《区域经济评论》2018年第5期。

[161]陈丽莎、孙伊凡:《构建京津冀协同发展中有效衔接的公共服务供求关系》,《河北大学学报(哲学社会科学版)》2016年第4期。

[162]王志攀、王海燕、张志学:《深入研究区域交通一体化 助力京津冀协同发展》,《中国工程咨询》2019年第10期。

[163]王腾飞、马仁锋:《博弈论视域长三角港口群双港口合作策略稳定性研究》,《广东海洋大学学报》2017年第5期。

[164]《国家发改委召开京津冀都市圈区域规划工作座谈会》,《城市规划通讯》2015年第12期。

［165］王建:《九大都市圈区域经济发展模式的构想》,《宏观经济管理》1996年第10期。

［166］徐豪:《崛起的中国城市群　城市群有哪些？为什么重要？能做什么》,《中国经济周刊》2018年第15期。

［167］孙久文:《京津冀协同发展70年的回顾与展望》,《区域经济评论》2019年第4期。

［168］魏丽华:《建国以来京津冀协同发展的历史脉络与阶段性特征》,《深圳大学学报(人文社会科学版)》2016年第6期。

［169］王玉海、张鹏飞:《京津冀都市圈及其历史使命》,《前线》2019年第4期。

［170］周一星、R.布雷德肖:《中国城市(包括辖县)的工业职能分类——理论、方法和结果》,《地理学报》1988年第4期。

［171］周一星、孙则听:《再论中国城市的职能分类》,《地理研究》1997年第1期。

［172］田文祝、周一星:《中国城市体系的工业职能结构》,《地理研究》1991年第1期。

［173］王其藩:《系统动力学理论与方法的新进展》,《系统工程理论方法应用》1995年第2期。

［174］王其藩:《系统动力学的历史现状与未来》,《系统工程》1987年第3期。

［175］贾建国、王其藩:《基于新古典增长理论的两产业系统动力学模型及对于经济增长问题的研究》,《系统工程理论方法应用》1998年第4期。

［176］王其藩、李旭:《从系统动力学观点看社会经济系统的政策作用机制与优化》,《科技导报》2004年第5期。

［177］栗建华、王其藩:《基于系统动力学理论建模的教育投资、经济增长和就业问题的研究》,《科技导报》2007年第14期。

［178］刘金凤、魏后凯:《城市公共服务对流动人口永久迁移意愿的影响》,《经济管理》2019年第11期。

［179］姚士谋、陈爽:《长江三角洲地区城市空间演化趋势》,《地理学报》1998年第S1期。

［180］顾朝林、张敏:《长江三角洲都市连绵区性状特征与形成机制研究》,《地球科学进展》2001年第3期。

［181］刘静玉、王发曾:《城市群形成发展的动力机制研究》,《开发研究》2004年第6期。

［182］叶玉瑶:《城市群空间演化动力机制初探——以珠江三角洲城市群为例》,

《城市规划》2006年第1期。

[183]周昌林、李江等:《长三角城市群的格局演进、动力机制与发展趋势探究》,《经济经纬》2007年第5期。

[184]刘欢、席鹏辉:《户籍管制与流动人口家庭化迁移——基于2016年流动人口监测数据的经验分析》,《经济与管理研究》2019年第11期。

(三)学位论文

[1]张鹏:《京津冀人口分布与产业布局的特征及关联分析》(硕士学位论文),首都经济贸易大学2017年。

[2]冯丹:《非均衡视角下的沿海城市群发展差异研究》(硕士学位论文),南京师范大学2016年。

[3]车艳秋:《以人民为中心的新型城镇化研究》(博士学位论文),辽宁大学2017年。

[4]曾春水:《京津冀城市群城市规模等级与服务业发展差异》(硕士学位论文),首都师范大学2013年。

[5]尹向来:《城市群内部协同发展比较研究》(硕士学位论文),山东师范大学2019年。

[6]毕秀晶:《长三角城市群空间演化研究》(博士学位论文),华东师范大学2014年。

[7]许佛平:《城市规模结构、产业结构与城市群经济增长差异研究》(硕士学位论文),山西财经大学2019年。

[8]郑溢芳:《基于"三生"视角的长株潭城市群土地功能评价及优化研究》(硕士学位论文),湖南师范大学2019年。

[9]党亚苹:《京津冀城市竞争力综合评价研究》(硕士学位论文),河北大学2019年。

[10]姚常成:《多中心空间结构视角下新时代中国城市群的协调发展研究》(博士学位论文),吉林大学2019年。

[11]曹然然:《京津冀城市群经济一体化发展战略研究》(硕士学位论文),对外经济贸易大学2019年。

[12]宋帅:《城市群中城市首位度对城市群功能分工的影响研究》(硕士学位论文),广东省社会科学院2019年。

[13]刘静:《城市群协同创新:机理、测度及比较》(硕士学位论文),四川省社会科

学院 2019 年。

[14]刘婷:《京津冀城市群经济网络结构演化及驱动因素研究》(硕士学位论文),东北财经大学 2018 年。

[15]李美琦:《中国三大城市群空间结构演变研究》(博士学位论文),吉林大学 2018 年。

[16]沈晨宇:《京津冀城市综合承载力评价研究》(硕士学位论文),河北大学 2018 年。

[17]戴欣:《城市规模与产业结构关系的探究》(硕士学位论文),哈尔滨工业大学 2018 年。

[18]陈昊:《京津冀协同发展下的城市功能研究》(硕士学位论文),河北大学 2018 年。

[19]毕玉凯:《空间视角下我国城市产业集聚演变和功能分工研究》(硕士学位论文),山东大学 2018 年。

[20]樊少云:《京津冀城市空间结构演变及其影响因素研究》(硕士学位论文),燕山大学 2018 年。

[21]魏丽华:《京津冀产业协同发展问题研究》(博士学位论文),中共中央党校 2018 年。

[22]熊守喜:《功能分工视角下长江三角洲城市效率研究》(硕士学位论文),浙江财经大学 2018 年。

[23]朱凯轩:《京津冀城市群协同发展网络结构研究》(硕士学位论文),中共中央党校 2017 年。

[24]浩飞龙:《多中心视角下的长春市城市功能空间结构研究》(博士学位论文),东北师范大学 2017 年。

[25]阮锦:《京津冀城市群空间演化研究》(硕士学位论文),天津商业大学 2017 年。

[26]芦佩:《京津冀城市群空间结构优化研究》(硕士学位论文),燕山大学 2017 年。

[27]阎东彬:《京津冀城市群综合承载力测评与预警研究》(博士学位论文),河北大学 2016 年。

[28]李崇峰:《辽中南城市群城市功能定位研究》(博士学位论文),中共中央党校 2016 年。

[29]王婷:《中国城市群空间结构的特征、影响因素与经济绩效研究》(硕士学位

论文),华东师范大学 2016 年。

[30]盖赛哲:《京津冀城市体系规模结构的合理性研究》(硕士学位论文),河北大学 2016 年。

[31]刘泽:《京津冀城市群空间结构的发展模式研究》(硕士学位论文),河北师范大学 2016 年。

[32]石郑:《京津冀协同发展下的城市功能分工与互补性研究》(硕士学位论文),首都经济贸易大学 2016 年。

[33]王红月:《京津冀城市群空间结构实证研究》(硕士学位论文),河北工业大学 2015 年。

[34]赵颖:《京津冀城市群综合承载力评价研究》(硕士学位论文),河北工业大学 2015 年。

[35]胡月:《京津冀城市群空间结构及协同发展策略研究》(硕士学位论文),辽宁师范大学 2015 年。

[36]高瀛:《天津参与构建京津冀世界级城市群战略发展的对策研究》(硕士学位论文),天津大学 2016 年。

[37]李楠:《京津冀城市协同发展研究》(硕士学位论文),河北大学 2015 年。

[38]卢成再:《大北京城市功能空间分布合理化研究》(硕士学位论文),东北财经大学 2015 年。

[39]李琪琛:《京津冀城市群协调发展研究》(硕士学位论文),河北师范大学 2012 年。

[40]鲁强:《中国三大城市群规模结构研究》(硕士学位论文),河北大学 2014 年。

[41]胡顺路:《转型发展背景下的城市空间功能优化研究》(硕士学位论文),青岛科技大学 2014 年。

[42]孙峰:《经济全球化背景下我国城市群次核心城市发展研究》(博士学位论文),中共中央党校 2010 年。

[43]薛璐:《江苏省旅游空间结构研究》(硕士学位论文),西北师范大学 2017 年。

[44]桂汪洋:《大型铁路客站站域空间整体性发展途径研究》(博士学位论文),东南大学 2018 年。

[45]阴俊:《辽中城市群空间结构从多中心化向单中心化"逆发展"的机理研究》(博士学位论文),吉林大学 2018 年。

[46]王伟:《中国三大城市群空间结构及其集合能效研究》(博士学位论文),同济大学 2008 年。

[47]华杰媛:《中国城市群空间结构的演化、影响因素与经济绩效》(硕士学位论文),华东师范大学2017年。

[48]采集:《锦州建设辽西沿海经济区中心城市的对策研究》(硕士学位论文),东北大学2009年。

[49]邓永波:《京津冀产业集聚与区域经济协调发展研究》(博士学位论文),中共中央党校2017年。

（四）其他

[1]司美林:《创新型城市功能空间范式与科创功能提升研究》,中国城市规划学会、沈阳市人民政府:《规划60年:成就与挑战——2016中国城市规划年会论文集》2016年。

[2]杨利春:《城市群:新时代城镇化的主体形态》,《中国人口报》2019年11月27日。

[3]倪鹏飞:《迈入城市的世界300年之变局》,《经济日报》2019年11月13日。

[4]陆小成:《以空间重构开启首都发展新航程》,《中国城市报》2019年9月9日。

[5]刘修岩、秦蒙:《多中心一体化促进城市群高质量发展》,《中国社会科学报》2019年8月28日。

[6]成长春:《对标世界级城市群实现长三角高质量一体化发展》,《经济日报》2018年11月08日。

[7]彭芳梅:《粤港澳大湾区城市群空间结构与优化路径研究》,《深圳特区报》2019年7月23日。

[8]邓琦、金煜、饶沛:《京津冀协同发展规划纲要获通过》,《新京报》2015年5月1日。

[9]安树伟:《打造以北京为核心世界级城市群的战略重点》,《北京日报》2018年8月24日。

[10]《北京市2018年国民经济和社会发展统计公报》,2019年4月20日,见https://baijiahao.baidu/2019/04/20/m29190420.html。

[11]《2018年河北省国民经济和社会发展统计公报》,2019年3月7日,见http://hbrb.hebnews.cn/pc/paper/c/2019/03/07/c125324.html。

[12]《2018年天津市国民经济和社会发展统计公报》,2019年3月11日,见ht-tp://www.tj.gov.cn/tj/tjgb/201903/t20190311_3650936.html。

[13]《京津冀协同发展交通一体化规划》,2015年12月9日,见http://www.mot.

gov.cn/jiaotongyaowen/201512/t20151230_1968470. html。

［14］中共中央、国务院:《关于建立更加有效的区域协调发展新机制的意见》,2018年11月18日,见 https://www.gov.cn.zhengce/2018-11/29/content_5344537.html。

二、英　文

（一）专著

［1］Jay W.Correster, *World Dynamics*, US, Cambridge Mass:The MIT Press,1971.

［2］J. W. Foerrster, *The World Dynamic*, US, Cambridge Mass: Wright-Allen Press Inc., 1971.

［3］Donella Meadows, et al, *The Limits of Growth*, US, Cambridge Mass:The MIT Press,1972.

［4］Dennis L.Meadows, Donella H.Meadows, *Toward Global Equilibrium*, US, Cambridge Mass:The MIT Press,1973.

［5］J.Friedman, *Regional Development Policy:A Case Study of Venezuela*, US, Cambridge Mass:The MIT Press,1966.

（二）论文

［1］C. D. Harris, "A Functional Classification of Cities in the United States", *Geographical Review*, Vol.33, No.1,1943.

［2］C.C.Fan, "Modeling Interprovincial Migration in China,1985-2000", *Eurasian Geography and Economics*, Vol.46, No.3,2005.

［3］J.W.Maxwell, "The Functional Cities:A Classification of Cities", *Geographical Bulletin*, Vol.45, No.7,1965.

［4］Paul Krugman, "Increasing Returns and Economics Geography", *Journal of Political Economy*, Vol.13, No.99,1991.

［5］Gilles Duranton and Diego Puga, "From Sectoral to Functional Urban Specialisation", *Journal of Urban Economics*, No.2,2005.

［6］A.J.Venables, "Regional Integration Agreements:A Force for Convergence or Divergence", World Bank Policy Working Papers,1999.

责任编辑：刘海静
封面设计：石笑梦
封面制作：姚　菲
版式设计：胡欣欣
责任校对：孟庆晓

图书在版编目(CIP)数据

京津冀城市群功能空间分布:动态测评与相对平衡/阎东彬 著. —北京：
　人民出版社,2021.5
ISBN 978－7－01－023286－7

Ⅰ.①京…　Ⅱ.①阎…　Ⅲ.①城市群-空间规划-研究-华北地区
　Ⅳ.①F299.272

中国版本图书馆 CIP 数据核字(2021)第 057019 号

京津冀城市群功能空间分布:动态测评与相对平衡
JINGJINJI CHENGSHIQUN GONGNENG KONGJIAN FENBU
DONGTAI CEPING YU XIANGDUI PINGHENG

阎东彬　著

人民出版社 出版发行
(100706　北京市东城区隆福寺街 99 号)

北京汇林印务有限公司印刷　新华书店经销

2021 年 5 月第 1 版　2021 年 5 月北京第 1 次印刷
开本:710 毫米×1000 毫米 1/16　印张:16.5
字数:250 千字

ISBN 978－7－01－023286－7　定价:75.00 元

邮购地址 100706　北京市东城区隆福寺街 99 号
人民东方图书销售中心　电话 (010)65250042　65289539